Gilles Kepel
Die Rache Gottes

SERIE PIPER
Band 1841

Zu diesem Buch

Als Ende der 70er Jahre das prowestliche Schah-Regime im Iran gestürzt wurde, schien dies vom Westen aus ein singulärer Fall der Re-Islamisierung; dem aufgeklärten Europäer galt schließlich der tolerante Staat, die Trennung von Politik und Religion, als allgemein erstrebenswerte, unumkehrbare Errungenschaft. Inzwischen haben sich selbst im Bereich des Westen die Verhältnisse geändert: Die Kirchen müssen sich nicht mehr – wie noch zu Beginn der 70er Jahre – mühen, mit der Moderne Schritt zu halten, vielmehr ist diese Moderne selbst heute bei einer wachsenden Zahl von Menschen diskreditiert. Angesichts enttäuschter Fortschrittshoffnungen bieten die religiösen Erneuerungsbewegungen Orientierung und Identifikation, seien es Fernsehprediger wie in den USA, muslimische Fundamentalisten, katholische Charismatiker oder die religiösen Eiferer des jüdischen »Blocks der Gläubigen«. »Innerhalb von fünfzehn Jahren hat sich diese Tendenz zu einem universalen Phänomen ausgewachsen, das Kulturen unterschiedlichsten Ursprungs und verschiedenster Zivilisationsstufen erfaßt hat.« Gilles Kepel untersucht in seinem vieldiskutierten Buch die Gemeinsamkeiten und die grundlegenden Unterschiede dieser Bewegungen, deren Basis die Überzeugung ist, daß dem »säkularen Gemeinwesen die Legitimationsgrundlage fehlt.« Diese Gewißheit verleiht dem religiösen Fundamentalismus die Schubkraft, unsere Welt nachhaltig zu verändern. Wir sollten, so Kepel in seinem Buch, deshalb »endlich die Herausforderung annehmen, die die zeitgenössischen religiösen Bewegungen für unsere traditionellen Denkschablonen darstellen«.

Gilles Kepel, geboren 1955, studierte Soziologie und Arabistik. Er ist Professor am Institut für Politische Studien in Paris und gilt als einer der besten Kenner des Islam.

Gilles Kepel

Die Rache Gottes

Radikale Moslems, Christen und Juden auf dem Vormarsch

Aus dem Französischen von
Thorsten Schmidt

Piper
München Zürich

Die Originalausgabe erschien 1991 unter dem Titel
»La Revanche de Dieu. Chretiens, juifs et musulmans
a la reconquete du monde«
bei Éditions du Seuil, Paris.

ISBN 3-492-11841-0
Neuausgabe 1994
3. Auflage, 13.–18. Tausend Januar 1994
(1. Auflage, 1.–6. Tausend dieser Ausgabe)
Originalausgabe:

Deutsche Ausgabe:

Satz: Uhl und Massopust, Aalen
Foto Umschlagrückseite: Daniel Mordzinsky
Druck und Bindung: Clausen & Bosse, Leck
Printed in Germany

Für Charlotte, Marie und Nicolas

Inhalt

Anhang

Einleitung

Die Religionen der Orientierungslosigkeit

Die siebziger Jahre waren für das Verhältnis von Religion und Politik, das in diesem letzten Viertel unseres Jahrhunderts eine überraschende Veränderung erfährt, ein Jahrzehnt des Umbruchs. Mit dem Ende des Zweiten Weltkriegs schien die Politik endgültig ihre Unabhängigkeit von der Religion errungen zu haben und damit eine Entwicklung an ihr Ende gekommen zu sein, für die man im allgemeinen die Philosophen der Aufklärung verantwortlich macht. Die Religion wurde weitgehend zu einer Privat- und Familienangelegenheit, und als Überbleibsel der Vergangenheit schien sie die Organisation der Gesellschaft nur noch indirekt zu beeinflussen. Diese allgemeine Tendenz, die parallel lief zu der vom Siegeszug der Technik und vom Credo des Fortschritts geprägten Moderne, hat je nach Ort und Kultur die vielfältigsten Erscheinungsformen und Intensitäten entfaltet. Mitunter beschränkte sie sich auf die Eliten, von deren Weltbild sie nachhaltig geprägt wurde. Aber dieses vorherrschende Bild verschleierte andere, komplexere Veränderungsvorgänge, die noch nicht auf der politischen Bühne aufgetaucht waren.

Während der sechziger Jahre schien sich das Band zwischen Religion und Staat in einer für den Klerus beunruhigenden Weise zu lockern: Um die vermeintliche Abwendung der Schäfchen von ihren Hirten und vom Glauben sowie die scheinbar unwiderstehliche Anziehungskraft des Laizismus (Grundsatz der Trennung von Kirche und Staat) einzudämmen, bemühten sich damals mehrere kirchliche Institutionen, »moderne« Wertvorstellungen der Gesellschaft in ihre Debatte zu übernehmen und Übereinstimmungen zu suchen und herauszustellen. Das spektakulärste Unterfangen in diesem Zusammenhang war das ökumenische Konzil Vaticanum II und in dessen Gefolge das *Aggiornamento,* die »Aktualisierung« der Kirche – wie immer man dieses Ereignis heute auch deuten will. Zu vergleichbaren Entwicklungen kam es im Protestantismus und in der islamischen Welt, wo das Schlagwort von der »Modernisierung des Islam« die Runde machte.

Der Bruch der siebziger Jahre

Etwa 1975 setzt auf breiter Front eine Gegenbewegung ein. Ein neuer religiöser Gedankenaustausch bildet sich heraus, der sich nicht länger an weltlichen Wertvorstellungen orientiert, sondern die Gesellschaftsordnung durch eine längst überfällige Umgestaltung wieder auf eine sakrale Grundlage stellen will. Wie ein roter Faden zieht sich durch die vielfältigen Ausgestaltungen dieser Debatte die Forderung nach Überwindung einer gescheiterten Moderne, in deren Gottesferne die Ursache aller Mißerfolge und Ausweglosigkeiten gesehen wird. Es geht nicht mehr um ein *Aggiornamento,* sondern um eine »zweite Evangelisierung Europas« – nicht mehr um eine Modernisierung des Islam, sondern um eine »Islamisierung der Moderne«.

Innerhalb von fünfzehn Jahren hat sich diese Tendenz zu einem universalen Phänomen ausgewachsen, das Kulturen unterschiedlichsten Ursprungs und verschiedenster Zivilisationsstufen erfaßt hat. Allerorts jedoch stellt die religiöse Rückbesinnung eine Gegenreaktion gegen eine gesellschaftliche »Krise« dar, hinter deren vordergründiger wirtschaftlicher, politischer und kultureller Symptomatik man die tieferen Ursachen erkannt zu haben behauptet.

Von Kairo und Algier bis Prag, von amerikanischen Protestanten bis zu den religiösen Eiferern der »Gush-Emunim«, von islamistischen Aktivisten bis zu katholischen Charismatikern, von den Anhängern des Rabbi Lubawitsch bis zur italienischen Laienbewegung »Comunione e Liberazione« möchte dieses Buch wichtige Entwicklungslinien einer immer weiter um sich greifenden Bewegung nachzeichnen, die auf den ersten Blick rätselhaft erscheint. Betrachtet werden hier ausschließlich die drei »abrahamitischen« Religionen, also Christentum, Judentum und Islam – auch wenn Hinduismus oder Schintoismus, um nur zwei Beispiele zu nennen, in jüngster Zeit eine Entwicklung durchmachen, die teilweise mit den Vorgängen in den drei »Buchreligionen« vergleichbar ist.

Auch das derart begrenzte Untersuchungsfeld mag vielen noch immer zu weitläufig vorkommen... Aber es geht hier nicht um eine erschöpfende Untersuchung – die man in zahlreichen, in den letzten beiden Jahrzehnten erschienenen Monographien über die verschiedenen Formen der religiösen Erneuerung im Christentum, im Islam und im Judentum findet. Ich möchte lediglich einige Anhaltspunkte liefern, um einen groben Überblick über das Phänomen als Ganzes zu ermöglichen.

Dieses Buch verdankt seine Entstehung zunächst der Unzufriedenheit mit »monoperspektivischen« Untersuchungen: Nachdem ich zehn Jahre lang den heutigen Islam aus unmittelbarer Nähe beobachtet und dabei versucht hatte, die Akteure und Tendenzen seines spektakulären Wiederauflebens herauszufinden, bin ich zu der Überzeugung gelangt, daß dieses Phänomen nicht nur von Faktoren verursacht wird, die auf die islamische Welt beschränkt sind, auch wenn diese ihm das besondere Kolorit geben. Als ich bemerkte, daß einige christliche und jüdische Bewegungen frappierende Ähnlichkeiten mit den mir bekannten islamischen Gruppen aufwiesen, hielt ich es für interessant, meine im Islam gewonnenen Hypothesen systematisch mit den verschiedenen Formen religiöser Erneuerung im Christen- und Judentum zu vergleichen, deren Erscheinungsformen ich ebenfalls zu studieren begann, und das Ganze schließlich vor dem Hintergrund der globalen Erschütterung der Moderne in den siebziger Jahren zu betrachten.

Diese Perspektive mag dem einen oder anderen befremdlich erscheinen, denn normalerweise werden die Begriffe und Konzepte, mit denen man Ereignisse in fremden Kulturen gedanklich zu erfassen sucht, aus dem Studium westlicher Religionen gewonnen. In Paris oder New York führt man die Ereignisse in der islamischen Welt auf den »muslimischen Integralismus« bzw. den *»muslim fundamentalism«* zurück, ohne sich klarzumachen, daß Integralismus bzw. Fundamentalismus zwei im Katholizismus und Protestantismus entstandene Kategorien sind und daß ihre metaphorische Übertragung auf andere Phänomene noch lange nicht ihre Allgemeingültigkeit beweist. Ja, ich halte diese Kategorien für grobe Vereinfachungen und Verzerrungen, die die Erkenntnis des gesamten Phänomenkomplexes nur behindern. Unsere grundlegende Unfähigkeit, die islamischen Bewegungen unserer Zeit zu verstehen, ist größtenteils auf diese alten theoretischen Scheuklappen zurückzuführen, die unseren Blick immer mehr einengen. Wir müssen endlich die Herausforderung annehmen, die die zeitgenössischen religiösen Bewegungen für unsere traditionellen Denkschablonen darstellen, und das ist nur möglich, wenn wir sie als globale Erscheinung begreifen.

Wir beginnen mit der islamischen Welt, weil wir so scheinbar selbstverständliche und unmittelbar einsichtige Phänomene in unserem eigenen kulturellen Umfeld aus einer ungewöhnlichen Perspektive betrachten können. Dieser Umweg über die Erfahrung einer Kultur – die sich von unserer eigenen so grundlegend unterscheidet, hat den Vorteil, neue Einsichten in einem Bereich zu gewinnen, in dem bislang nur die Trägheit des Denkens und die Illusion des Altbekannten herrschte.

Der neue Kurs der katholischen Kirche seit dem Amtsantritt von Papst Johannes Paul II. oder die evangelikalen Bewegungen, die die Vereinigten Staaten bis ins innerste erschüttern, werden – außerhalb der ständig größer werdenden Schar der Anhänger – herablassend als eine Erscheinungsform des mittelalterlichen Obskurantismus interpretiert.

Wenn man diese Phänomene aber miteinander vergleicht, erkennt man rasch, daß dieses weitverbreitete Urteil nicht den Tatsachen entspricht. Die meisten Anhänger und Aktivisten der zeitgenössischen religiösen Bewegungen entstammen keineswegs ungebildeten Bevölkerungsschichten (Analphabeten, alten Menschen, Bauern usw.), sondern verfügen häufig über ein staatliches Diplom in vorwiegend technischen Studienrichtungen. Die Art und Weise, wie sie die Gesellschaft beschreiben, deren Krise analysieren und eine Therapie vorschlagen, ist geprägt von Denkmustern eines Bildungssystems, das selbst eine typische Errungenschaft der Moderne ist – die sie doch gerade bekämpfen wollen. Auch die Art, wie sie die heiligen Texte zur Untermauerung ihrer Thesen ausdeuten, weicht beträchtlich ab von der gelehrten, offiziell anerkannten Tradition der islamischen Rechtsgelehrten, christlichen Theologen oder Rabbiner, die sich in gesellschaftlichen Fragen sehr zurückhielten.

Denn die Ansichten dieser religiösen Bewegungen weichen häufig von der »offiziellen« (scharf kritisierten) religiösen Debatte ab, ja stehen mitunter sogar im Gegensatz dazu. Ihre Führer und ihre Anhänger verbünden sich zunächst stärker mit »proletaroiden Intellektuellen«, im Sinne von Max Weber. Beide zeichnen sich dadurch aus, daß sie das bestehende Gesellschaftssystem in Frage stellen – sei es aufgrund seiner rein weltlichen Grundlage, wie in Frankreich, sei es aufgrund säkularer Abweichungen von einer ursprünglich religiösen Grundlage, wie in den USA oder in den islamischen Ländern.

Sie alle kritisieren die innere Auflösung der Gesellschaft, ihre *Anomie,* das Fehlen einer übergreifenden Perspektive. Sie wehren sich nicht gegen eine weltliche Moral, da es diese ihrer Meinung nach nicht gibt, sie glauben vielmehr, daß die von einer Vernunft ohne Gott erzeugte Moderne letztlich keine Werte hervorgebracht habe: Indem die Krise der siebziger Jahre die Grenzen der Sozialpolitik des Wohlfahrtsstaates aufgezeigt habe, seien völlig neue Ängste und Leiden freigelegt worden. Diese Krise offenbart ihrer Meinung nach die Substanzlosigkeit säkularer Utopien liberalen oder marxistischen Zuschnitts, die sich auf zwei verschiedene Weisen manifestiert: im Westen als Konsumegoismus; in den sozialistischen Staaten und der Dritten Welt als repressive Verwaltung der Armut und als Vernachlässigung einer humanen Gesellschaft.

Doch diese Protesthaltung ist nicht bloß der »sublimierte«, »maskierte« Ausdruck einer sozialen Bewegung. So kann man beispielsweise die iranische Revolution nicht als eine unvollendete kommunistische Revolution betrachten, auch wenn die »Benachteiligten« *(moustad'afoun)* und die »Überheblichen« *(moustakbiroun)* der einen gewisse Ähnlichkeiten mit den »Unterdrückten« und den »Unterdrückern« der anderen aufweisen. Die katholische Bewegung »Comunione e Liberazione« in Italien, deren Antikommunismus außer Frage steht, hat von der extremen Linken verschiedene Methoden der Mobilisierung gegen den »bürgerlichen Liberalismus« übernommen. Man lasse sich aber ja nicht von den Begriffshülsen täuschen: Aus dem ursprünglichen Denksystem gerissen, werden die Begriffe in völlig neue Konzeptionen mit gänzlich anderer Zielsetzung integriert. Angestrebt wird nämlich die Wiedereinsetzung der Religion als Grundlage des Gesellschaftssystems.

Wenn die zeitgenössischen religiösen Bewegungen die Moderne auch überwinden wollen, so streben keineswegs alle kurzfristig die Übernahme der politischen Macht und eine revolutionäre Umgestaltung der Gesellschaft an: Einige arbeiten konkret am Aufbau von Gemeinschaften wahrer Gläubigen, die radikal mit »weltlichen« Gewohnheiten brechen und in ihrem Alltagsleben die Gebote der Lehre oder die Eingebungen des Heiligen Geistes befolgen. Das gilt für die charismatischen Gruppen, die sich heute allenthalben im Katholizismus und Protestantismus bilden, ebenso wie für die Anhänger des Rabbi Lubawitsch in der jüdischen Welt und die »Tabligh«, die größte transnationale islamische Organisation unserer Zeit.

Sie verweigern sich auf verschiedene Weise den Sachzwängen der Welt, um beispielhaft Zeugnis abzulegen für die Notwendigkeit einer anderen Lebensweise, in der die gemeinschaftliche Solidarität auf der religiösen Erfahrung jedes einzelnen beruht. Häufig machen sie sich die höchstentwickelten Techniken der Moderne zunutze und lösen sie aus der säkularen Kultur heraus, um zu zeigen, daß zwischen beiden kein notwendiger Zusammenhang besteht.

Diese zeitgenössischen religiösen Bewegungen unterscheiden sich in mancherlei Hinsicht voneinander. Muß man daraus schließen, daß ihr nahezu gleichzeitiges Auftreten purer Zufall war und daß der Wunsch, sie als ein globales Phänomen zu analysieren, sich einem getrübten Blick oder einem modischen Trend verdankt? Um das Problem genauer zu erfassen, wollen wir zunächst im Überblick einige markante Ereignisse dieser Zeit betrachten.

Wegzeichen

1977, 1978, 1979: In diesen drei Jahren kommt es nacheinander im Judentum, im Christentum und im Islam zu einschneidenden Veränderungen.

Bei den Parlamentswahlen im Mai 1977 erleidet die Arbeiterpartei eine schwere Niederlage und wird zum erstenmal in der Geschichte des Staates Israel aus der Regierung verdrängt. Premierminister wird Menachem Begin. Damals erhalten die zionistischen Bewegungen, die lange Zeit in der Versenkung verschwunden waren, wieder Auftrieb, und sie gründen – im Namen des besonderen Bündnisses zwischen Gott und dem »auserwählten Volk« – zahlreiche neue Siedlungen in den besetzten Gebieten.

In der gedrückten Stimmung, die sich im hebräischen Staat nach den Mißerfolgen im Oktoberkrieg von 1973 ausgebreitet hatte, zeugt dieses Phänomen von der tiefen Verunsicherung vieler Israelis in bezug auf den Sinn und die Konturen ihrer jüdischen Identität. Die traditionell stärkste zionistische Gruppierung, die mehrheitlich laizistisch und sozialistisch eingestellt ist und bis dato in der israelischen Politik den Ton angegeben hatte, wird mit einemmal von einem beträchtlichen Teil der Wählerschaft in Frage gestellt.

Die religiösen Parteien repräsentieren ein breites Meinungsspektrum, das vom Antizionismus bis zur Ultraorthodoxie reicht, einig sind sie sich jedoch alle in der Ablehnung eines Judentums, das sich auf eine bloß formale Volkszugehörigkeit beschränkt. Kriterium müsse vielmehr die strengste Befolgung des Gesetzes sein, außerdem solle man sich geflissentlich der Lektüre des überlieferten Schrifttums widmen und sich um einen lebendigen Ausdruck des Glaubens, die Prägnanz des Ritus und die Übereinstimmung des irdischen Lebens mit den göttlichen Geboten bemühen. Seit jener Zeit hat die Zahl, die Bedeutung und das Gewicht dieser Bewegungen ständig zugenommen. Auch wenn sie strenggenommen nicht erst in den siebziger Jahren entstanden sind, so spielen sie doch jetzt zum erstenmal auf der politischen Bühne eine Rolle. Zur gleichen Zeit entwickelt sich in der jüdischen Diaspora nicht nur in den Vereinigten Staaten, sondern auch in Ländern mit hohem Assimilationsdruck wie Frankreich ein verstärktes Gemeinschaftsgefühl. Hier werden sogar Stimmen laut, die die »Emanzipation der Juden« im Anschluß an die Französische Revolution aufs schärfste kritisieren, weil sie unter dem Deckmantel der Gleichheit die jüdische Identität habe zerstören wollen, die doch wahrhaft nur hinter den Mauern des Gettos gedeihen könne.

Im September 1978 wählt das Konklave den polnischen Kardinal Karol Wojtila zum Papst der katholischen Kirche. Mit dieser Entscheidung sollte den Verunsicherungen der »nachkonziliaren Zeit« ein Ende gesetzt werden, in der viele Katholiken in ihrer Identität erschüttert und durch eine ihnen nicht immer verständliche »Aktualisierung« der Riten und der Glaubenslehre verwirrt worden waren, während die säkulare Gesellschaft von innen heraus durch die 68er Bewegung in Frage gestellt worden war. Zur selben Zeit breiten sich die aus dem amerikanischen Katholizismus hervorgegangenen charismatischen Gruppen in der Alten Welt aus. Im Verlauf der achtziger Jahre gewinnen sie in Ost- wie Westeuropa immer mehr an Einfluß und zwingen die Bewegung »Katholiken von links«, die sich bis dahin gern als »Gewissen« der Kirche betrachtet hatte, in die Defensive.

Während es den katholischen »Traditionalisten« unter Führung von Erzbischof Lefebvre nie gelungen ist, ihre Mitgliederbasis über die traditionellen Kreise der extremen Rechten hinaus zu erweitern, haben die Charismatiker es verstanden, unter den Jugendlichen und Akademikern der westlichen Staaten zahlreiche Anhänger zu werben, wobei sie eine festumrissene katholische Identität vermitteln und sich eindeutig zur Missionierung bekennen. Diese Gruppen, denen die Amtskirche zunächst distanziert gegenüberstand, spielten eine herausragende Rolle bei der Verteidigung und Verbreitung des von Johannes Paul II. eingeleiteten neuen Kurses der Kirche. Ihre politischen Ansichten artikulieren sie mit unterschiedlicher Intensität: laut und entschlossen in Italien und Polen, stiller und verhaltener in Frankreich. Allen Gruppen gemeinsam ist jedoch die Kraft zur Mobilisierung, und auch ihre langfristigen Ziele stimmen weitgehend miteinander überein: Man will die Substanzlosigkeit einer vom Diktat der Vernunft geprägten Gesellschaft anprangern, durch Gemeinschaftserfahrung das Bewußtsein dafür wecken, daß nur die Rückbesinnung auf Gott den Menschen retten kann, und schließlich den Weg weisen zu einer Neugestaltung der Gesellschaft auf christlicher Grundlage.

Das Jahr 1979, das nach islamischer Zeitrechnung das 15. Jahrhundert einleitet, beginnt mit der Rückkehr Ajatollah Chomeinis nach Teheran im Februar, an die sich die Ausrufung der Islamischen Republik anschließt. Sie endet – im November – mit der Erstürmung der großen Moschee von Mekka durch eine bewaffnete Gruppe, die dagegen protestiert, daß die heiligen Stätten von der saudischen Herrscherfamilie kontrolliert werden. Diese beiden spektakulären Ereignisse zeigen der ganzen Welt mit einemmal das große politische Potential, das der Islam in sich birgt und das einige seiner Anhänger noch weiter verstärkt haben. Sie sind jedoch keine isolierten Phänomene, sondern fügen sich in eine umfassendere Entwicklungslinie ein, die dem Islam eine soziale und eine politische Dimension gegeben hat, die häufig von den Modernisierungsbestrebungen der jeweiligen Machteliten nach der Entlassung in die staatliche Unabhängigkeit verdeckt worden waren.

Die siebziger Jahre haben die islamischen Bewegungen von Malaysia bis zum Senegal, von den islamischen Sowjetrepubliken bis zu den europäischen Stadtrandbezirken, in denen man Millionen muslimischer Einwanderer angesiedelt hatte, ins Rampenlicht gestellt. Mag das Wiederaufleben des Islam in seiner politischen Form auch für viele westliche Beobachter, die die Religionen der Dritten Welt schon lange nur noch als faszinierende, aber museumsreife Studienobjekte betrachteten, eine Überraschung gewesen sein, so ist es doch nur der sichtbarste Teil einer umfassenden tiefgreifenden Bewegung mit dem Ziel, das Alltagsleben und die Sitten zu reislamisieren und das Privatleben an den Geboten der heiligen Texte auszurichten.

Diese Bewegung tritt für einen kulturellen Bruch mit den Strukturen der säkularen Moderne ein, der sie die Schuld gibt an sämtlichen Dysfunktionen der Gesellschaften der Dritten Welt, von den sozialen Ungleichheiten bis hin zum Despotismus, von der anhaltenden Massenarbeitslosigkeit bis zur allgemeinen Korruption. Sie zählt in ihren Reihen zahlreiche Akademiker vorwiegend naturwissenschaftlicher Fachrichtungen und strebt, entsprechend deren beherrschendem Einfluß, eine Trennung zwischen den modernsten Techniken – die man sich durchaus zunutze machen will – und den säkularen Wertvorstellungen an – die man entschieden bekämpft –, um eine Lebensethik der strikten Unterordnung der Vernunft unter Gott zu befördern.

Man könnte diese Aufzählung nach Belieben erweitern und zum Beispiel auch darauf verweisen, daß 1976 ein überzeugter Baptist, Jimmy Carter, zum Präsidenten der Vereinigten Staaten von Amerika gewählt wird. Seine moralische und religiöse Integrität soll die amerikanische Exekutive von der Watergatesünde reinwaschen. Daß 1980 sein Konkurrent Ronald Reagan die Wahl gewinnt, ist vor allem darauf zurückzuführen, daß die Masse der protestantischen und fundamentalistischen Wähler ihre Stimme gemäß den Empfehlungen politisch-religiöser Organisationen, wie der 1979 gegründeten »Moral Majority«, abgibt und von dem Wunsch beseelt ist, aus einem krisengeschüttelten, durch eine zweistellige Inflationsrate geschwächten und durch die Teheraner Geiselaffäre gedemütigten Amerika ein neues Jerusalem zu machen.

Die religiösen Bewegungen im Amerika der Siebziger erfassen alle gesellschaftlichen Schichten und sind keineswegs auf die agrarisch strukturierten, konservativen Bundesstaaten des Südens beschränkt. Sie finden bei den schwarzen und lateinamerikanischen Minderheiten ebenso Resonanz wie bei den »weißen angelsächsischen Protestanten« (*White Anglo-Saxon Protestants,* WASPs). Da sie das Fernsehen und modernste Kommunikationstechniken wahrhaft meisterlich einzusetzen wissen, erreichen sie mit ihren Predigten einen riesigen Adressatenkreis, und es gelingt ihnen der Aufbau eines weitverzweigten Finanzierungsnetzes. Einige ihrer Anführer hatten während der Präsidentschaft Jimmy Carters und vor allem Ronald Reagans ungehinderten Zutritt ins Weiße Haus und zu den höchsten Schaltstellen der Macht; sie haben diese Gelegenheit beim Schopfe gepackt, um ihre Vorstellung von einer auf »christlichen Werten« gründenden Gesellschaft voranzubringen – ob es dabei um die Einführung des Schulgebets oder das Verbot der Abtreibung ging.

Mögen diese Bewegungen auch sehr verschiedenartig sein, so sind sie doch alle Mitte der siebziger Jahre erstmals in den Blickpunkt der Öffentlichkeit geraten. Schon lange zuvor entstanden, hatten die meisten bis dahin keine allgemeine Resonanz gefunden. Sie waren kaum imstande gewesen, die Massen auf Dauer zu mobilisieren, und ihre Ideale bzw. Parolen erschienen auf dem Hintergrund eines allgemeinen gesellschaftlichen Optimismus als veraltet und reaktionär. Die Nachkriegszeit war vom Siegeszug der weltlichen Utopien geprägt: Nachdem die Alte Welt, die den Schrecken der Judenvernichtung erlebt hatte, aus dem Alptraum des Krieges und der Zerstörung erwacht war, machte man sich an die Errichtung neuer Gesellschaften, die die schaurigen Phantasien der Vergangenheit vertreiben sollten. Der Aufbau des Sozialismus im Osten und die Entstehung der Konsumgesellschaft im Westen lassen nur wenig Raum für die Entfaltung von Ideologien, die die Strukturprinzipien der Gesellschaftsordnung aus dem Göttlichen schöpfen wollen. Die Verbesserung der Lebensbedingungen, die wir den gewaltigen technischen Neuerungen verdanken, stärken den unverbrüchlichen Glauben an den Fortschritt, und zwar so sehr, daß »Progressivität« zu einem Kardinalwert erhoben wird. Alles ist zum Greifen nah – selbst der Mond, auf dem amerikanische Astronauten im Sommer 1969 herumspazieren.

Gewiß, nicht überall teilt man diese Euphorie. Aber die Infragestellung der sozialen Systeme durch die Unterprivilegierten, die Verlierer des Wirtschaftswachstums, findet im Westen einen gewissen Widerhall in den Programmen kommunistischer Parteien, während jenseits des Eisernen Vorhangs der Strom der Dissidenten sich nach Westen ergießt. Die Bipolarität der Welt, festgeschrieben durch den Kalten Krieg, verstärkt nur noch die Anziehungskraft des Antagonismus zwischen Washington und Moskau, denn die beiden Möglichkeiten der Alternative erscheinen als ein grundlegendes Dilemma, außerhalb dessen es kein Heil gibt. Die Gläubigen sollen *sich engagieren* – für die Verteidigung der freien Welt bzw. des Sozialismus –, was langfristig zu einer Unterordnung des Glaubens unter den Wunsch nach Verwirklichung weltlicher Ideale, zu einer Herabsetzung des Jenseits unter das Diesseits führt.

Das Zweite Vatikanische Konzil ist das Kind einer Zeit, in der man die moderne Welt optimistisch bewertet; dementsprechend versucht es, die katholische Botschaft in der Sprache der säkularen Gesellschaft auszudrücken, von der man zahlreiche Ideale – Gerechtigkeit, das Recht auf Entwicklung etc. – mit der Absicht übernimmt, deren Ursprung aus der christlichen Lehre abzuleiten. Die Zeitgenossen des Zweiten Vatikanums haben das moderne Vokabular wohl nur benutzt oder sogar das *Aggiornamento* zum Canossagang der Kirche deklariert; zwanzig Jahre danach wird gerade die christliche Verankerung der damals formulierten Prinzipien dem Pontifikat Johannes Pauls II. als Grundlage für die »Rückeroberung« der Herzen und Köpfe dienen.

In den unabhängig gewordenen Staaten der Dritten Welt sieht man in der Religion häufig ein Hindernis für den »Fortschritt«, da man diesen als völlige Unterwerfung des Volkes unter die Politik der neuen Machthaber begreift. Während des Kampfes gegen die Kolonialmächte allerdings hatte selbst die extreme Linke die Religionszugehörigkeit gezielt als Solidarisierungsinstrument benutzt, um die »Einheimischen« gegen die »Kolonialisten« auszuspielen und eine mitunter recht diffuse nationale Identität zu beschwören. Sobald das neue Regime jedoch einmal fest im Sattel saß, schickte es die Geistlichen zurück in ihre Studierstuben, und die politisch-religiösen Bewegungen, die das Volk zum Sieg geführt hatten, wurden verfolgt oder gar vernichtet.

Das zeigte sich wohl nirgends so deutlich wie in Ägypten unter der Herrschaft Nassers, das damals als leuchtendes Beispiel arabischen Fortschrittswillens gepriesen wurde: Nasser, dessen Machtergreifung 1952 von den Muslimbrüdern, bei denen er die Grundlagen seiner Weltanschauung gelernt hatte, begeistert gefeiert wurde, hat diese mächtige politisch-religiöse Organisation erbittert bekämpft, weil sie das letzte Hindernis auf dem Weg zu seiner unumschränkten Alleinherrschaft war. So unternahm das Regime 1964 eine radikale Reform der islamischen Universität Al Azhar, mit dem Ziel, die dort ausgebildeten Geistlichen zu gefügigen Sprachrohren des Nasserismus zu machen, dessen Lobgesang sie als bewährte islamische Orthodoxe anstimmen sollten. Es ging nicht darum, die Religion von der politischen Bühne verschwinden zu lassen, sondern darum, jede nicht vom Regime kontrollierte religiöse Aktivität zu unterbinden und aus der Religion ein Instrument zur Legitimierung der bestehenden Gesellschaftsordnung zu machen.

Die so bevormundete Religion wird in den sechziger Jahren von den gängigen ideologischen Leerformeln – Progressismus, Antiimperialismus, Sozialismus, positiver Neutralismus etc. – instrumentalisiert. Sie richtet sich vornehmlich an jene Schichten der Bevölkerung, denen die Kategorien der modernen Rhetorik unverständlich bleiben, und die Intellektuellen, die sich mit dem Regime identifizieren und für es eintreten, haben nur Verachtung für die religiöse Komponente übrig. Dieser Zustand hält so lange an, bis das Trauma der totalen militärischen Niederlage gegen Israel im Juni 1967 gleichsam als böses Omen die Krise der unabhängigen arabischen Staaten insgesamt beschleunigt und durch die Erschütterung der ideologischen Spielregeln den Weg ebnet für die islamistische Protestbewegung.

Die religiösen Bewegungen zu studieren, die damals auf der ganzen Welt aus dem Boden schießen, heißt, durch sie hindurch die umfassenden Veränderungen zu erkennen, die die zeitgenössischen Gesellschaften in diesem letzten Viertel des 20. Jahrhunderts durchmachen – Veränderungen, deren Auswirkungen die Öffentlichkeit zwar empfindet, deren Ursachen ihr jedoch schleierhaft sind. Diese mitunter so sonderbar, irrational und fanatisch anmutenden Bewegungen zu studieren heißt, ihre Argumentation und die von ihnen angestrebten alternativen Sozialisationsformen in dem Maße ernst zu nehmen, wie sie über eine Welt verzweifeln, in der sie sich nicht mehr zu Hause fühlen.

Wir gehen im folgenden von der Annahme aus, daß der Theorie und Praxis dieser Bewegungen eine bestimmte Logik zugrunde liegt, daß sie also keinesfalls das Produkt einer fehlgesteuerten Vernunft oder einer Manipulation durch dunkle Mächte sind, sondern das authentische Zeugnis eines tiefreichenden gesellschaftlichen Mißstandes, der durch unsere traditionellen Denkkategorien nicht mehr entschlüsselt werden kann. Diese Bewegungen ernst zu nehmen heißt jedoch nicht, sich zu ihrem Anwalt zu machen – denn schließlich hat man ja auch nicht jeden, dem erst die Pamphlete der Arbeiterbewegung die Lage des Proletariats vor Augen geführt haben, als Kommunisten angesehen.

Die Welt von heute hat das Industriezeitalter verlassen und ist in eine neue Epoche eingetreten, in der die gesellschaftlichen und die internationalen Beziehungen einem Wandel unterliegen, den wir nicht eindeutig benennen können. Das plötzliche Auftauchen religiöser Bewegungen kann uns helfen, diesen Prozeß besser zu verstehen. Denn sie sind typische Kinder unserer Zeit: unerwünschte Bastarde, Produkte der Informatik und der Arbeitslosigkeit, der Bevölkerungsexplosion und der Alphabetisierung. Ihre Schreie und Jammerrufe mahnen uns, ihre Eltern zu suchen und ihre unbekannte Abstammung in unserem ausgehenden 20. Jahrhundert aufzuklären.

Die religiösen Bewegungen unserer Tage deuten wie die Arbeiterbewegungen von gestern deutlich auf gesellschaftliche Mißstände hin, die sie auf ihre eigene Weise benennen. Und diese Benennung selbst ist ein Zeichen, dessen Bedeutung unbedingt aufgedeckt werden muß: Es nicht zu tun hieße, sich auf Spekulationen zu verlegen, deren trivialste lauten würde, daß das 21. Jahrhundert (bzw. das dritte Jahrtausend) entweder religiös oder nicht religiös sein wird – ein Thema, das uns hier nicht interessiert.

Um diese Bewegungen zu verstehen, muß man sie im Rahmen ihrer sozialen Praxis interpretieren, muß man Theorie und Praxis fortwährend aufeinander beziehen. Es macht einen gewichtigen Unterschied, ob in einem Staat die wichtigsten religiösen Bewegungen über eine revolutionäre Machtergreifung einen radikalen Bruch mit der etablierten Ordnung anstreben oder ob eine eher »pietistische«, gewaltlose Umgestaltung des Systems – sei es durch innere Zermürbung, sei es durch Druck auf die Entscheidungsorgane – beabsichtigt wird.

Wir werden nacheinander vier religiöse Kontexte und die darin entstandenen religiösen Bewegungen betrachten: den mediterranen Islam, den europäischen Katholizismus, den nordamerikanischen Protestantismus und den Judaismus in Israel wie in der Diaspora.

Kapitel 1

Mit Schwert und Koran

Was die Infragestellung von Grundwerten der Gesellschaftsordnung anlangt, so treten die Reislamisierungsbewegungen in den islamischen Ländern des Mittelmeerbeckens und der angrenzenden Gebiete die Nachfolge marxistischer Gruppierungen an. Dieses Phänomen zeigt sich in den siebziger Jahren, als zwischen den beiden Richtungen heftige Auseinandersetzungen um die Kontrolle derjenigen gesellschaftlichen Bereiche entbrennen, in denen sich ein Widerstandspotential befindet. Das sind damals vor allem die Universitäten und die Elendsviertel an den Rändern der Großstädte. Zu Beginn der achtziger Jahre werden die Marxisten auf der ganzen Linie geschlagen. Im nun anbrechenden Jahrzehnt kommt es zu vereinzelten islamistisch motivierten Unruhen, die in der Erstürmung der großen Moschee in Mekka 1979, der Ermordung von Sadat im Oktober 1981 und dem afghanischen Widerstand gegen die sowjetische Invasion ihre Höhepunkte erreichen.

Das allerdings, was die radikalsten Aktivisten anstreben, die Übernahme der politischen Macht, gelingt nur im Iran. Die Gewalt der achtziger Jahre, die sich im Krieg zwischen Iran und Irak und im libanesischen Bürgerkrieg entlud und durch den Terrorismus noch verschärft wurde, hat jedoch die Gesellschaftsordnung nicht grundlegend erschüttern und die internationalen Beziehungen nicht im Sinne der militanten Islamisten verändern können. Dafür hat eine »schleichende« Reislamisierung »von unten« eingesetzt, die die Sitten und Lebensweisen betrifft und eine neue gesellschaftliche Infrastruktur in den islamischen Ländern aufbaut. Wenn dieser Prozeß erst einmal weit genug fortgeschritten ist, dann kann er, wie am Beispiel Algeriens deutlich zu sehen ist, zum Aufbau eines riesigen Netzes örtlicher Gegengewalten führen und dadurch zum gegebenen Zeitpunkt den Zusammenbruch einer fünfundzwanzigjährigen Diktatur beschleunigen.

Von der marxistischen Protestbewegung zum islamistischen »Bruch«

Will man die Entwicklung der Reislamisierungsbewegungen bis in unsere Tage hinein verfolgen, so muß man bis in die sechziger Jahre zurückgehen, als die Entlassung in die staatliche Unabhängigkeit in allen Kolonien euphorisch gefeiert wurde.

Aus ehemaligen Kolonialgebieten sind fast ausnahmslos unabhängige Staaten geworden. In diesen Ländern – von der Türkei, aus der Atatürk fünfzig Jahre zuvor die ausländischen Besatzungsmächte vertrieben hatte, bis zu Algerien, aus dem sich die Franzosen zu Beginn der sechziger Jahre zurückzogen – werden die Machteliten nunmehr von Einheimischen gebildet, die die Beziehungen zwischen Staat und Gesellschaft souverän verwalten. Die Unabhängigkeitseuphorie beschert den Führungskadern eine »Schonfrist«, durch die die gesellschaftlichen Konflikte überall verschleiert oder abgeschwächt werden. Da sie die Moderne und die Erneuerung verkörpern, verfügen die machthabenden Eliten über eine starke Legitimität, die aus ihrer Teilnahme an den siegreichen Kämpfen gegen die jeweilige Kolonialmacht herrührt, und die symbolische Staffage der neuen Regime bezieht sich auf herausragende Daten und große Ereignisse in den Befreiungskriegen und in deren Vorfeld.

Die ersten ernsthaften Schwierigkeiten entstehen da, wo sich die Verwaltung von Mangelwirtschaften mit der Bevölkerungsexplosion der sechziger Jahre verbindet. Die Übernahme des sowjetischen Entwicklungsmodells führt zur Entstehung erster Schwerindustrieanlagen an den Ufern des Nils, die sich jedoch schon bald auf dem Weltmarkt als nicht wettbewerbsfähig erweisen und sich in finanzielle Fässer ohne Boden verwandeln. Ideologisch verfolgte man mit dieser Industrialisierung das Ziel, eine Arbeiterklasse in solchen Gesellschaften zu schaffen, in denen es bislang keine gegeben hatte, um so die Wirklichkeit dem marxistischen Schema anzugleichen. Doch auch diese Absicht blieb weitgehend unerfüllt.

In den sich zur Marktwirtschaft bekennenden islamischen Staaten verhindern das Überleben feudaler Strukturen und die allgegenwärtige Korruption das Funktionieren der Marktgesetze. Das führt dazu, daß für die Jugendlichen, die in großer Zahl aus den ländlichen Gebieten in die mangelhaft erschlossenen Stadtrandgebiete strömen, nur sehr wenige Arbeitsplätze und Wohnungen geschaffen werden. Diese soziale Frage der Dritten Welt – in dem ganzen Elend, das sie ans Tageslicht bringt, durchaus mit der Entstehung des Proletariats im Europa des 19. Jahrhunderts vergleichbar – verschärft die Gegensätze zwischen den Führungseliten und der Bevölkerung und beginnt den politischen Konsens aus den Anfangszeiten der Unabhängigkeit zu untergraben.

Die ersten, die aus der sich in den islamischen Ländern der Mittelmeerregion und der angrenzenden Gebiete regenden Unzufriedenheit politisch Kapital zu schlagen suchen, sind die marxistischen Gruppierungen – auch wenn dort Ende der sechziger Jahre praktisch keine organisierte, mächtige und regimeunabhängige kommunistische Partei existiert, die sich an die Spitze einer revolutionären Bewegung stellen könnte.[1] In den sozialistischen, mit der Sowjetunion verbrüderten Staaten, wie Syrien, Ägypten, dem Irak und Algerien, werden Kommunisten mitunter zwar in regierungstragende Koalitionen aufgenommen, aber man steckt sie andererseits auch sehr schnell ins Gefängnis, foltert sie, bringt sie um oder zwingt sie, ins Exil zu gehen, wenn ihre Kritik die Grenze überschreitet, die von

Nasser, den Führern der Ba'at-Partei[2] oder der algerischen nationalen Befreiungsfront als akzeptabel angesehen wird. In den konservativen oder »bürgerlichen« Staaten, in denen die Kommunisten nicht an den Regierungsgeschäften beteiligt sind, entwickeln sich kommunistische Parteien und Organisationen verschiedenster Richtungen entweder im Untergrund, wie im Iran oder der Türkei, oder legal, wie im Libanon. Die verschiedenen kommunistischen Gruppen sind nicht imstande, die etablierten Regime zu stürzen, sei es aufgrund der geringen Zahl aktiver Mitglieder, sei es wegen der intensiven Unterdrückungsmaßnahmen seitens des Regimes. Ihre Weltanschauung aber artikuliert verschwommen die Wünsche vieler Menschen, die die Gesellschaftsordnung von Grund auf verändern wollen. So umfassend ist keine andere Gesellschaftskritik, denn sie beinhaltet sowohl eine radikale Infragestellung der bestehenden Ordnung als auch die konkrete Utopie einer besseren Gesellschaft.

In den zum Sozialismus hin tendierenden Staaten führen die oppositionellen Marxisten die gesellschaftlichen Mißstände auf den Verrat an den wirklichen sozialistischen Idealen durch die regierenden Militäroligarchien zurück, die ausbeuterische und zynische »Staatsbourgeoisien« hervorgebracht hätten. Das gilt für Ägypten zur Zeit Nassers, das Anwar Abdel Malek als »militaristische Gesellschaft« bezeichnet hat und in dem nach Mahmud Hussein[3] ein »Klassenkampf« ausgetragen wurde – übrigens zwei Autoren, deren Ansichten damals von der revolutionär gesonnenen Intelligenzija und den Studenten in der islamischen Welt uneingeschränkt geteilt wurden.

Auch in den konservativen Staaten werden die Universitäten ideologisch von legalen oder illegalen Studentengruppen beherrscht, in denen marxistische Aktivisten eine herausragende Rolle spielen. Ende der sechziger Jahre entstehen überall in Marokko, Tunesien, der Türkei und im Libanon linke Gruppierungen; sie erarbeiten eine kritische Gesellschaftsanalyse und eine konkrete Utopie und beziehen dabei ihre Argumente im wesentlichen aus den marxistisch-leninistischen Standardwerken.

In Algerien, das erst wenige Jahre zuvor in die Unabhängigkeit entlassen worden war und das Frankreich kulturell noch immer sehr nahe steht, kommt es Anfang der siebziger Jahre in weiten Teilen der Studentenschaft zu einem Linksruck, mit der Folge, daß die Studenten sich fortan, unterstützt von der zum Kommunismus tendierenden »Partei de l'avant-garde socialiste« (PAGS), nachdrücklich für die Landreform einsetzen. Diese »Avantgarde«, die wie gebannt auf die Ereignisse vom Mai 68 in Frankreich starrt und sich an Havanna und Peking orientiert, versteht ihren Einsatz für die Reform als Beitrag zur Revolution auf dem Land und zur Weiterentwicklung des »fortschrittlichen« Militärregimes von Oberst Huari Boumedienne in Richtung Sozialismus. Diese jungen Algerier denken und artikulieren sich in Französisch, denn das ist die Sprache der von ihnen benutzten marxistischen Texte. Das Schriftarabisch verstehen sie kaum. Ab Mitte der siebziger Jahre »bauen« die von solchen Auswüchsen beunruhigten Machthaber arabophone Studenten, die während ihres Aufenthalts im Mittleren Osten mit den Muslimbrüdern in Kontakt getreten waren, als Gegenkräfte zu den marxistischen Studenten »auf«. Diese von der systematischen Arabisierung Algeriens begleitete Politik trägt dazu bei, daß die sich auf den Marxismus berufenen Protestbewegungen geschwächt und die islamistischen Bewegungen gestärkt werden.[4]

In den Jahren zwischen den beiden israelisch-arabischen Kriegen 1967 und 1973 glaubt der oppositionelle Marxismus im Mittleren Osten, seine Stunde sei gekommen: Als die Armeen von sozialistischen wie konservativen arabischen Staaten im Juni 1967 aufgerieben werden, sehen sich die herrschenden Eliten – deren Autorität ohnehin durch ihre Unfähigkeit, die soziale Frage zu lösen, schwer angeschlagen ist – in einer tiefen Legitimationskrise. Kaum hat sich das Nassersche Charisma mit der Niederlage der ägyptischen Armee verflüchtigt, da hat die islamische Welt schon wieder ein neues »höchstes Anliegen«: Palästina wird zum Symbol des Widerstandes gegen Israel und gegen den westlichen Imperialismus. Vorbild sind nicht länger die jeweiligen Machthaber, sondern eine Kampforganisation, die an die nationalen Befreiungsbewegungen des zurückliegenden Jahrzehnts erinnert und die Heldentaten aus dieser Zeit für die Jugendlichen wiederaufleben läßt.

Sofort machen sich die Marxisten zu entschiedenen Wortführern und Verteidigern des palästinensischen Widerstandes gegen die arabischen Machthaber, denen sie »Verrat« vorwerfen. Dadurch können sie ihren Einfluß, insbesondere in studentischen Kreisen, beträchtlich erweitern. Mehr denn je scheint sich für den Mittleren Osten eine revolutionäre Perspektive abzuzeichnen: Doch wird die große Revolution der siebziger Jahre nicht im Namen von Marx oder Lenin geführt werden, sie gipfelt vielmehr – entgegen allen Erwartungen – in der Errichtung einer islamischen Republik im Iran.

Die List der Geschichte in diesem Jahrzehnt besteht in der heimlichen Vertauschung der Revolutionen: Während man in den westlichen Staatskanzleien mit einem Kommunisten im Keffieh rechnete, tritt in Wirklichkeit ein Mullah im Turban auf, der drohend seine Kalaschnikoff schwenkt. Doch abgesehen von diesem Schock durch die Vertauschung der Symbole, die sich nur geringfügig unterscheiden, wirft der Aufstieg der islamistischen Bewegungen zur alleinigen Oppositionskraft, der mit der endgültigen Verdrängung der Marxisten einhergeht, grundlegende Fragen auf, die nicht nur die islamische Welt betreffen.

Das Streben nach einer besseren Welt verlagert sich von der weltlichen auf die religiöse Ebene. Mag dieses Wiedererwachen der Religion auf den ersten Blick unmotiviert und unverständlich anmuten, so bildet es doch lediglich den Endpunkt einer verborgenen Entwicklung, die man nur verstehen kann, wenn man sie bis zu ihrem Ausgangspunkt zurückverfolgt.

Man gewinnt zunächst den – trügerischen – Eindruck, als sei

die Säkularisierung in der islamischen Welt wie andernorts ein linearer, unvermeidlicher Prozeß. Den Islam betrachtet man dann als längst überholte Lehre, die nur noch von alten Menschen auf dem Lande oder von ewiggestrigen Reaktionären geglaubt wird. Dieser Eindruck ist zweifellos aus konkreten Anhaltspunkten entstanden, er ist aber auch auf die Tatsache zurückzuführen, daß die säkularisierten Intellektuellen die öffentliche Meinung quasi allein bestimmten und ihre eigenen Veränderungen auf die Gesellschaft insgesamt projizierten. Dies hat wesentlich dazu beigetragen, daß das Andauern von Denkströmungen verborgen blieb, die weiterhin eine religiöse Fundierung der Gesellschaftsordnung forderten. Diese Strömungen waren nicht von heute auf morgen verschwunden, sie hatten vielmehr eine vorübergehende Niederlage erlitten und sich intensiv mit deren Ursachen befaßt.

Tatsächlich hatten die meisten nationalistischen Bewegungen eine religiöse Komponente besessen, ohne deren Einsatz die Erhebung gegen die Kolonialmächte und die vielfältigen Kämpfe, die der tatsächlichen Unabhängigkeit vorausgingen, nicht das ganze Land erfaßt hätten. Die Vereinigung algerischer Ulema (Rechtsgelehrten) hat unter ihrem geistigen Führer, Abdelhamid Ben Badis[5], dafür gesorgt, daß der Bezug auf den Islam im Programm der FLN deutlich hervortrat. Dies war um so einfacher, als die Religionszugehörigkeit auch als radikales Abgrenzungskriterium gegen die Algerienfranzosen, die häufig schon seit drei Generationen die algerische Staatsangehörigkeit besaßen, und gegen die hier lebenden Juden diente, welche ihrerseits schon seit ewigen Zeiten Algerier waren.

In Ägypten entstand die bekannteste Bewegung, die nach der Unabhängigkeit für die Errichtung eines islamischen Staates kämpfte. Die »Muslimbrüder«[6] hatten seit ihrer Gründung 1928 bis zur Machtergreifung Nassers und seiner Kameraden, der freien Offiziere, 1952, mehr als eine Million Anhänger gefunden. Sie waren eine der treuesten Stützen des neuen Regimes, und einige Mitglieder der obersten Führungsriege waren ihnen wohlvertraut, weil sie bei den Muslimbrüdern ihre erste politische Bildung erhalten hatten. Nasser selbst und vor allem sein Nachfolger, Sadat – beide aus bescheidenen, nicht verwestlichten Verhältnissen –, waren von einer Weltanschauung geprägt, die den Wunsch nach sozialem Wandel in Kategorien des Korans zum Ausdruck brachte.

Doch als Nasser Ende 1954 seine Machtposition genügend gefestigt hatte, zögerte er nicht, diesen Partner, der als sein einziger politischer Konkurrent übriggeblieben war, auszuschalten – mit Unterdrückungsmaßnahmen, die in ihrer Brutalität noch bei weitem die gewalttätigen Übergriffe der Besatzungsarmeen in der Kolonialzeit überstiegen. Bis Mitte der sechziger Jahre waren die Muslimbrüder von der Bildfläche verschwunden: Die Anführer, die nicht gehängt oder eingekerkert worden waren, hatten in den Erdölmonarchien der arabischen Halbinsel Zuflucht gefunden.

Erst 1965 läßt der innenpolitisch arg bedrängte Rais die Muslimbrüder wieder aus der Versenkung auftauchen, nur um sie öffentlich der Verschwörung gegen ihn zu bezichtigen – was allerdings lediglich einen Vorwand für eine neue Unterdrükkungskampagne darstellt; sie gipfelt in der Hinrichtung des ideologischen Kopfes der Bewegung, Sayyid Qutb, der im Konzentrationslager eine radikale islamische Kritik des Nasser-Regimes verfaßt hat. Der politisch-religiöse Islamismus war also nach wie vor so stark, daß er 1965 zur Zielscheibe von Unterdrückungsmaßnahmen werden konnte, hatte allerdings in der Bevölkerung lange nicht mehr den Rückhalt wie noch in den vierziger Jahren. Das lag einerseits am totalitären Charakter des Regimes, andererseits an den Schwierigkeiten, die sich in den »fortschrittsfreundlichen« sechziger Jahren der Verbreitung einer Botschaft entgegenstellten, die sich ausschließlich auf eine orthodoxe Interpretation heiliger Texte berief, um das Bild einer idealen Gesellschaft zu entwerfen. Mit einer ähnlich gelagerten Zielsetzung sättigten der Marxismus und seine lokalen Ableger damals das Bedürfnis nach Utopie.

Erst zehn Jahre später, als seine radikal pessimistische Diagnose der zeitgenössischen ägyptischen Gesellschaft auf den tiefgreifenden Orientierungsverlust der siebziger Jahre in Ägypten wie in der übrigen islamischen Welt trifft, finden die von Sayyid Qutb zu Beginn der sechziger Jahre entwickelten Vorstellungen in größeren Kreisen Widerhall, aus denen dann mehrere Generationen islamischer Aktivisten hervorgehen. Das Ägypten der Nasser-Ära wird im Rückblick zum abschreckenden Beispiel für Despotismus und Mißwirtschaft, zum Gegenmodell par excellence – so wie es zuvor von der »fortschrittlichen« Ideologie als leuchtendes Vorbild des Arabismus gelobt worden war.

Der Islam bekämpft die Jahiliyya

Die Thesen, denen Sayyid Qutb seine ungeheure Popularität in der heutigen islamischen Welt verdankt, sind im wesentlichen in zwei Büchern enthalten, die er in den letzten Jahren seines Lebens schrieb, einem umfangreichen Kommentar zur Heiligen Schrift des Islam und einem Manifest, das auch als »Einmaleins der islamistischen Bewegung«[7] bezeichnet wurde. Die Originalität von Qutb besteht darin, daß er von vornherein eine radikale Trennung zwischen dem Islam und sämtlichen Gesellschaften seiner Zeit (auch den sich auf den Islam berufenden) vornimmt. Seiner Meinung nach gibt es keine islamische Gesellschaft mehr, und es wäre vergeblich, wollte man nach den Spuren des Islam in einer Welt suchen, die diesen längst verworfen hat. Die Welt ist nur noch *Jahiliyya*: Diesen Begriff, der in der islamischen Terminologie die der Verkündigung des Propheten Muhammad in Arabien vorausgehende Periode der »Unwissenheit«, der »Barbarei« bezeichnet, wendet Qutb auf die Gesellschaften des 20. Jahrhunderts an, da sie seiner Meinung nach das Wesen des Islam preisgegeben haben.

Der wahrhafte Muslim muß mit der *Jahiliyya* brechen, mit aller Macht ihre Zerstörung betreiben und auf ihren Ruinen einen islamischen Staat errichten. Dabei soll er sich den Propheten Muhammad und dessen Gefährten zum Vorbild nehmen: 622 n. Chr. (im 1. Jahr der islamischen Zeitrechnung) brachen sie von Mekka, das von der *Jahiliyya* beherrscht war, nach Medina auf. Acht Jahre später kehrten sie als triumphale Sieger zurück, stürzten die Götzen und verkündeten den Islam.

Der Bruch mit der Welt, wie Qutb ihn fordert, ist etwas radikal Neues. Er steht im Gegensatz zur Einstellung der Mehrheit der Muslims in den sechziger Jahren – auch der meisten Muslimbrüder –, nach der man mit einer (noch so unvollkommenen) muslimischen Gesellschaft nicht brechen kann und in ihr das Wort Gottes verkünden muß, damit der Islam hier in Erfüllung gehe. Für Qutb hingegen hat die Nassersche »Barbarei« endgültig die Schwelle des Tolerierbaren überschritten, so daß jeder Kompromiß ausgeschlossen ist. Der Gebrauch des Begriffs *Jahiliyya*, der zu den Wurzeln des Islam zurückführt und fünfzehn Jahrhunderte islamischer Gesellschaftsgeschichte einfach ausklammert, hat eine weiterreichende symbolische Bedeutung: Was die *Jahiliyya* in den Augen von Qutb und seinen Anhängern auszeichnet, ist die Anbetung von Götzen. Die Menschen verehren nicht den einen und einzigen Gott (arabisch *Allah*), sondern einen Despoten, einen »Pharao« aus ihren Reihen, der sich die göttliche Souveränität anmaßt, die auf der Erde Gerechtigkeit verbürgt. Dieser »Pharao« gehorcht allein seiner eigenen Willkür. Er mißachtet die Gebote der geoffenbarten Schrift und verkörpert die Ungerechtigkeit. Der muslimische Herrscher hingegen sorgt dafür, daß auf der Erde Gerechtigkeit herrscht, denn er hält sich strikt an das göttliche Gesetz, die *Schari'a.* Dieses Ideal läßt sich aber nur verwirklichen, wenn eine Elite von Gläubigen die Gesellschaft, mit der sie zuvor gebrochen hatte, rückerobert.

Qutb wurde hingerichtet, bevor er genauer erklären konnte, was er unter »Bruch« verstand: Sollte man sich physisch aus der

Welt zurückziehen und in der Wüste eine Gegengesellschaft errichten, die die *Jahiliyya* im Sturm erobern würde, oder sollte man sich lediglich geistig distanzieren, sich in islamischer Zurückhaltung üben? Unter Qutbs Nachfolgern wird es in den siebziger Jahren über diese Fragen zu erbitterten Auseinandersetzungen kommen. Doch ist der Begriff des *»Bruches«* in seinen vielfältigen Interpretationen gemeinsamer Ausgangspunkt aller zeitgenössischen Reislamisierungsbewegungen. In dieser Perspektive wird jedes soziale Umfeld zu einer *Jahiliyya*, zum Inbegriff von Gottlosigkeit, Ungerechtigkeit und Despotismus.

Qutb, der 1966 hingerichtet wird, erlebt nicht mehr, wie seine Saat aufgeht. Nasser verfügt damals nicht nur über einen schlagkräftigen Unterdrückungsapparat, sondern noch immer über ein beträchtliches Charisma und Ansehen – erst die arabische Niederlage gegen Israel im Juni 1967 wird Nassers Herrschaft die Legitimationsgrundlage entziehen.

Die symbolische Bedeutung dieses Ereignisses in der islamischen Welt ist kaum zu überschätzen. Es löst die radikale Infragestellung der Regierungen aus, die seit der Entlassung in die Unabhängigkeit am Ruder sind und deren militärische Niederlage mit einemmal als Beweis ihres allgemeinen Niederganges gedeutet wird. Man identifiziert sich nun nicht länger mit den Staatschefs, sondern mit dem palästinensischen Widerstand, das heißt mit revolutionären Kampforganisationen.

Dabei kommt es in den betroffenen Ländern – zunächst auf weltlicher Grundlage – zu einer tiefen Spaltung, die den seit der Unabhängigkeit nie in diesem Maße erschütterten politischen Konsens zerstört. Denn abgesehen von der Waffenbrüderschaft gegen Israel, der damals nur bescheidene Erfolge gegönnt sind, verkörpert der palästinensische Widerstand eine revolutionäre Alternative, insofern er zugleich die arabischen Staaten bekämpft, die ihm Unterschlupf gewähren. Die Folgen, die sich daraus ergeben können, zeigt das Beispiel Jordanien: Beim Machtkampf zwischen König Hussein und der PLO im September 1970 droht der Sturz des Monarchen, bis ein Blutbad unter der PLO (die diesen Monat zu ihrem »Schwarzen September«[8] erklärt) den Auseinandersetzungen ein Ende bereitet. Im Libanon kann das »islamisch-progressive« Lager aufgrund der Unterstützung durch die Palästinenser die Autorität des Staates herausfordern und die innenpolitischen Gegensätze verschärfen, so daß sie schließlich 1975 zum offenen Bürgerkrieg führen. In Ägypten wird das Vorbild der Palästinenser in den Studenten- und Arbeiterbewegungen, die das Regime von Sadat ablehnen und diesen zum Angriff auf Israel zwingen,[9] begeistert aufgenommen. In den meisten Ländern der Region entwickeln sich auf die eine oder andere Weise regierungsfeindliche Protestbewegungen.

Die Islamisierung der Protestbewegung

Bis zum Ausbruch des iraelisch-arabischen Krieges im Oktober 1973 sind es vor allem marxistische Gruppen, die als Wortführer des gesellschaftspolitischen Widerstandes auftreten. Doch diese gesellschaftliche Verwerfungslinie deckt sich noch nicht mit dem »islamischen Bruch«, den Sayyid Qutb postuliert hat. Erst nach Beendigung des Krieges konzentriert sich der gesellschaftliche Protest immer mehr in den Bewegungen zur Erneuerung der islamischen Identität (deren Grundlagen Sayyid Qutb geschaffen hat), und diese verdrängen die marxistische Linke zunehmend.

Der Krieg von 1973 hat ganz andere Folgen als der von 1967. Auch wenn Israel militärisch gesiegt hat – indem es die Angriffe des arabischen Armeen zurückschlug und tief in das Gebiet seiner Feinde vordrang –, hat es mit dem Ende des Mythos seiner Unbesiegbarkeit zum erstenmal eine politische Niederlage erlitten. Zudem hat sich der Einsatz der Erdölwaffe durch die arabischen Erzeugerländer als ein überaus wirksames Mittel erwiesen, um die westlichen Alliierten des hebräischen Staates und damit indirekt Israel selbst unter Druck zu setzen.

Der Krieg hat außerdem mittelbar die Entwicklung der religiösen Bewegungen der siebziger Jahre im und außerhalb des Islam beeinflußt. Er hat das weltwirtschaftliche Gleichgewicht zerstört und dadurch die Inflations- und Arbeitslosigkeitsspiralen ausgelöst, die vor allem im Westen die sozialstaatlichen Strukturen destabilisierten und zur Parzellierung der Gesellschaft, zur Abschwächung der allgemeinen Solidarität und der sozialen Absicherung führten. Für die religiösen Gemeinschaftsbewegungen aller Konfessionen in der ganzen Welt wurde das ein wesentlicher Angriffspunkt und ein bevorzugtes Thema ihrer Predigten.[10] Andererseits übernahmen von nun an die erdölreichsten Staaten der arabischen Halbinsel, allen voran Saudi-Arabien, aufgrund ihrer gewaltigen Einnahmen aus dem Ölexport eine Führungsrolle. Eines der wichtigsten Ziele dieses Landes war die Verbreitung (der saudischen Version) des Islam in der ganzen Welt.

Auf den ersten Blick fördert dieser »Petro-Islam« als der eigentliche Sieger des Krieges von 1973 die Infragestellung der Gesellschaft nicht im mindesten, auch dann nicht, wenn diese sich auf Grundsätze des Korans beruft. Seine Wortführer werden im allgemeinen dem »konservativen« Lager zugerechnet. Und doch begünstigen sie – zunächst ohne die Konsequenzen abzusehen – die von Sayyid Qutb beeinflußten revolutionären islamischen Bewegungen und fördern deren Entwicklung.

Dieses Paradox, das mit der Übergabe der revolutionären Fackel von den Marxisten an die Islamisten einhergeht, ist einer der Schlüssel zum Verständnis der Reislamisierungsbewegungen von der Mitte der siebziger bis zum Beginn der neunziger Jahre. Nach einem »revolutionären« Jahrzehnt, das zwischen 1985 und 1988 mit zahlreichen Geiselnahmen und mit dem »islamischen« Terrorismus seinen Höhepunkt erreicht, zeichnet sich eine neue historische Etappe ab, in der die Reislamisierung hauptsächlich »von unten« getragen wird und in der die bürgerliche Gesellschaft mit einem immer engmaschigeren Netz von Moscheen und frommen Vereinigungen überzogen wird.

Das Jahrzehnt des revolutionären Islamismus

Von der Mitte der siebziger bis zur Mitte der achtziger Jahre besteht das erklärte Ziel der meisten Reislamisierungsbewegungen in der Übernahme der politischen Macht. Diese revolutionäre Interpretation des Modells von Sayyid Qutb kann die verschiedensten Formen – von offener Gewalttätigkeit bis zu taktischer Mitwirkung am politischen Geschehen – annehmen, die aber durchgehend der Strategie einer »Reislamisierung von oben« entsprechen. Die symbolische Bedeutung der Erfolge von Saudi-Arabien und seinen Verbündeten im »Erdölkrieg«, die in der islamischen Welt weithin als Zeichen Gottes und als Verheißung des nahen Endsiegs des Islam in der ganzen Welt betrachtet werden, ermöglicht es, daß man für kurze Zeit die Verwirklichung einer solchen Utopie ernsthaft ins Auge fassen kann.

Für die Muslims selbst erlangt der Islam dadurch eine ganz neue Bedeutung. Noch zehn Jahre zuvor galt Saudi-Arabien als rückständiger Vasall des Westens, während man die Stimme Nassers als Inbegriff des Widerstandes gegen den Imperialismus pries.[11] Nach der arabischen Niederlage 1967 ist von dieser Begeisterung nicht mehr viel übrig; nach dem Sieg des Erdöls im Oktober 1973 bricht sie endgültig in sich zusammen, während der Islam, zu dessen Vorreitern sich kurzerhand die Saudis aufwerfen, den Sieg über Israel, Amerika und deren Verbündeten symbolisiert.

Die Vorzeichen ändern sich. Doch das Erdöl beschleunigt nur das Wiedererstarken des Islam, es ist lediglich das Vehikel des *Jihad,* den die islamistischen Gruppen der *Jahiliyya* erklären. Wenn Riad auch die Schecks ausstellt, so haben jene, die sie einlösen, doch bis Mitte der achtziger Jahre den Blick auf Teheran gerichtet.

Von den Elendsvierteln bis in die Universitäten

Der schwindelerregende Preisanstieg bei Rohöl verwandelt die Erzeugerländer nicht nur in einen wohlklimatisierten Garten Eden, aus dessen Schatzhöhlen die Reislamisierung versorgt wird, er wirkt sich langfristig auch destabilisierend auf die Gesellschaften aus, die mehr oder weniger am Geldsegen der »Petro-Dollar-Zone« teilhaben. Der Zustrom von Devisen verschärft die Gegensätze zwischen ländlichen Gebieten und städtischen Zentren, in denen der größte Teil der von den *Royalties* überwiesenen Gelder hängen bleibt, und heizt die Inflation weiter an. Die Landflucht nimmt unerhörte Ausmaße an, und die Riesenstädte im Nahen Osten werden überschwemmt von »entwurzelten Bauern«[12], die sich in den am Stadtrand gelegenen Elendsvierteln und anderen – ohne Einhaltung kommunaler Bauvorschriften errichteten – Barackensiedlungen niederlassen. Die Behörden sind außerstande, diesen massenhaften Zustrom, der über ethnische, ländliche, aber vor allem religiöse Solidaritätsgemeinschaften organisiert wird, in geordnete Bahnen zu lenken. Lange bevor Gemeindeverwaltungen und Polizeidienststellen in diese neuen Viertel einziehen, werden hier kleine und große Moscheen gebaut, entstehen karitative Vereine und private Bildungseinrichtungen, die das Gemeinschaftsleben anstelle eines Staates organisieren, dessen Infrastrukturen unter dem Druck des Bevölkerungswachstums und der räumlichen Verteilung der Bevölkerung zerbersten. Von Teheran-Süd bis zu den *Gecekondu*[13] von Istanbul, von der »Stadt der Toten« in Kairo bis zu den Slums von Algier – überall beginnen die islamischen Selbsthilfenetzwerke eine wichtige Rolle bei der Betreuung jener Schichten der Bevölkerung zu spielen, die auch von den Früchten der Moderne und des Wohlstandes probieren und nicht länger abseits stehen möchten.[14]

Noch ein weiterer Bereich ist von den Umwälzungen betroffen, wie sie zahlreiche Mittelmeeranrainer in den siebziger Jahren erleben: die Universität. Die Staaten der Region, die glaubten, mit der Bildung der Massen den Schlüssel zum wirtschaftlichen Aufschwung in Händen zu halten, haben der Bevölkerungsexplosion Rechnung getragen und den Jugendlichen, von denen viele durch die Landflucht in die riesigen Vorstädte aus Wellblechhütten verschlagen wurden, den Zugang zu den Hochschulen erleichtert.

In den meisten dieser Länder war das Bildungssystem diesen Anforderungen nicht gewachsen: Schlecht bezahlte und häufig zu wenige Lehrer (denn die Professoren wandern oft in andere Länder ab, wo sie besser bezahlt werden) sollen in überfüllten Hörsälen Unterricht erteilen. Diese Zustände veranlassen den unterbezahlten Dozenten dazu, teuere private »Repetitorien« abzuhalten, in denen er den Examensstoff durchnimmt, Fotokopien seines Vorlesungsskriptes verkauft usw.

Am Zustand der Universität zeigt sich beispielhaft der Zusammenbruch der Wohlstandsutopien, die diese unabhängigen Staaten verwirklichen wollten. Als kostenlose Dienstleistungsinstitution ist sie nicht imstande, die gewaltige Nachfrage so zu befriedigen, daß der Gleichheitsgrundsatz gewahrt bleibt, und nur Korruption kann das Gleichgewicht wiederherstellen, indem sie informelle Bildungsschranken errichtet.

Gerade in diesem Punkt ist den islamistischen Bewegungen der bedeutendste soziale Durchbruch gelungen, indem sie nämlich in den Moscheen Repetitorien und kostenlose Nachhilfekurse organisieren und billige Fotokopien von Vorlesungsskripten anbieten. Sie holen die Studentinnen mit eigenen Schulbussen ab und ersparen ihnen dadurch das oftmals unangenehme Gedränge in öffentlichen Verkehrsmitteln, und sie sorgen dafür, daß in den Hörsälen die Geschlechtertrennung eingehalten wird. Auf diese Weise bauen sie ihr »Dienstleistungsangebot« an die Studenten systematisch aus. Zuerst mildern sie die schlimmsten Mißstände, dann fördern sie nach und nach bei ihren Schützlingen die Bereitschaft zum radikalen »islamischen Bruch« mit ihrem Umfeld. Nicht nur die »Petro-Monarchien«, die bis zur iranischen Revolution unterschiedslos alle Gruppen unterstützen, die sich auf den Islam berufen, sondern auch die jeweiligen Staaten verfolgen die Aktivitäten der Islamisten durchaus mit Wohlwollen.

In Ägypten wie im Maghreb fördern die Regierenden die islamistischen Gruppen, weil sie hoffen, daß diese »die Linke zerschlagen«[15], die auf den Campus ihre Agitation in einem Maße fortsetzt, wie man es sonst nur von europäischen Universitäten kennt. Mitte der siebziger Jahre hat sich diese Hoffnung fast überall erfüllt, und die Fotos von Lenin werden endgültig mit dem Slogan *»Allah Akbar«* (Gott ist der größte) übermalt.

Sehr geschickt haben die islamistischen Aktivisten an den Universitäten die karitative und soziale Dimension mit ihrem politisch-religiösen Anliegen verknüpft: So kleiden sie etwa mittellose Studentinnen zu einem Spottpreis von Kopf bis Fuß ein. Natürlich ganz nach der »islamischen Tracht« – Schleier, langes Kleid, Handschuhe usw. Sofern sie als Bewegung bei den Hochschulwahlen antreten dürfen, erobern sie seit Mitte der siebziger Jahre die meisten oder sogar sämtliche Sitze der Studentenvertreter. Sie fügen ihren Gegnern von den offiziellen Listen und den oppositionellen Marxisten vernichtende Niederlagen bei – schrecken allerdings auch vor massiven Einschüchterungen nicht zurück, wenn sich die gewöhnliche Wahlpropaganda als unzureichend erweist. Wie die linksradikalen Aktivisten die künftigen Kämpfer für die proletarische Revolution aus »Massenorganisationen« rekrutierten, so suchen sich die Islamisten ihre Kämpfer für die Revolution im Namen Gottes unter den »Benachteiligten«, indem sie ihnen helfen.

Zu den ersten ernsthaften Auseinandersetzungen zwischen islamistischen Gruppen und der Regierung kommt es in Ägypten, wo schon 1974 eine Verschwörung aufgedeckt wird. Doch erst 1977 nimmt die Regierung Sadat entschlossen den Kampf gegen eine Sekte auf, die das von Sayyid Qutb entworfene Modell vom »islamischen Bruch« auf die Spitze getrieben hat. Diese Sekte – geführt von einem in der Nasser-Ära inhaftierten, jungen Landwirtschaftsingenieur – hatte die Trennung zwischen »wahren Gläubigen« und gottloser Gesellschaft bzw. *Jahiliyya* in die Tat umgesetzt, indem sie ihre Anhänger in geschlossenen Gemeinschaften zusammenführte, wo sie in mehreren Felsenhöhlen Mittelägyptens und vor allem in zahlreichen Wohnungen am Stadtrand von Kairo inmitten der dortigen Elendsquartiere lebten.

Die Sektenmitglieder, die ihre Familie, ja sogar ihren Ehepartner verließen und ihr Studium aufgaben – denn alle Bindungen, die unter dem Einfluß der *Jahiliyya* entstehen, sind ungültig –, führten ein »islamisches« Leben, das heißt, sie orientierten sich in ihrer alltäglichen Lebensführung an dem Vorbild des Propheten, wie es ihr Anführer, Schukri Mustafa, interpretierte. Sie lehnten es ab, für diesen gottlosen Staat zu arbeiten, und verdienten ihr Brot als reisende Händler oder lebten von den Geldüberweisungen der Sektenmitglieder, die Schukri zum Arbeiten in die Erdölförderländer der arabischen Halbinsel geschickt hatte. Die Sekte realisierte in den von ihr praktizierten Sozialisationsformen die Ideologie von Qutb und ahmte zugleich Verhaltensweisen nach, wie sie die Überlebensstrategien der Armen in den überbevölkerten muslimischen Staaten unserer Tage auszeichnen.

Die Auswanderung in die Staaten des Persischen Golfs und nach Europa bleibt in der Tat das bevorzugte Mittel, um seinen Lebensunterhalt außerhalb des gesättigten Arbeitsmarktes in der Heimat zu verdienen. Schukri macht aus dieser existentiellen Notwendigkeit eine islamische Tugend. Das arabische Wort für »Auswanderung«, *hijra,* bezeichnet zugleich die Hedschra, also die Flucht des Propheten nach Medina. Für Schukri und seine Anhänger waren die in den Vorstädten und Höhlen lebenden Gemeinschaften gleichsam ein zweites Medina. Verfügten sie erst einmal über genügend Macht, würden sie den Kampf gegen die *Jahiliyya* aufnehmen und nach Kairo marschieren, um nach dem Vorbild des Propheten, der als triumphaler Sieger nach Mekka zurückkehrte, den Islam entsprechend ihrer Auslegung zu erneuern.

Aber dann kam doch alles ganz anders als erhofft. 1977 ließ die ägyptische Regierung mehrere Mitglieder der Sekte verhaften. Schukri nahm im Gegenzug einen religiösen Würdenträger als Geisel und ließ ihn ermorden. Daraufhin wurden die Sekte zerschlagen und ihre wichtigsten Anführer hingerichtet. Damit hatte die islamistische Strategie der politischen Machtergreifung ihre erste Niederlage erlitten. Schukri und seine Anhänger hatten die politische Situation nicht richtig eingeschätzt, und die buchstabengetreue Umsetzung der Modelle von Qutb machte sie zur leichten Zielscheibe von Unterdrükkungsmaßnahmen.

Doch 1979 erfüllen sich alle Hoffnungen der Bewegungen, die für eine Reislamisierung »von oben« eintreten. Allerdings ist der Schauplatz nicht das sunnitische Arabien, und die Protagonisten sind auch keine Nachfolger von Qutb, vielmehr triumphiert die islamische Revolution im schiitischen Iran, als Ayatollah Chomeini im Februar nach Teheran zurückkehrt. Der Sieg Chomeinis hat jedoch im wesentlichen zwei Ursachen, die in der sunnitischen Welt nicht gegeben sind und damit den »Export« dieser Revolution ausschließen.

Schon die wirtschaftlich-politische Situation des Iran während der Herrschaft des Schahs war in vielerlei Hinsicht einmalig und widersprüchlich. Der sich dem Erdölexport verdankende sagenhafte Reichtum dieses bevölkerungsreichen Landes hatte die Errichtung einer vielfältigen Infrastruktur ermöglicht, die dank der vorhandenen Mittel auch reibungslos funktionierte. Die iranischen Universitäten vor 1979 waren im Gegensatz zu den entsprechenden ägyptischen oder syrischen Bildungseinrichtungen keine »Rückhaltebecken«, in denen die Arbeitslosen von morgen künstlich vom gesättigten Arbeitsmarkt ferngehalten worden wären. Kaum einen der ordentlich bezahlten Lehrer zog es ins Ausland, weil er sich dort einen höheren Lebensstandard versprochen hätte, und an den Universitäten wurden kompetente Eliten ausgebildet. Die begabtesten Studenten erhielten staatliche Stipendien und wurden zur Promotion in die USA geschickt. Die meisten Regierungsmitglieder und Technokraten der islamischen Republik wurden übrigens aus dem Kreis der *Graduates* amerikanischer Universitäten ausgewählt – die sich einfach einen Bart wachsen ließen.

Strukturelle Hemmnisse jedoch versperrten diesen gutausgebildeten Eliten den Zugang zu Positionen, die ihren Befähigungen und Wünschen entsprochen hätten. Das strenge Regiment der Diktatur, die Andersdenkende brutal unterdrückte, verhinderte jegliche freie Meinungsäußerung, und der monopolistische Zugriff auf die Erlöse aus dem Rohölexport und die damit verbundenen Transaktionen, der allein den Geschäftemachern am kaiserlichen Hof gestattet war, löste bei diesen jungen, fortwährend gegängelten Akademikern große Frustrationsgefühle aus. Zudem hatte der erdölbedingte Reichtum zahllose Landbewohner in die Stadtrandgebiete gelockt, wo sie dicht gedrängt in riesigen Elendsquartieren hausten. In dieser Beziehung glich die Situation derjenigen in den sunnitischen

Ländern. Gerade bei diesen »Unterprivilegierten« findet die islamische Revolution ihren stärksten Widerhall.

Daß die Situation im Iran sich nicht mit der in den anderen arabischen Staaten vergleichen läßt, ist andererseits auch darauf zurückzuführen, daß die Beziehungen zwischen Geistlichkeit und Staatsmacht hier anders gestaltet sind als in den sunnitischen Ländern. Im schiitischen Islam gibt es einen geistlichen Stand, der hierarchisch strukturiert ist und an dessen Spitze einige Rechtsgelehrte stehen, die die heiligen Texte nach eigenem Gutdünken auslegen. Der Staat hielt sich aus den Angelegenheiten dieses geistlichen Standes weitgehend heraus, der seinen gewaltigen Reichtum an Gütern – vor allem Grundstükken – erfolgreich gegen die Zugriffsversuche des Schahs während der »Weißen Revolution« verteidigt hatte. Ideologisch betrachtet, geht die schiitische Lehre davon aus, daß dem Herrscher so lange die Legitimation fehlt, bis der verborgene Imam, der Mahdi, auftritt, der die Welt erobern wird, »um Ungerechtigkeit und Lüge zu tilgen und die Welt mit Gerechtigkeit und Wahrheit zu erfüllen«. Nur diesem Mahdi, dessen Kommen die Rechtsgelehrten erforschen, müssen die Schiiten gehorchen, auch wenn sie aus pragmatischen Erwägungen heraus dem jeweiligen Herrscher vorübergehend eine äußere Willfährigkeit erweisen können, die die Geistlichkeit jederzeit in Frage stellen kann.

Diese grundsätzliche Illegitimität des Herrschers lieferte Chomeini ein wertvolles ideologisches Argument für die Forderung nach Beseitigung des Schahregimes. Auslösender Faktor der iranischen Revolution war der Schulterschluß zwischen dem von Chomeini angeführten Teil der Geistlichkeit und den islamistischen Studenteneliten, die einerseits eine hervorragende Ausbildung genossen hatten, andererseits aber keine Möglichkeit zum gesellschaftlichen Aufstieg sahen. Diese revolutionäre Interessengemeinschaft verstand es, sich an die Spitze einer Bewegung zu stellen, deren tragende Basis die in den Elendsquartieren der Vorstädte eingepferchten »Parias«

waren. Diese wurden von den Mullahs aufgehetzt, die sich für die Revolution starkmachten.[16]

Trotz der festen Überzeugung der Iraner, ihre Revolution breite sich über die gesamte islamische Welt aus, zeigte sich eine nennenswerte Resonanz nur bei ihren schiitischen Glaubensbrüdern im Südlibanon, bei der Hisbollah-Bewegung, deren militante Chomeini-Anhänger von Freiwilligen aus Teheran überwacht wurden.

Das Scheitern des revolutionären sunnitischen Islamismus

In den sunnitischen Ländern gingen die Bewegungen, die für eine Reislamisierung »von oben« eintraten, aus den gewalttätigen Auseinandersetzungen mit dem Staat als Verlierer hervor. Im November 1979, unmittelbar nach Beginn des 15. Jahrhunderts islamischer Zeitrechnung, stürmte eine Gruppe von Islamisten die große Moschee von Mekka, das höchste Heiligtum des Islam. Mit dieser spektakulären Aktion wollten sie gegen die Korruptheit des saudischen Herrscherhauses protestieren, dem sie ruchlose Geldgier und eine nur halbherzige Verteidigung des Islam vorwarfen. Nach blutigen Kämpfen wurden die Besetzer, die sich in der Moschee verschanzt hatten, gefangengenommen und später hingerichtet.

Im Oktober 1981 ermordeten radikale Anhänger der islamistischen Gruppe »Al Jihad« (Heiliger Krieg) in Kairo Anwar Al Sadat, während zur gleichen Zeit in Assiud, an der Südgrenze Ägyptens, ihre Komplizen die öffentlichen Gebäude stürmten und ein Blutbad unter der örtlichen Polizei anrichteten.

Für den ideologischen Kopf dieser Gruppe, einen Elektroingenieur namens Faraj, war – im Unterschied zu dem Landwirtschaftsingenieur Schukri Mustafa – die Vorstellung, man könne am Rande von Kairo eine Gegengesellschaft errichten, in der das Medina des Propheten zu neuem Leben erwache, nichts als ein Hirngespinst. Man würde den Repressionsmaßnahmen des gottlosen Staates ein leichtes Ziel bieten. Er glaubte, daß sich die ägyptischen Muslims nach der Ermordung des Despoten von selbst in großer Zahl erheben und die Soldaten ihre Waffen gegen die *Jahiliyya* richten würden. Das Beispiel der Armee des Schahs, die sich weigerte, auf die Menge zu schießen, schien sich ohne weiteres auf Ägypten übertragen zu lassen. Doch kam schließlich alles ganz anders: Die Mörder Sadats wurden ebenso wie die Rädelsführer des Aufstandes von Assiud sofort verhaftet, abgeurteilt und hingerichtet. Entgegen der Hoffnung der militanten Islamisten war der Funke nicht auf die Masse der »Parias« übergesprungen, obwohl in den Vororten von Kairo – nicht anders als in den Stadtrandbezirken von Teheran – genügend gesellschaftlicher Zündstoff vorhanden war.

Das gleiche geschah mit revolutionären islamistischen Bewegungen in anderen sunnitischen Staaten. Die Stadt Hama in Syrien, in der es im Februar 1982 im Anschluß an die Aufwiegelung der Bevölkerung durch örtliche Muslimbrüderschaften zu Ausschreitungen kam, wurde von regierungstreuen Truppen besetzt, nachdem die Luftwaffe diejenigen Viertel bombardiert hatte, in denen das Zentrum des Aufstandes lag.[17] Selbst den islamischen Mudschaheddin in Afghanistan, die die sowjetischen Besatzungstruppen bekämpften und die Hoffnung hegten, ein vom Ausland eingesetztes kommunistisches Regime zu stürzen, gelang es trotz der Kontrolle über die ländlichen Gebiete nicht, die Zentralgewalt zu erobern.[18] Und auch die übrigen Verschwörungen und vereinzelten Aufstände in den islamischen Ländern rund ums Mittelmeer endeten anders als im Iran nie mit der Übernahme der politischen Macht.

Dieses wiederholte Scheitern revolutionärer islamistischer Bewegungen ist zunächst auf die besondere Struktur des religiösen Lebensbereichs in den zeitgenössischen sunnitischen Staaten zurückzuführen. Im Unterschied zu ihren schiitischen

Kollegen konnten die Rechtsgelehrten – die Ulema – des Sunnismus ihre Unabhängigkeit von den etablierten Regimen, die seit der staatlichen Unabhängigkeit an der Macht waren, nicht aufrechterhalten. Ihre traditionelle gesellschaftliche Position läßt sich am besten als »Bipolarität«[19] bezeichnen: Einerseits tadelten sie den Herrscher und ermahnten ihn im Namen Gottes, mehr Gerechtigkeit gegen die *Umma* – die Gemeinschaft der Muslims – und vor allem deren ärmste Mitglieder zu üben, war er doch dazu berufen, die *Umma* zu regieren. Andererseits forderten sie die *Umma* zur Achtung vor der bestehenden Gesellschaftsordnung auf. Dazu stand ihnen ein außerordentlich wirksames Druckmittel zu Gebote: der *Takfir* (der in etwa der katholischen Exkommunikation entspricht), mit dem sie den Herrscher belegen konnten, wenn dieser durch sein Verhalten oder seine Regierungsweise den Fortbestand des Islam gefährdete. Ihre Aufgabe war es, diese Gefahr abzuschätzen, die auf die vielfältigste Weise – etwa als grausame Unterdrückung – zum Vorschein kommen konnte. Den Herrscher gesellschaftlich zu ächten bedeutete, gegen ihn und seine Soldateska einen *Jihad* zu entfesseln, an dem alle Gläubigen teilnehmen sollten.

Die großen Ulema des mittelalterlichen Islam, deren Namen – wie der Ibn Taymiyyas (1263–1328)[20], auf den sich die sunnitischen Islamisten übrigens immer wieder berufen – in die Geschichte eingegangen sind, verdanken ihren Ruhm gerade ihrer unnachgiebigen Haltung gegenüber den jeweiligen Machthabern. Im sunnitischen Islam hat man sich aufgrund der Tatsache, daß die meisten Regenten nicht nach ihrer Befähigung (wie der Prophet) ausgewählt wurden, sondern durch einen Gewaltstreich oder ein dynastisches Thronfolgeprinzip an die Macht kamen – das in den heiligen Schriften nirgends erwähnt wird –, schon sehr früh mit dem Problem der Legitimität des Herrschers befaßt. Angesichts dieser Situation hielten es die Ulema für sinnvoll, nicht nach dem Ursprung der Macht, sondern nach der Art und Weise ihrer Ausübung zu fragen: Sofern der Herrscher den Islam verteidige, gebe es keinen Grund, einen *Jihad* gegen ihn vom Zaun zu brechen, der die Gemeinschaft der Gläubigen womöglich in das Chaos eines allgemeinen Aufruhrs hineinziehe. Denn davon profitierten allein die Feinde, ob Christen oder sonstige Andersgläubige, die nur auf eine solche Gelegenheit warteten, um das Land zu überfallen.

In den gerade unabhängig gewordenen Staaten der sunnitischen Welt mußten die Ulema gegenüber den neuen Regimen einen starken Machtverlust hinnehmen. Diese enteigneten im allgemeinen die Güter (*Waqf* oder *Habous*)[21], die die Ulema verwaltet hatten, und verstaatlichten sie entweder oder verteilten sie um. In einigen Ländern, wie dem von Nasser regierten Ägypten, wurden die religiösen Bildungseinrichtungen vom Staat sehr streng kontrolliert: So wurde beispielsweise die Al-Azhar-Universität ab 1964 in der Absicht »reformiert«, aus ihr ein reines Instrument Nasserscher Propaganda zu machen. All diese Maßnahmen verhinderten, daß sich der Stand der Ulema ähnlich wie die schiitische Geistlichkeit als eine unabhängige Kraft konstituieren konnte, die, wenn es nötig sein sollte, entschlossen auf Gegenkurs zum Regime gehen und die »Parias« mitreißen konnte. Die sunnitischen Ulema bildeten eine heterogene, von vielen gegensätzlichen Strömungen zerrissene Gruppe, und ihre herausragendsten Repräsentanten, wie die »Muftis der Republik« oder der Scheik von Al Azhar, konnten sich den Wünschen des Regimes kaum entziehen.

Die sunnistischen islamistischen Aktivisten sind nur sehr selten aus den Reihen der Ulema hervorgegangen. Der typische Islamist studiert vielmehr an einer modernen, staatlichen Universität, und zwar vorzugsweise angewandte Wissenschaften. Er ist Diplomlandwirt, Elektroingenieur, Arzt oder Techniker, hat aus eigenem Antrieb Zugang zu den heiligen Schriften gefunden und läßt sich in seiner Deutung nicht von den gelehrten Glossen der Ulema und deren gesellschaftlicher Zurückhaltung beeinflussen. Er entstammt der ersten Generation, die Arabisch lesen kann, und sucht im Koran nach Zitaten, die seine Auflehnung gegen die bestehende Ordnung zu legitimieren und die *Umma* zum *Jihad* gegen den gottlosen Herrscher aufzurufen scheinen.

Die öffentliche Erklärung der Mörder Sadats ist das konsequenteste und Extrembeispiel dieser Haltung. Der Titel *Die unterschlagene Pflicht* soll darauf hinweisen, daß die Pflicht zum *Jihad* gegen das gottlose Regime von den zu bloßen Marionetten verkommenen Ulema vorsätzlich kaschiert worden sei. Folglich müssen die militanten Islamisten die Aufgabe der Ulema übernehmen und zum Heiligen (Bürger-)Krieg gegen die Machthaber aufrufen.

Im Gegensatz zum Iran, wo sich die jungen islamistischen Intellektuellen mit der schiitischen Geistlichkeit erfolgreich verbündeten, war der heftige Widerstreit zwischen islamistischen Aktivisten und Ulema in den sunnitischen Ländern eine der Hauptursachen für das Scheitern der Umsturzpläne im Rahmen einer Reislamisierung »von oben«. Anders als die iranischen Mullahs leiteten die Ulema bei ihren Freitagspredigten in den zahllosen Moscheen der ganzen islamischen Welt den Aufruf zur Revolution nicht an die Masse der »Unterprivilegierten« weiter. In den Universitäten und Vorstädten kam es nur vereinzelt zu Unruhen, die regelmäßig schon im Keime erstickt wurden und das Regime nie ernsthaft gefährdeten.

Aufgrund des Scheiterns der islamistischen Bewegungen im Mittelmeerraum ist der Iran, der in einen kostspieligen Krieg mit dem Irak verwickelt war, heute das einzige Land einer gelungenen Reislamisierung »von oben«. Mitte der Achtziger hat sich dieser Prozeß rasant beschleunigt und zur Entstehung eines internationalen Terrorismus geführt, dessen wichtigste Schaltstelle die – vom Iran materiell und personell gesteuerte – schiitische Hisbollah im Libanon war. Teheran sah in der Entführung westlicher Geiseln und in den Attentaten in Europa die rationellste Methode, um die Alliierten und die Unternehmen, die dem Irak militärische Güter lieferten, unter Druck zu setzen – also eine Fortsetzung der Diplomatie und später des Krieges »mit anderen Mitteln«. Trotz schwerwiegender, die Sicherheit Europas gefährdender Schläge hat sich die Waffe des Terrorismus letztlich als stumpf erwiesen, so daß Teheran mit der Einstellung der Feindseligkeiten gegen den Irak auch diese Waffe aus der Hand legte. Der *Jihad,* der die »unterdrückten Muslims« in aller Welt zum Sturz der gottlosen Regierungen antreiben sollte und der in den Fernsehnachrichten einige Jahre lang immer ganz oben rangierte, hat nur einige Beiruter Verbrecherbanden angestachelt, die sich auf »islamische« Erpressung und Entführung spezialisiert haben.

Die Reislamisierung »von unten« und ihre Widersprüche

Die Rushdie-Affäre war der letzte Versuch des im Juni 1989 gestorbenen Chomeini, den *Jihad* auf internationales Terrain zu tragen. Durch den Aufruf zur Ermordung des britischen Schriftstellers muslimischer Abstammung, den man der Gotteslästerung beschuldigte, weil er angeblich in seinem Roman *Die satanischen Verse*[22] den Propheten verunglimpft hatte, hoffte der Imam, dem durch den verlorenen Golfkrieg geschwächten Iran wieder eine Führungsrolle in der islamischen Welt zurückgeben zu können. Er setzte die europäischen Staaten, in denen muslimische Bevölkerungsgruppen leben, politisch unter Druck, indem er diese zu Gewalttätigkeiten anzustacheln suchte. Zugleich förderte er die Destabilisierung der Staaten des indischen Subkontinents, der Heimat Rushdies; dort kam es bei Ausschreitungen zu zahlreichen Todesopfern.

Doch die Rushdie-Affäre entsprang schon nicht mehr der Strategie einer Reislamisierung »von oben«, die das Jahrzehnt des revolutionären Islamismus zwischen 1975 und 1985 gekennzeichnet hatte. Teheran hatte lediglich eine außerhalb seiner traditionellen Einflußgebiete, in den Vorstädten des thatcheristischen Englands unter eingewanderten, straff gemeinschaftlich und religiös organisierten indisch-pakistanischen Muslims entstandene Bewegung für seine Zwecke eingespannt und gezielt verstärkt.

Will man diesen Richtungswechsel von »oben« nach »unten« verstehen, der die Reislamisierungsbewegungen in den ausgehenden achtziger Jahren charakterisiert, muß man sich noch einmal die Bedeutung des islamischen »Bruches« (arabisch *'uzla* oder *mufasala*) vergegenwärtigen. Für die meisten Anhänger Sayyid Qutbs beginnt dieser Bruch mit dem Kampf gegen die in dem »gottlosen« Despoten verkörperte *Jahiliyya* und endet mit der Machtergreifung und der Errichtung eines auf die *Schari'a* gegründeten islamischen Staates. Um dieses Ziel zu erreichen, hat man sich der verschiedensten Mittel bedient: von alternativen Sozialisationsformen, wie sie von der Gruppe um Schukri Mustafa in Ägypten praktiziert wurden, über die Gründung fundamentalistischer politischer Parteien bis hin zum Terrorismus.

Der islamische »Bruch« im Alltagsleben

Andere wiederum betonen die konkreten Verhaltensweisen, durch die ein »Bruch« mit dem gesellschaftlichen Umfeld erreicht werde. Diese Verhaltensweisen werden bis ins kleinste Detail festgeschrieben und regeln minuziös den Vorgang der »Entwöhnung« des guten Gläubigen von seiner »gottlosen« Umwelt. Sie beziehen sich auf das Alltagsleben, umfassen Ernährungs-, Kleidungs- und Gebetsvorschriften und enthalten Bestimmungen über die Beziehungen zum anderen Geschlecht und zu Kindern, über die Erziehung und anderes mehr. Ein wichtiger Zwischenschritt auf dem Weg zur Reislamisierung der Gesellschaft als Ganzer (die man als Endziel anstrebt) ist der Aufbau eines Netzes von Gemeinschaften, in denen die Gebote der *Schari'a* bereits buchstabengetreu befolgt werden. In der räumlichen und zeitlichen Vernetzung derartiger gesellschaftlicher Parzellen besteht die Reislamisierung »von unten«.

Diese Einstellung geht auf eine orthodoxe muslimische Gemeinschaft zurück, die 1927 in Indien entstand und sich »Jama'at al tabligh« (»Gesellschaft für die Verbreitung des Islam«)[23] nannte. Ihr Gründer, Muhammad Ilyas, befürchtete, daß die muslimische Minderheit auf dem Subkontinent von der hinduistischen Mehrheit »angesteckt« werden könnte. Wenn es nicht zu einer religiösen Wiedererweckung käme, würden sich die Unterschiede völlig verwischen, und der Islam ginge in einem unzulässigen Synkretismus unter. Um diesem Prozeß der Assimilierung gegenzusteuern, machte die »Tabligh« die peinlich genaue Imitation der Taten und Verhaltensweisen des Propheten zur Richtschnur der radikalen Abgrenzung zwischen »Muslims« und »Verirrten« *(Khasirun)*. Für den gottesfürchtigen Muslim ist Mahomet (oder Muhammad) die idealtypische Verkörperung der Tugenden des Islam, und jeder ist verpflichtet, ihm nach besten Kräften nachzueifern. Ob im Geist, um sich in seiner politischen Taktik Anregungen für die Auseinandersetzungen unserer Tage zu holen – wie es die revolutionären Islamisten taten, die in der Flucht nach Medina und der triumphalen Rückkehr nach Mekka ein Modell für ihre eigenen politischen Aktionen sahen. Ob im Tun, indem man Muhammads Verhalten pedantisch kopiert, weil noch die kleinsten Verrichtungen durch diesen Abgesandten Gottes geheiligt sind.

Diesen zweiten Weg ist die »Tabligh«-Bewegung gegangen. Ihre Anhänger entnehmen die Anweisungen für ihr Verhalten einem frommen Handbuch mit dem Titel *Der Garten der Gottesfurcht,* der eine Sammlung thematisch geordneter Verse und Sätze aus heiligen islamischen Schriften über den Propheten enthält. Wer sich etwa über die korrekte Kleidung informieren will, der erfährt im »Kapitel über die Kleidung«, daß die Lieblingsfarbe des Propheten Weiß war, daß er einen Turban der Größe X getragen hat usw. Der Anhänger der »Tabligh« richtet seine gesamte Existenz an diesem einzig legitimen Vorbild aus, das er minuziös nachzuahmen sucht. Alles hingegen, was in der rechtlichen Organisation der Gesellschaft von diesem Archetypus abweicht, soll als Sünde und Verderbtheit verworfen werden.

Im Indien der ausgehenden zwanziger Jahre glaubte man, die Gefahr einer Verfälschung des Islam, einer »Verirrung« gehe von der hinduistischen Bevölkerungsmehrheit aus. In den fünfzig Jahren danach hat sich die »Tabligh« in der ganzen Welt so weit ausgebreitet, daß sie in den achtziger Jahren zu der bedeutendsten überstaatlichen islamischen Organisation wurde. Die Gefahr der »Verirrung« wurde dabei nach und nach mit sämtlichen Entwicklungen der Moderne identifiziert, die sich nicht ausschließlich auf das Vorbild des Propheten stützten. Als Prototypen hierfür galten die verschiedenen Nationalismen und Sozialismen, die man in die islamische Welt importiert hatte. Als muslimische Einwanderer sich ab den siebziger Jahren in Europa niederließen, wiederholte sich unter ihnen paradoxerweise jene Erfahrung gesellschaftlicher Isolation, die die »Tabligh« in Indien gemacht hatte. Kein Wunder also, daß die »Tabligh« gerade hier große Erfolge verbuchte und die Organisation des Islam nördlich des Mittelmeeres entscheidend mitgestaltete.

Einmal abgesehen von ihrer ideologischen Funktion befriedigen die »Tabligh« und verwandte Bewegungen auch ein gesellschaftliches Bedürfnis. Indem sie die Gruppen von »wahren Gläubigen«, die mit der bestehenden Gesellschaft und deren »gottlosen« Grundlagen brachen, als Solidargemeinschaften organisierten, haben sie Menschen, denen die gesellschaftlichen Umwälzungen im Gefolge der Moderne, die Landflucht und die Zerstörung traditioneller auf Solidarität basierender

Gemeinschaftsformen jeden Halt und jede Orientierung genommen hatten, Enklaven der Geborgenheit eröffnet. Die Reislamisierung »von unten« ist in erster Linie der Versuch, in einer undurchschaubaren, chaotischen und entfremdenden Welt den Menschen wieder eine Identität zu geben. Die Anhänger dieser Bewegungen entstammten im Unterschied zu den akademisch gebildeten islamischen Aktivisten bis zur Mitte der achtziger Jahre weniger gebildeten, breiteren Volksschichten: arbeitslose Arbeiter und Jugendliche, ratlose Familienväter, deren Kinder sich nicht länger der traditionellen väterlichen Autorität beugen wollten und die ihre Verzweiflung mitunter in Alkoholismus, Drogenkonsum und Kriminalität auslebten, bis Wanderprediger dieser Bewegungen sie auf den Weg der Religion zurückbrachten.

Im Unterschied zu den revolutionären Islamisten blieben sie staatlicherseits meistens unbehelligt, weil man sie für konservative Kräfte hielt, die kurzfristig den sozialen Frieden gewährleisteten. Sie boten zahlreiche Dienstleistungen an, erfüllten zahlreiche karitative Aufgaben, betreuten die Kinder in der Koranschule, versammelten die Arbeitslosen in den Moscheen, um sie zum Gebet anzuhalten und ihnen beizubringen, wie sie ihr Leben nach dem Vorbild des Propheten einrichten konnten. Daher glaubte man, daß sie die Arbeitslosen vor dem Abdriften in die Kriminalität und in andere asoziale Verhaltensweisen bewahren und vor dem Zugriff durch militante Islamisten schützen würden. Dieselben Staaten der muslimischen Welt, die die Entfaltung des Islamismus in der ersten Hälfte der siebziger Jahre gefördert hatten, um die Linken an den Universitäten auszuschalten, versuchten zehn Jahre später pietistische Bewegungen zu unterstützen, um den militant-islamistischen Einfluß einzudämmen. Das gleiche taten die durch den proiranischen Aktivismus in Einwandererkreisen aufgeschreckten Regierungen Westeuropas. Allgemein betrachtet schien die pietistisch-gemeinschaftsorientierte Strömung den sozialen Frieden zu einem günstigen Preis zu sichern, ersparte sie doch den Staaten hohe Ausgaben zur Beseitigung von Armut und anderen sozialen Mißständen. Diesen Gruppen die Erlaubnis zu erteilen, eine Garage oder den Keller eines Wohnsilos zu einem religiösen Treffpunkt zu machen, war viel billiger, als berufliche Praktika zu finanzieren.

Ende der achtziger Jahre gaben die Bewegungen zur Reislamisierung »von unten« in den mächtigen sozialen Netzwerken, die manchmal ganze Stadtviertel kontrollierten und zu unverzichtbaren Schaltstellen zwischen den Behörden und den gesellschaftlichen Randgruppen geworden waren, den Ton an. Damit veränderte sich zugleich ihr Verhältnis zum Staat: Hatten sie sich bislang aus der Politik weitgehend herausgehalten, so meldeten sie sich hier nunmehr immer stärker zu Wort.

Dieses Phänomen zeigte sich in den muslimischen Staaten ebenso wie in Westeuropa. Hier liegt einer der wichtigsten Erklärungsfaktoren für die Rushdie-Affäre und die Wiedereinführung des »islamischen Schleiers« einerseits und die palästinensische *Intifada* und die Entstehung der »Front islamique de salut algérien« andererseits.

Die Eroberung islamischer Regionen in Europa

Nicht zufällig ereignete sich die Rushdie-Affäre in England unter der Regierung Thatcher, denn hier verfügen die muslimischen Bevölkerungsgruppen, die hauptsächlich vom indischen Subkontinent stammen, über eine religiös fundierte Gemeinschaftsorganisation, die viel besser funktioniert als die ihrer Glaubensgenossen in Frankreich oder Deutschland. Das europäische Zentrum der »Tabligh«-Bewegung befindet sich in Dewsbury in der Nähe von Bradford, einer Industriestadt im Niedergang, in der die Imame in regelrechten Autodafés alle verfügbaren *Satanischen Verse* verbrannten. Ein riesiges Netzwerk verschiedenster islamischer Vereinigungen überzieht die von den muslimischen Einwanderern bewohnten billigen Wohnviertel britischer Vorstädte und die verfallenen Stadtkerne.

Die Herausbildung islamischer Gemeinschaften in England wurde von der dortigen politischen Tradition begünstigt, die im Unterschied zu den Sitten in anderen Ländern (etwa Frankreich), wo man stärker die individuelle Integration fördert, die kollektive Eingliederung von Einwanderern präferiert. Übrigens ist das Verhalten gegenüber Einwanderern ein Spiegelbild der Art und Weise, wie der jeweilige Staat früher fremde Völker auf dem von ihm kontrollierten Territorium behandelt hat. In Frankreich haben die absolute Monarchie und später der Jakobinismus der »einen, unteilbaren« Republik die regionalen, sprachlichen und religiösen Besonderheiten nivelliert. Was den letzten Punkt anlangt, so neigt ein authentisches System des Laizismus, das letztendlich auf die vollständige Trennung von Kirche und Staat hinausläuft, dazu, die religiöse Praxis ins Privatleben zu verbannen. Das Vereinigte Königreich hingegen schließt, wie schon sein Name sagt, mehrere Völker (im wesentlichen die Engländer, die Waliser, die Schotten und Nordirländer), die ihre eigene Identität bewahrt haben, unter einem Dach zusammen. Auch der Glaube ist hier keine bloße Privatangelegenheit: Das Staatsoberhaupt bekennt sich zum anglikanischen Glauben, und der anglikanische Klerus ist ermächtigt, Eheschließungen vorzunehmen, die auch ohne standesamtliches Zeremoniell (dem sich Angehöriger anderer Konfessisonen unterziehen müssen) rechtskräftig sind. Der französische Begriff »Laizismus« hat eigentlich im Englischen keine Entsprechung.

Zu dieser Tradition kam jenseits des Kanals noch die ultraliberale Wirtschaftspolitik von Frau Thatcher hinzu, die die Sozialausgaben verringern wollte, unter deren Last der Staat nach mehreren Jahrzehnten Labourherrschaft zusammenzubrechen drohte. Die nachhaltigen Kürzungen der Sozialetats haben die benachteiligten Bevölkerungsgruppen, vor allem die

Einwanderer und unter diesen wiederum die (uns hier vor allem interessierenden) Muslims, schwer getroffen. Die Folgen waren starke soziale Spannungen, die sich in den Rassenunruhen in Brixton entluden – um nur das bekannteste Beispiel zu nennen.

Die britische Tradition der kollektiven Eingliederung und die von den muslimischen Bevölkerungsteilen empfundene Notwendigkeit, sich aufgrund der Kürzungen der staatlichen Sozialaufwendungen in Selbsthilfe-Netzwerken zusammenzuschließen, die von Geistlichen geleitet werden, haben gemeinsam den Boden geschaffen, auf dem die Reislamisierung »von unten« besonders gut gedeihen konnte. Der Bruch mit der *Jahiliyya* des gesellschaftlichen Umfeldes hat in den sich allmählich zu Gettos entwickelnden Stadtvierteln, die sich um Moscheen zentrieren und von Imamen geleitet werden, eine räumliche Basis erhalten. Die Imame achteten besonders darauf, daß »die gesunde muslimische Jugend nicht von den lasterhaften Sitten des verdorbenen Westens angesteckt wurde«. Zugleich bemühten sie sich, durch Arbeitslosigkeit bedingte soziale Mißstände, wie Kriminalität und Drogensucht, einzudämmen.

Bei den Wahlen im Juni 1987 versuchten die Reislamisierungsorganisationen aus ihren Investitionen in den Aufbau einer Solidargemeinschaft Kapital zu schlagen. Mit einem Flugblatt mit der Überschrift »Wie ein Muslim stimmt« forderten sie ihre Glaubensgenossen auf, nur jene Kandidaten zu wählen,[24] die bereit seien, eine »Charta muslimischer Forderungen« zu gewährleisten, damit »die nächste Regierung die elementaren Rechte der etwa zwei Millionen in Großbritannien lebenden Muslims anerkennt und rechtlich festschreibt«. Diese Charta enthielt mehrere Vorschläge, die die Trennung zwischen den Religionsgemeinschaften verstärken und die Kontrolle muslimischer Bevölkerungsgruppen durch die Reislamisierungsbewegungen verschärfen sollten. Schon in ihr wurde die Forderung erhoben, alle Bücher zu verbieten, die ein »nicht authentisches« Bild des Islam vermitteln.

Als sich Ende 1988 die Rushdie-Affäre anbahnte, war das

Terrain weitgehend geebnet. Die Imame von Bradford, die die ersten öffentlichen Bücherverbrennungen veranstalteten, gehörten zum intellektuellen Kern einer islamistischen Gruppe aus Pakistan, der »Jama'at-i-islami« – gegründet von A. A. Mawdudi (er starb 1979), einem Qutb nahestehenden Ideologen. In ihren Augen war Rushdie, den man der Lästerung des Propheten beschuldigte, die beispielhafte Verkörperung eines Menschen muslimischer Herkunft, der gegen die von den Imamen erlassenen Gemeinschaftsgebote verstoßen hatte. Das war die schlimmste Versuchung für die indisch-pakistanische Jugend in Großbritannien, die, wenn sie seinem Beispiel folgte, Gefahr lief, zu verwestlichen und, durch ihre »Gotteslästerung« und ihre »Abtrünnigkeit«, sich der von den Reislamisierungsbewegungen »von unten« ausgeübten sozialen Kontrolle zu entziehen. Solange sich die Affäre auf Großbritannien beschränkte, war sie ein Test für die Fähigkeit der Imame, dem Staat politische Konzessionen abzuringen: Sie forderten das Verbot des Buches, wofür sie im Gegenzug versprachen, die Unruhen in den Gettos zu beenden. Sie hatten sich ein Etappenziel gesetzt, das ihre Rolle als Vermittler stärken sollte, und waren für entsprechende Gegenleistungen (die Stärkung des religiösen Gemeinschaftssystems) bereit, den sozialen Frieden wiederherzustellen.

Als Chomeini sich der Sache persönlich annahm und die Ermordung des Schriftstellers anordnete, setzte er noch einmal auf die Logik des revolutionären Islamismus des vergangenen Jahrzehnts. Er beugte sich dabei Zwängen der iranischen Politik, denn Teheran versuchte gerade zu diesem Zeitpunkt, seine ideologische Führungsposition in der islamischen Welt zurückzugewinnen und die Niederlage gegen den Irak zu überwinden. Doch Chomeini hatte zu hoch gepokert, als daß Verhandlungen mit Großbritannien, das das Todesurteil über einen seiner Bürger nicht hinnehmen konnte, noch möglich gewesen wären. Diese spektakuläre Einmischung des Imam in die Angelegenheiten eines anderen Landes führte jedoch paradoxerweise dazu, ein Phänomen, das doch eine neue Etappe im Prozeß der Reislamisierung einleitete – die künftig nicht mehr »von oben«, sondern »von unten« ausgehen sollte –, in eine längst überholte historische Phase zurückzuversetzen.

Die sogenannte »Schleier-Affäre«, die unmittelbar im Anschluß an die Rushdie-Affäre im Herbst 1989 in Frankreich Wellen schlug, folgte der gleichen Logik. Sie zeigte, daß es Bewegungen zur Reislamisierung »von oben« gelungen war, sich in Frankreich auszubreiten, und daß es einzelne ihrer Führer auf dem sensiblen Feld des Laizismus auf eine Machtprobe mit dem französischen Staat anlegten. Sie hofften, daß der Staat die »positive Diskriminierung« der jungen muslimischen Mädchen, die staatliche Schulen besuchten, anerkennen und ihnen das Recht einräumen würde, einen Schleier zu tragen und nicht am Sport- und Musikunterricht teilzunehmen, um so im Alltagsleben den Bruch mit der *Jahiliyya* der französischen Umwelt zu vollziehen.

Die Ausgangssituationen in Frankreich und Großbritannien waren grundverschieden. In England entzündete sich die Affäre an einer Person muslimischer Abstammung, die die Regeln des Gemeinschaftslebens mißachtete; in Frankreich ging es darum, die Gemeinschaftsbewegung in eine weltliche Institution hineinzutragen. Wenn es auch die »Tabligh«-Organisation war, die eine der betroffenen Familien unter Druck gesetzt hatte, so wurde der eigentliche Vorstoß doch von islamistischen Gruppen nordafrikanischer Studenten vorgetragen. Ihre Verwicklung in die »Schleier-Affäre« zeugt von einer veränderten Taktik, die nunmehr der Logik einer Reislamisierung »von unten« folgt.

Die Bewegungen, die in Frankreich für eine Reislamisierung »von oben« eintraten, hatten sich zu Beginn der achtziger Jahre einem proiranischen Aktivismus verschrieben, der sehr schnell in Gewalttätigkeiten ausartete, ohne daß es ihnen gleichzeitig gelungen wäre, außerhalb engbegrenzter Studentenkreise dauerhaft Fuß zu fassen. Entsprechend einfach war es für die

Polizei, diese Ringe zu zerschlagen. Die an ihre Stelle tretenden islamistischen Vereinigungen bestanden aus maghrebinischen Anhängern Sayyid Qutbs, die sich, ihrer Schwäche bewußt, vornehmlich um die Anwerbung von Sympathisanten bemühten, ohne sich jemals mit den französischen Behörden anzulegen. Mitunter ermahnten die Imame sogar die Gläubigen, sich an keinem Streik in den Fabriken, in denen sie arbeiteten, zu beteiligen – um den Sicherheitskräften keinerlei Handhabe zum Einschreiten zu liefern und damit die Gefahr der Ausweisung zu bannen, die ihre Kampfkraft schwächen würde.

Bei der »Schleier-Affäre« aber gaben diese Aktivisten ihre Zurückhaltung auf und führten die Verhandlungen mit dem betroffenen Schulrektor. Dabei appellierten sie an die Solidarität einiger Katholiken, die ihrerseits in den Muslims unverhoffte Verbündete in ihrem Kampf für eine Revision der Trennung von Kirche und Staat sahen, da sie sich wünschten, die Religion möge ins öffentliche Leben zurückkehren. Sie veröffentlichten ein Kommuniqué, in dem der französische Premierminister heftig kritisiert wurde – ein Vorgehen, das sie einige Jahre zuvor noch nicht gewagt hätten. Obwohl im Endeffekt die muslimischen Realschülerinnen in Creil die Schule nur weiterbesuchen durften, wenn sie ihren Schleier ablegten, zeigt diese Affäre, wie groß in Frankreich das Potential für eine Reislamisierung »von unten« ist.

Indem sich die islamistischen Aktivisten zu Wortführern des »Islam« aufwarfen und für die gläubigen Muslims die Anerkennung einer »positiven Diskriminierung« erwirkten, die es ihnen ermöglichte, sich in bestimmten Bereichen den staatlichen Gesetzen zu entziehen und der *Schari'a* zu folgen, konnten die Initiatoren zum erstenmal eine Forderung über die Gestaltung des Alltagslebens politisch durchsetzen. Im Gegensatz zur revolutionären Strategie früherer Tage, die auf einen frontalen Kollisionskurs zum Staat setzte, haben die Islamisten mittlerweile gelernt, ihre Forderungen schrittweise in Verhandlungen durchzusetzen und gewichtige Verbündete unter den katholischen Bischöfen und den Großrabbinern zu gewinnen. Ist doch deren Wille zur Rechristianisierung und zur Rejudaisierung der bekenntnisneutral gestalteten Gesellschaft nicht weniger stark – wie wir später noch sehen werden.

Intifada und Reislamisierung

Das Phänomen der Reislamisierung »von unten« hat sich in der zweiten Hälfte der achtziger Jahre auch in den »eigentlichen« muslimischen Staaten entwickelt. Das gilt besonders für Teile der palästinensischen Bewegung der Intifada. Und auch die Erfolge der FIS in Algerien basieren auf einer islamischen Durchdringung des gesellschaftlichen Alltagslebens, die sich schließlich politisch niederschlägt. Rahmen und Ausmaß dieser beiden Phänomene sind andere als bei der Rushdie- und der »Schleier-Affäre«, aber alle gehören zur selben geschichtlichen Phase.

1990 geht der Palästinenseraufstand in sein drittes Jahr. Im Unterschied zu den vorangegangenen Aufständen gegen die israelische Besatzungsmacht, die immer nur kurze Zeit dauerten, handelt es sich diesmal um eine allgemeine Erhebung, die nicht auf die Universitäten oder Eliten beschränkt ist, sondern die Gesellschaft als Ganzes betrifft. Bis zum Ausbruch der Intifada lenkten die im Exil lebenden Führer der PLO die palästinensische Bevölkerung weitgehend »von innen heraus«. Obgleich einige Führer der Fatach, darunter auch Yassir Arafat, in ihrer Jugend Kontakt zu Muslimbrüderschaften hatten, war die Sache der Palästinenser bis zur Mitte der achtziger Jahre das letzte Relikt des arabischen Nationalismus, in dem das Vokabular des islamischen Aktivismus nur eine untergeordnete Rolle spielte.

Das lag zum einen daran, daß in der Führungsspitze der PLO, und vor allem der VFBP und der DFBP[25] zahlreiche

Christen vertreten waren, zum anderen daran, daß der palästinensische Widerstand anders als die arabischen Staatchefs im Nahen Osten, deren Charisma nach der militärischen Niederlage gegen Israel 1967 schwer gelitten hatte, weiterhin ein Ideal nationaler Befreiung verkörperten. Ihre Anführer mußten sich während des Jahrzehnts des revolutionären Islamismus nicht gegen eine radikale Infragestellung ihrer Autorität wehren, auch wenn damals in reislamisierten Kreisen, deren Augenmerk sich ganz auf den afghanischen *Jihad* gegen den sowjetischen Atheismus richtete, eine gewisse Abkühlung im Verhältnis zum palästinensischen Widerstand eintrat.

In den palästinensischen Universitäten – sofern diese nicht auf Anordnung der israelischen Militärbehörden geschlossen waren – entstanden militante islamische Gruppen, die sogar bei Hochschulwahlen große Erfolge verzeichneten. Es gelang ihnen aber nie, die Machtstellung der PLO ernsthaft zu erschüttern. Jede Kritik, selbst wenn sie sich auf den Koran berief, nützte zudem Israel, das die Islamisten in bestimmten Grenzen gewähren ließ – was diesen im Gegenzug das Mißtrauen der palästinensischen Bevölkerung einbrachte.

Seit Beginn der Intifada organisieren zahlreiche Volkskomitees den täglichen Widerstand und die soziale Vernetzung der antiisraelischen Aufwiegelung. Streiks und Boykottmaßnahmen, die sich gegen die gesamte Palette israelischer Güter und Dienstleistungen richten (von Nahrungsmitteln über öffentliche Verkehrsmittel und die öffentliche Ordnung bis hin zu den Behörden), fördern die Herausbildung eines neuen Gemeinschaftsgefühls, das auf gegenseitiger Hilfe und karitativen Netzwerken beruht. Die Moscheen spielen dabei eine zentrale Rolle. Andererseits sind von Anfang an junge islamistische Aktivisten an dem Aufstand beteiligt. Sie versuchen, sich mit verschiedenen Abkürzungen – etwa »Hamas«, ein Akronym für »Bewegung des islamischen Widerstandes«, das »Begeisterung« bedeutet – dem Bewußtsein der Öffentlichkeit einzuprägen.

Nach den sechzigjährigen, mit Jordanien verbundenen Veteranen und den vierzigjährigen, die PLO repräsentierenden Intellektuellen gehören sie einer »dritten Generation« des Widerstandes an. Anders als jene entstammen sie nicht den früheren Geld- oder Bildungseliten Jerusalems, sondern den sozial benachteiligten und traditionell kaum zum politischen Aktivismus neigenden Bevölkerungsgruppen aus den Flüchtlingslagern, dem Gazastreifen und den ländlichen Regionen der Westbank. Andererseits berufen sich die im Vereinten Nationalen Kommandorat VNK zusammengeschlossenen Kräfte ausschließlich auf die PLO, und nicht auf den Islam. Da der Aufstand nach nunmehr dreijähriger Dauer jedoch auf der Stelle tritt und keine konkreten Ergebnisse vorzuweisen hat, wird der Einfluß des VNK zwangsläufig zurückgehen und der der Reislamisierungsbewegungen zunehmen, die an der Basis und in den Stadtvierteln die im Umkreis der Moscheen errichteten Gemeinschaftsräume und Selbsthilfe-Netzwerke verwalten.[26]

Die FIS – von der Dorfmoschee bis an die Tore der Macht

In Algerien war die Strategie einer Reislamisierung »von unten« durch allmähliche gesellschaftliche Durchdringung äußerst erfolgreich. Der entscheidende politische Durchbruch gelang ihr mit dem Sieg der »Front Islamique de Salut« (islamische Heilsfront) bei den Kommunalwahlen im Juni 1990. Zum erstenmal erringt eine Reislamisierungsbewegung bei freien Wahlen in einem muslimischen Land die Mehrheit der Abgeordnetenmandate. Die Ursachen hierfür versteht man nur, wenn man die Entstehungsgeschichte dieses Phänomens in Algerien zurückverfolgt – die bis zum Erscheinen der Untersuchung von Ahmed Ruadjia, eines Professors aus Constantine, weitgehend im dunkeln lag.[27]

Das Boumedienne-Regime, das die marxistischen und frankophonen Studenten zunächst als Bundesgenossen im ideologischen Kampf für die Landreform unterstützt hatte, fühlt sich zu Beginn der siebziger Jahre durch deren Aktivismus immer stärker bedroht. Als Gegengewicht werden deshalb im Nahen Osten ausgebildete, von den Muslimbrüdern beeinflußte arabophone Studenten »aufgebaut«. Diese Politik der algerischen Regierung entspricht der allgemeinen Vorgehensweise auch der anderen arabischen Staaten zu dieser Zeit. In den algerischen Universitäten kommt es während des gesamten »Jahrzehnts des revolutionären Islamismus« zu Auseinandersetzungen zwischen Islamisten und Vertretern linker Gruppierungen, aus denen die Islamisten auf der ganzen Linie als Sieger hervorgehen.

In diesem Land jedoch, in dem die Einheitspartei FLN (Front de Libération Nationale) alle gesellschaftlichen Bereiche derart streng kontrolliert, können die für eine Reislamisierung »von oben« eintretenden Bewegungen der staatlichen Repression kaum standhalten. Die 1982 gegründete, bewaffnete islamische Bewegung Algeriens – bekannter unter dem Namen »Buyali-Bande« (nach ihrem Gründer) – verübt mehrere Überfälle und Gewalttaten und hält immerhin bis zur Erschießung ihres Anführers durch die Polizei 1987 durch. Aber anders als etwa in Ägypten, wo seit Mitte der siebziger Jahre verschiedene revolutionäre Gruppen entstehen, scheint sie die einzige ihrer Art gewesen zu sein.

Damals beginnen sich im Umkreis einer Bewegung, die die Errichtung »wilder« Moscheen betreibt und rasch starken Zulauf erhält, zunächst an Universitäten und später in ganzen Stadtvierteln islamische Netzwerke zu entfalten. Im Unterschied zu vom Staat errichteten Kultstätten werden diese Moscheen von örtlichen Komitees inmitten von Wohnsilos und Elendsvierteln gebaut, die sich im Rhythmus der Bevölkerungsexplosion ringförmig um die algerischen Städte legen. Gebaut wird dort, wo gerade Platz ist – ob auf Grünflächen oder in Straßenausbuchtungen –, und mit den verschiedensten Materialien (vorwiegend Blech). Sobald der Widerstand der Lokalbehörde gegen den Bau überwunden ist, wird das Provisorium in eine »feste« Moschee verwandelt.

In einem Land, in dem die soziale Infrastruktur unter chronischem Geldmangel leidet, das jedoch zugleich von einem dichten Netz lokaler FLN-Niederlassungen überzogen ist, die für eine unerträgliche ideologische Indoktrination sorgen, wirken diese Netzwerke im Bereich der Nachbarschaftshilfe und der karitativen Versorgung als Auffangbecken wie als Schutzschild gegen den Parteiapparat. Dieser zweite Aspekt ist in Algerien besonders wichtig, wo – anders als in Ländern wie Marokko, Tunesien oder Ägypten, in denen die autoritäre Regierungsweise durch eine gewisse Meinungs- und Publikationsfreiheit gedämpft wurde – bis zu den Unruhen im Herbst 1988 ein totalitäres System an der Macht war.

In dieser Situation werden die Moscheen in den Stadtvierteln zu den einzigen Orten, wo die allgegenwärtige Zensur und Repression nicht hinreichen. Der Bruch mit der *Jahiliyya* des gesellschaftlichen Umfeldes vollzieht sich hier nach den altbekannten Mustern – »islamische« Sozialisation, Einhaltung der »guten Sitten«, karitativer Einsatz usw. –, doch werden im weiteren Verlauf zunehmend strengere Formen gemeinschaftlicher Kontrolle eingeführt – etwa durch das Verbot, in reislamisierten Stadtvierteln alkoholische Getränke auszuschenken.

Zugleich geht die Reislamisierung »von unten« allenthalben Hand in Hand mit dem Kampf gegen den Gebrauch der französischen Sprache. Dieser erbitterte Feldzug der algerischen Reislamisierungsbewegungen gegen eine Sprache hat nicht seinesgleichen. Hinter der angeblichen Vorliebe für die »Sprache des Koran« und dem Groll gegen die »Sprache des einstigen Kolonialisten« – die algerischen Aktivisten ziehen ihr Englisch, diese »wahrhaft moderne Sprache«, vor – zeichnet sich ein Konflikt ab, dessen ideologische Begründung die soziale Dimension nicht überdecken kann.

Die Politik einer völligen Arabisierung des Unterrichtswesens, die seit Mitte der siebziger Jahre energisch vorangetrieben wird, hat auf dem Arbeitsmarkt ein Mißverhältnis ständig weiter verstärkt: Einer großen Nachfrage nach Fachkenntnissen, die die Beherrschung der französischen Sprache voraussetzen, steht ein riesiges Angebot an arabophonen Akademikern gegenüber, deren Zukunftschancen alles andere als rosig sind. Für diese ist der Kampf gegen die französische Sprache mindestens ebensosehr ein Problem der Arbeitsmöglichkeiten und der Beschäftigungslage wie eine theologische Frage. Indem die Reislamisierungsbewegungen jedoch gerade dieses Thema nachhaltig propagandistisch ausschlachten, beweisen sie, wie geschickt sie ein soziales Problem in religiösen Kategorien auszudrücken vermögen.

In ihrem »Heiligen Krieg« gegen die französische Sprache haben die algerischen Reislamisierungsaktivisten Verbündete im Staatsapparat gefunden. Ja, die innerhalb der FLN aufbrechenden Konflikte zwischen kompromißlosen Verfechtern eines Monopols der »nationalen Sprache« (Hocharabisch) und jenen, die auch Französisch und Berberisch sprachen, veranlaßten die ersteren schon sehr bald, bei den »Bärtigen« um Rückhalt nachzusuchen. In diesen Kreisen, denen der algerische Volksmund den Beinamen »Barbéfélène« gab, war der nur schwach organisierte und zahlenmäßig geringe Stand der Ulema nahezu vollständig vertreten. Anders als in Ägypten gab es hier zwischen den Ulema und der islamistischen Bewegung keinen heftigen Dissens. Um dem Mangel an Rechtsgelehrten abzuhelfen, »importierte« die algerische Regierung einen den Muslimbrüdern ideologisch nahestehenden Imam aus Ägypten, Mohammed el Ghazali, dem man die Leitung der großen Moschee von Constantine übertrug. Er bildete eine der wichtigsten Nahtstellen zwischen den Ulema und den Reislamisierungsaktivisten.

Als es dann im November 1988 zu Ausschreitungen kam, sprangen die Islamisten auf einen Zug, den sie nicht selbst in

Gang gesetzt hatten. Die darauf folgende Öffnung des politischen Systems erlaubte hingegen die Gründung der »Front Islamique de Salut«. Da der »arabisch-islamische« Flügel der FLN der FIS sehr wohlwollend gegenüberstand und ihr den Zugang zu Regierungsstellen erleichterte, konnte diese sehr schnell die verschiedenen Kräfte, die sich in den Stadtvierteln aus den »basisnahen« Reislamisierungs-Netzwerken entwickelt hatten, unter ihrem Banner vereinigen. Und die Tatsache, daß die Wahlen im Juni 1990 auf kommunaler Ebene stattfanden und damit der FIS den Ausbau ihrer lokalen Machtposition erlaubten, entsprach ganz und gar ihrem Kalkül einer schrittweisen Machtergreifung.

Seit die Reislamisierungsbewegungen Mitte der siebziger Jahre auf der politischen Bühne der muslimischen Welt aufgetaucht sind, haben sie zwei historische Phasen durchgemacht. Nach einem Jahrzehnt, in dem die Machtübernahme greifbar nahe schien und die iranische Revolution als nachahmenswertes Vorbild galt, läutet das Ende der achtziger Jahre eine neue Phase ein, in der man sich stärker der Reislamisierung der Individuen als der des Staates widmet. Das Ziel beider Prozesse ist dasselbe: die Reislamisierung der Gesellschaft in den islamischen Ländern und die Ausbreitung des Islam in der ganzen Welt, um die Gemeinschaft der Menschen in eine Gemeinschaft der Muslime (= *Umma*) umzuwandeln. Doch propagieren die Islamisten einerseits und die Pietisten andererseits jeweils verschiedene Methoden des Bruchs mit der »gottlosen« Umwelt.

Da erstere besonders die politische Dimension herausstellten, wurden sie in den jeweiligen Staaten zur Zielscheibe von Unterdrückungsmaßnahmen, und es gelang ihnen nur im Iran, die politische Macht zu erobern. Letztere hingegen haben ihren Aktivismus auf das Alltagsleben konzentriert und die Aufmerksamkeit der Staaten der *Jahiliyya* um so weniger erregt, als sie als Garanten des sozialen Friedens auftraten. Denn sie bauten Gemeinschaftsstrukturen auf, die die Menschen vor den Erschütterungen einer für die »Entrechteten« oftmals grausamen Moderne bewahrte. Doch obwohl die Bewegungen für eine Reislamisierung »von unten« sich aus der Politik heraushalten wollten, wurden sie mitunter zum wichtigsten Machtfaktor in der Zivilgesellschaft. Das gilt vor allem für Algerien, wo ein totalitärer Staat nach fast dreißig Jahren Diktatur in sich zusammenfällt. Hier arbeiten sich die Reislamisierungsbewegungen »von unten« auf das politische Terrain vor und verwandeln sich unmerklich, bis sie plötzlich – ganz ohne Revolution – vor den Toren der Macht stehen.

Diese neue Phase beginnt gerade erst. Doch wie immer sie auch weitergehen wird – man sollte nicht dem Irrtum erliegen zu glauben, die Reislamisierung »von unten« sei in ihrer Ablehnung der säkularen und demokratischen Gesellschaftsordnung weniger radikal als die Hisbollah und andere Kämpfer des *Jihad,* die 1985 für Schlagzeilen sorgten. Die Demokratie ist, wie Ali Belhaj, der Starprediger der FIS, immer wieder unterstreicht, nur eine Form der *Jahiliyya*, in der ein Geschöpf die Macht Gottes an sich reißt. Das gleiche denken die Imame der »Tabligh«, wenn sie durch den Aufbau von Solidargemeinschaften die »gesunde muslimische Jugend« vor den Versuchungen des gottlosen Westens schützen.

Doch wie wir gleich sehen werden, findet sich der Bruch mit dem Geist der Säkularisierung ab Mitte der siebziger Jahre auch in anderen religiösen Kulturen. Auch in der christlichen und jüdischen Welt hat man Strategien »von oben« und »von unten« ins Werk gesetzt, deren Auswirkungen wir mit den geschilderten islamischen Phänomenen vergleichen wollen.

Kapitel 2

Die Missionierung Europas

Das katholische Europa bietet im letzten Viertel des 20. Jahrhunderts ein widersprüchliches Bild: Einerseits scheinen Säkularisierung und Entchristlichung so weit fortgeschritten zu sein wie nie zuvor – andererseits entstehen allenthalben Rechristianisierungsbewegungen. Da gibt es charismatische Gemeinschaften, die Akademikern das Herz für die Eingießungen des Heiligen Geistes öffnen oder neue Rekordzahlen bei Wunderheilungen verzeichnen, und Organisationen wie »Comunione e Liberazione«, die nach dem »Scheitern des Laizismus« wieder eine christliche Gesellschaft errichten wollen und Hunderttausende von jungen Italienern mobilisieren, während in Osteuropa nach dem Abzug der Sowjets gesellschaftliche Bewegungen und Parteien entstehen, die nach vierzig Jahren eines von oben verordneten Atheismus ihren Katholizismus zu einem festen Element ihrer politischen Identität machen.

Während das Zweite Vatikanische Konzil (1962–1965) den Ehrgeiz der Kirche vermindert zu haben schien, die Gegenwart Gottes in einer Welt aufzuzeigen und zu verbreiten, in der die Menschen die Fähigkeiten verloren hatten, diese Präsenz zu erkennen, kennzeichnet das 1978 beginnende Pontifikat Johannes Pauls II. eine Wiederbehauptung katholischer Werte und katholischer Identität. Deren Grundlage ist nunmehr ein *anfänglicher Bruch* mit den Prinzipien der säkularen Gesellschaft, um der »postmodernen« Welt einen Sinn, eine Ethik und eine Ordnung zurückzugeben, die ihr in der allgemeinen Erschütterung ihrer Gewißheiten abhanden gekommen sind.

Der Westen wird durch die im Oktober 1973 beginnende Ölkrise zu wirtschaftlichen Umstrukturierungsmaßnahmen gezwungen, die zahlreiche für das Industriezeitalter typische Formen der Solidarität, etwa die Gewerkschaftsbewegung, wieder in Frage stellen, während andererseits die nahe Zukunft unseres von Umweltverschmutzung und Überrüstung bedrohten Planeten Anlaß zu ernster Besorgnis gibt. Zur gleichen Zeit erschüttert die elektronische Revolution, die jeden Haushalt mit einer Unmenge von Bildern und Informationen versorgt, in einem noch nie dagewesenen Ausmaß die ethischen Normen. Die Formen der Wissens- und Wertevermittlung, der bislang vor jedem Zugriff geschützte Innenraum der Familie und ihre Beziehung zur Öffentlichkeit unterliegen einschneidenden Veränderungen, ohne daß der einzelne immer das Gefühl hätte, diesen Prozeß zu beherrschen.

Im Osten hat der Zusammenbruch des Kommunismus, der mit der Öffnung der Berliner Mauer im November 1989 und ihrem anschließenden Abriß unumkehrbar geworden ist, ein gewaltiges ideologisches Vakuum geschaffen, das früher vom Marxismus okkupiert gewesen war. Das demonstrative Bekenntnis zum Katholizismus durch die wichtigsten Führer der Solidarnóść, Symbol des einzigen dauerhaften Widerstandes einer Zivilgesellschaft gegen die Sowjetisierung, und die Ernennung eines katholischen Premierministers in Warschau 1989 schienen anzudeuten, daß die »Rückkehr der Religion« auf die politische Bühne die unvermeidliche Konsequenz des Abschieds vom Kommunismus war. Es hatte sogar den Anschein, als diene Polen als Vorbild und Impulsgeber für die »zweite Evangelisierung Europas«, in der Johannes Paul II. eines der Hauptziele seines Pontifikats sieht.[1]

Einige Strömungen innerhalb der Kirche sehen in diesen Ereignissen das Ende eines historischen Zyklus der Moderne; er beginnt mit der Aufklärung des 18. Jahrhunderts und ist durch die Emanzipation einer sich dem Glauben überlegen dünkenden Vernunft gekennzeichnet. Im Gegensatz zu gewissen vom gesellschaftlichen Optimismus der sechziger Jahre geprägten Aussagen des Zweiten Vatikanums, wo man die von einer weltlichen Ideologie entwickelten »Fortschrittswerte« in eine christliche Logik zurückführen wollte, setzt die Rechristianisierung im letzten Viertel unseres Jahrhunderts einer »ziel- und haltlosen« Welt eine katholische Ethik entgegen, die allein zukunftsweisend ist. So schreibt Kardinal Lustiger: »Wir stehen erst am Anfang der christlichen Epoche. Heute ist der Westen (und zweifellos die ganze Welt) sich selbst so undurchschaubar geworden, ist er mit Fragen von so gewaltiger Tragweite konfrontiert, setzt er sich so schweren Prüfungen aus, daß er sich fragen muß, ob er nicht allein aus der christlichen Botschaft die Konzepte und die Kraft schöpfen kann, um seine Zukunft zu meistern.«[2]

Die seit nunmehr fünfzehn Jahren in verschiedener Form betriebene Rechristianisierung zu analysieren heißt zunächst, auf ihre geistige und soziale Entstehungsgeschichte einzugehen. Heißt, zu verstehen, welchen Neuinterpretationen das Zweite Vatikanische Konzil als Reaktion auf die progressiven oder marxistisch inspirierten Deutungen von Strömungen wie »Katholiken von links« und der »Theologie der Befreiung« unterzogen wurde. Heißt, genau zu betrachten, wie die gesellschaftlichen Veränderungen nach 1970 aus der Perspektive einer christlichen Eschatologie erklärt worden sind. Heißt schließlich, der praktischen Umsetzung dieser Rechristianisierung im Alltag nachzugehen.

Diese Rechristianisierung setzt ein mit dem Auftreten katholischer Bewegungen, die auf die Regierungen Druck ausüben oder gar selbst in die Regierung eintreten wollen, um die Gesellschaftsordnung »von oben« so zu verändern, wie es ihrem Verständnis des kirchlichen Auftrages entspricht, und um den »Laizismus« zu bekämpfen. Sie manifestiert sich jedoch auch in der raschen Verbreitung charismatischer Gruppen, deren Anhänger im Alltag eine gemeinschaftsbezogene »christliche Existenz« führen wollen – vom Heiligen Geist inspiriert, der sie vor den Sitten und Funktionszwängen des gesellschaftlichen Umfeldes schützt.

Anders als die Reislamisierung, die Länder betrifft, in denen nur die westlich orientierten Eliten teilweise säkularisiert sind, entstehen die Rechristianisierungsbewegungen in Gesellschaften, die in ihrer Mehrzahl schon seit über hundert Jahren eine tiefgreifende Säkularisierung durchmachen. Diese betraf zunächst die staatlichen Institutionen und das Rechtswesen, gipfelte jedoch, namentlich in den jüngeren Generationen, in einer beispiellosen Gleichgültigkeit gegenüber dem Glauben und in einem drastischen Rückgang der Priesteramtskandidaten im Westen, insbesondere seit den Ereignissen vom Mai 1968. Im Unterschied zu den islamischen und pietistischen Bewegungen, deren Koranzitate von einer ihren religiösen Ursprüngen noch immer sehr nahen muslimischen Bevölkerung ohne weiteres verstanden werden, verwenden die Rechristianisierungsbewegungen biblisches Gedankengut, dessen Bedeutung sie den mehrheitlich dechristianisierten Jugendlichen erst wieder beibringen müssen.

Diese in der europäischen Jugend – mit Ausnahme einiger »Bastionen« wie Polen und der Tschechoslowakei – so weit verbreitete Entchristlichung ist einer der Gründe für die geringere allgemeine Resonanz der religiösen Bewegungen im katholischen Europa im Vergleich zur muslimischen Welt. Ein weiterer Grund ist, wie wir noch sehen werden, die demokratische Kultur, die es in der islamischen Welt quasi nicht gibt und die ein Feld politischer Auseinandersetzungen eröffnet, auf dem es der Religion nicht gelingt, zum wichtigsten Machtfaktor der Zivilgesellschaft zu werden – auch nicht nach dem Ende von vierzig Jahren kommunistischer Diktatur.

Ungeachtet der vielfältigen Unterschiede zwischen dem muslimischen und dem katholischen Kulturraum ist es bemerkenswert, daß es seit Mitte der siebziger Jahre Parallelentwicklungen gibt. Zunächst bahnt sich ein Konflikt zwischen säkularen Utopien (mit denen sich einige Theologen und Laien abgefunden haben) und wieder geltend gemachten Glaubenslehren an, die eine transzendente Ordnung als Maßstab zur Bewertung des gesellschaftlichen Systems heranziehen und daraus einen »Bruch« mit den säkularen Wertvorstellungen, eine Entwertung der Welt als unbedingt notwendig fordern. Anschließend bilden sich Bewegungen, die innerhalb einer gewissen Zeitspanne die Rechristianisierung der Gesellschaft »von oben« und »von unten« anstreben, den »Beginn der christlichen Epoche« reinszenieren und damit an jene Muslims erinnern, die nur in der Nachfolge der »Generation des Koran« (der Zeitgenossen Muhammads) Anregungen für ihre Reislamisierungs*mission* zu finden glauben.

Das Vermächtnis des Zweiten Vatikanischen Konzils

Auf der Tagesordnung des Zweiten Vatikanischen Konzils, das vom Oktober 1962 bis zum Dezember 1965 dauerte, stand entsprechend dem Wunsch seines Initiators, Papst Johannes XXIII., das *Aggiornamento* der Kirche. Das Ergebnis der inneren Erneuerung einer so alten und komplexen Institution, an der alle Bischöfe der Welt mitwirkten, wurde in sechzehn Konzilsdokumenten zusammengefaßt und feierlich verkündet. Sie beziehen sich sowohl auf die Umgestaltung der Kirche selbst als auch auf die Neudefinition ihrer Beziehungen zum gesellschaftlichen Umfeld, wie sie vor allem in der »dogmatischen Konstitution über die Kirche« *(Lumen gentium)*[3] einerseits und der »Pastoralkonstitution über die Kirche in der Welt von heute« *(Gaudium et spes)* andererseits ausgeführt sind.

Jedes Dokument beruht auf weitgehenden Kompromissen zwischen den auf dem Konzil vertretenen Kräften: Papst Johannes XXIII. und seinem Nachfolger Paul VI., der römischen Kurie, den Bischöfen aus dem Westen, dem Osten und der Dritten Welt, den verschiedenen theologischen Strömungen, und läßt einen gewissen Interpretationsspielraum offen. Das erleichtert die fast einmütige Annahme der Texte (die hauptsächlich von Erzbischof Lefebvre und seinen Parteigängern – einer verschwindend kleinen Minderheit unter den Konzilsvätern – abgelehnt werden). Mittelfristig jedoch wird es über das Vermächtnis der Kirche zu heftigen Kontroversen zwischen jenen kommen, die darin nur den ersten Schritt einer Öffnung der Kirche zur Welt sehen, und denen, die, im Gegensatz dazu, das Konzil als einen Endpunkt betrachten, eine Grenze, die nicht überschritten werden dürfe.

Der Historiker Emile Poulat meint, das Zweite Vatikanum füge sich bruchlos in die durchgängige Frontstellung der Kirche gegen die Moderne, ihre »Unnachgiebigkeit«, ein, die es der kirchlichen Hierarchie ermöglicht habe, den verschiedenen Herausforderungen zu trotzen, die ihr seit dem 19. Jahrhundert erwachsen seien und zu denen der »Modernismus« ebenso gehöre wie die verschiedenen Formen des »liberalen Katholizismus«. Für die Kirche ging es darum, »in der unverbrüchlichen Gewißheit ihrer Wahrheit und ihrer Mission ihre Methoden und Mittel an die veränderten Bedingungen ihrer unveränderten Aufgabe anzupassen. ›Aktualisierung‹ ist nichts anderes als eine oberflächliche Korrektur, die eine wirkliche Erneuerung verhindert.«[4]

Die unnachgiebige Haltung der Kirche in ihren verschiedenen historischen Erscheinungsformen erklärt sich aus der Furcht davor, »im Sog des modernen Geistes unterzugehen«, wenn Anpassungen und Veränderungen nicht »unter ständiger Berücksichtigung des kirchlichen Lehramtes« erfolgen und »Kriterien und Normen aus der Welt selbst« entnommen werden.[5] Anders gesagt: Diese Haltung soll es ermöglichen, die Institution unverändert zu bewahren, während man sich zugleich bereitfindet, einige wenige Dogmen oder Riten aufzugeben, deren Anachronismus allzu viele negative Konsequenzen hat – daß sich die Gläubigen abwenden, ist nur die besorgniserregendste.

Über die Jahrhunderte hin betrachtet, kann man das Zweite Vatikanum in der Tat so interpretieren. Wenn man aber die Dauer eines Menschenlebens als Bezugsrahmen setzt, dann erscheint das Konzil als logische Resultante der Kräfteverhältnisse zwischen den verschiedenen Teilnehmern. Hinsichtlich der Organisation der Kirche ging es weniger um die Frage, ob man auf die Soutane und die lateinische Messe verzichten solle, als vielmehr um die Rolle der kirchlichen Hierarchie – und hier in erster Linie des Papstes – wie um den Platz, den man den Laien einräumen sollte. Inwieweit vertrug sich die Kollegialität der Bischöfe mit der Vorrangstellung des Papstes, und inwieweit fanden die Anweisungen aus Rom ihre Grenzen in der Besonderheit jeder örtlichen Kirche? Und wie sehr konnte man dort auf die Erfahrungen und die Bedürfnisse der Laien Rücksicht nehmen, zu einer Zeit, da die Zahl der Priester schon rückläufig war?

Was die Beziehungen der Kirche zur Welt anlangt, so bemüht sich *Gaudium et spes,* die bedeutenden Ideale der Epoche – wie Fortschritt und soziale Gerechtigkeit – wieder in eine christlich fundierte Betrachtungsweise aufzunehmen. Für eine Kirche, die gerade in den verarmten Massen Lateinamerikas auf so große Resonanz stößt, geht es jetzt darum, die bestehende Gesellschaftsordnung nicht uneingeschränkt zu verteidigen – es sei denn, sie fände sich damit ab, ihren Einfluß zu verlieren und dadurch anderen Formen der Religiosität unter den Armen (vor allem der Sektenbildung) Vorschub zu leisten.

In Europa scheint die »Arbeiterklasse« einem sozialorientierten Christentum, das die Marxisten als Waffe der Bourgeoisie anprangern, gleichgültig gegenüberzustehen. Und es ist um so wichtiger, am Ende des Konzils, 1965, zu unterstreichen, daß der Mensch als Geschöpf Gottes nicht auf einen beliebig verfügbaren Produktionsfaktor reduziert werden darf, als Rom 1954 das Experiment der Arbeiterpriester definitiv verurteilt hatte.[6] In dem Moment, wo katholische Priester durch ihre Arbeit in Fabriken und (bei einigen von ihnen) durch ihre

Mitgliedschaft in der kommunistischen Partei das »heilige« Priesteramt relativierten, unterwarfen sie ihr Apostolat nicht mehr ausschließlich dem kirchlichen Lehramt, sondern ließen es durch weltliche Erwägungen »verfälschen«. Auch wenn eine solche Verurteilung nach den Denkmustern dieser Institution unvermeidlich war, so hatte sie dem Ansehen der Kirche doch ziemlich geschadet.

Theologie der Befreiung und sozialistischer Messianismus

In den Jahren nach dem Konzil werden die europäischen – darunter vor allem die katholischen – Länder mit der Studentenbewegung von 1968 konfrontiert, gegenüber deren radikaler Infragestellung bestehender Werte die bescheidenen Reformbestrebungen des Zweiten Vatikanums verblassen. In dieser Situation interpretieren einige sozial engagierte Katholiken das Konzil als einen ersten Schritt auf dem Weg zur Revolution. Viele sympathisieren mit Priestern und Laien in Lateinamerika, die sich am Kampf für Gerechtigkeit und gegen die Not der Armen in den Elendsvierteln beteiligen und sich dabei auf eine »Theologie der Befreiung« berufen. Einer der geistigen Väter dieser Theologie, Gustavo Gutiérrez, meint: »*Gaudium et spes* hat es versäumt, den Zusammenhang zwischen irdischem Fortschritt und überirdischer Erlösung genauer zu bestimmen. Sie ist nicht über allgemeine Feststellungen hinausgekommen [. . .], und hat das ungerechte System, auf dem das gesellschaftliche Leben beruht, nicht radikal in Frage gestellt. Anders gesagt: Die konfliktträchtigen Aspekte des politischen Lebens sind einfach ausgeklammert worden.«[7]

Die Theologie der Befreiung ist keineswegs die einzige Spielart jener »Fortschrittsgläubigkeit«, die die Kirche in der nachkonziliaren Zeit bis zum Tod von Paul VI., 1978, erschüttert. Doch ihr hohes intellektuelles Niveau und ihre Resonanz bei zahlreichen Gläubigen machen sie für die Kirchenoberen zum Inbegriff der »marxistischen Gefahr«, die die Kirche für ihre Zwecke auszunutzen und deren Botschaft zu verfälschen droht. Für die Rechristianisierungsbewegungen wird diese Theologie die Negativfolie bilden, vor der sie ihr eigenes politisches Denken und ihre soziale Einstellung definieren.

Lassen wir noch einmal Gutiérrez zu Wort kommen: »Gerade weil das theologische Denken unter dem Einfluß des Marxismus zu seinen eigentlichen Quellen zurückgefunden hat, ist es jetzt bereit, über den Sinn einer Umgestaltung der Welt und über das Wirken des Menschen in der Geschichte zu reflektieren. [...] Eine so verstandene Theologie fördert zwangsläufig und unbeirrbar die Befreiung von jeder Form religiöser Entfremdung, die häufig von der Institution Kirche selbst begünstigt wird, indem sie die authentische Annäherung an das Wort des Herrn unmöglich macht.«[8] Und »nur eine radikale Zerstörung des Status quo, eine tiefgreifende Veränderung der Eigentumsverhältnisse, die Machtübernahme durch die Klasse der Ausgebeuteten, eine gesellschaftliche Revolution können der Unterjochung ein Ende bereiten. Nur sie gewährleisten den Übergang in eine neue, sozialistische Gesellschaftsordnung oder rücken ihn zumindest in greifbare Nähe.«[9]

Diese in die für die damalige Zeit (Ende der sechziger Jahre) charakteristische Sprache eingekleideten Erklärungen drehen sich um zwei zentrale Themen: die Ablehnung einer ungerechten, für die Armen und die »kleinen Leute« unerträglichen Gesellschaftsordnung und das Streben nach einer neuen Ordnung, nach einer sozialistischen Gesellschaft, in der das Ideal der Gerechtigkeit endlich verwirklicht wäre. Das christliche Vokabular im engeren Sinne wird von der marxistischen Begrifflichkeit überdeckt, die den eigentlichen Interpretationsschlüssel darstellt. Im Gegensatz dazu geht die »religiöse Entfremdung« auf das Konto der kirchlichen Obrigkeit, die in den Augen von Gutiérrez und seiner Anhänger die Auslegung auf ein geschlossenes System gelehrter Glossen festnageln will, deren Hauptzweck die Legitimierung der bestehenden Ordnung ist. Die Theologen der Befreiung hingegen wenden sich direkt an die Heilige Schrift, wo sie Gleichnisse entdecken, die ihr sozialistisches Engagement rechtfertigen. So deuten sie etwa den Auszug der Israeliten aus Ägypten als notwendige Emanzipation der unterdrückten Klassen und als Kampf gegen bürgerliche Ausbeutung und Imperialismus.

Wir haben es hier mit einer Ideologie des »Bruches« mit der bestehenden Gesellschaftsordnung zu tun, die jedoch im Aufbau des Sozialismus die Verwirklichung des christlichen Apostolats erkennt. Die Front verläuft nicht zwischen einer Gesellschaft mit säkularer Grundlage und einer christlichen Gesellschaft, sondern zwischen Ausbeutern und Unterdrückten, entlang den Gräben eines Klassenkampfes, der Kirche und Welt gleichermaßen durchzieht.

Wird diese Logik konsequent umgesetzt, dann führt sie zur Spaltung der Kirche als Institution, zur Leugnung ihrer Unabhängigkeit und zur Unterordnung der christlichen Botschaft unter einen säkularen Messianismus: Die Errichtung des Sozialismus ersetzt die Wiederkunft Christi. Auch wenn die Kirche derartige Überlegungen nicht hinnehmen konnte, hat Rom die Theologie der Befreiung doch viel behutsamer und nachsichtiger behandelt als die Arbeiterpriester zwanzig Jahre zuvor. Gewiß hatte das Konzil nachhaltige Einstellungsänderungen bewirkt und auch in der römischen Kurie seine Spuren hinterlassen. Auch darf man nicht vergessen, daß diese Theologie in der breiten Bevölkerung eines Kontinents auf großen Zuspruch stieß, dessen Frömmigkeit für die Kirche ein wichtiger demographischer Trumpf in der globalen Auseinandersetzung mit anderen christlichen Konfessionen und vor allem mit dem Islam war. Schließlich berief sich diese Bewegung immerhin noch auf eine Theologie – was weniger bedrohlich zu sein schien als das völlige Abgleiten in die Säkularisierung.

Die Disziplinierung der Lateinamerikanischen Bischofskonferenz und die Ernennung von Bischöfen, die diese Theologie ablehnten, waren die sichersten Mittel, deren Einfluß einzudämmen. Und einer ihrer wichtigsten Wortführer, Leonardo Boff, mußte vor der Kongregation für die Glaubenslehre erscheinen, die ihn für eine bestimmte Zeit zum Schweigen verurteilte. Doch der Vatikan verstand es, sich das in dem Willen zum »Bruch« mit einer ungerechten Gesellschaftsordnung steckende Protestpotential zunutze zu machen – allerdings unter der Bedingung, daß dieser Wille in eine christliche Gesinnung eingebettet blieb. Während die erste Instruktion der Kongregation, 1984, noch einer besorgniserregenden Entwicklung radikal Einhalt gebieten wollte, begnügten sich die aufs neue alarmierten Hüter der reinen Lehre in einer zweiten Erklärung, 1986, mit einer wohlwollenden Beurteilung des pastoralen Wirkens, das vorrangig gegenüber den Armen zu betreiben sei. Vor der brasilianischen Bischofskonferenz im April desselben Jahres vertrat der Papst den gleichen Standpunkt.

Das Scheitern der Theologie der Befreiung hat man häufig auf eine Auseinandersetzung zwischen den »Konservativen« um Kardinal Ratzinger, den Präfekten der Glaubenskongregation, und »fortschrittlichen« Kreisen zurückgeführt. Doch bei dieser Feststellung, die sich damit begnügt, gesellschaftliche Fronten auf die Kirche zu übertragen, darf man nicht stehenbleiben. Zu fragen ist darüber hinaus, inwiefern die erneute Bestätigung einer katholischen Identität und katholischer Werte, die die Rechristianisierungsbewegungen auszeichnet, über einen »Bruch« erfolgen konnte, dessen Bedeutung bislang von einem säkularisierten Denkschema bestimmt wurde.

Enttäuschung über eine säkularisierte Gesellschaft und der katholische »Bruch«

Ausgelöst wird die Mitte der siebziger Jahre einsetzende Rechristianisierung durch eine pessimistische Einschätzung der Zukunft einer säkularisierten Welt. Man fürchtet, der Fortschritt der Wissenschaften und der Technik entziehe sich immer mehr der Kontrolle des Menschen, lasse dessen Charakter als Geschöpf Gottes immer mehr in Vergessenheit geraten und zerstöre ihn, indem sie ihn versklave. Doch im Gegensatz zur Strömung des »fortschrittlichen Katholizismus«, der in den von der Bourgeoisie »ausgebeuteten Klassen« die einzigen unterjochten Geschöpfe Gottes sah, sind nunmehr alle Menschen in Gefahr – aus der sie kein irdischer Messianismus erretten könne. Und verglichen mit dem optimistischen Geist des Zweiten Vatikanums ist das Gefühl einer unvermeidlichen Konfrontation mit der säkularen Weltordnung sehr viel präsenter.

Die Ursache für diese Gefahr erkennt man in der Überordnung der Vernunft über den Glauben, die einem historischen Zyklus entspreche, der mit der Aufklärung begonnen habe und um 1975 zu Ende gehe. Diese katholische Kritik der Vernunft stützt sich auf Strömungen in den Humanwissenschaften und der säkularen Philosophie, wie Psychoanalyse, Strukturalismus und die Heideggersche Existenzphilosophie. Doch deren Erkenntnisse dienen hier nur zur Abstützung der eigenen Argumentation: Es geht nicht mehr darum, in den Humanwissenschaften Anregungen für die theologische Reflexion zu finden, wie es etwa bei Gutiérrez der Fall war, sondern nur noch um die Feststellung, daß deren Erkenntnisse die (angeblich immer schon geübte) Kritik der Theologie an der Vorrangstellung der Vernunft bestätigen. Das ermöglicht es, die theologische Reflexion für eine Überwindung der Moderne, eine »Enttäuschung über die säkularisierte Gesellschaft« nutzbar zu machen. Indem diese Reflexion derart die Ursachen des heutigen Orientierungsverlustes identifiziert, gebraucht sie Formulierungen und eine Rhetorik, in denen sich die europäischen Gesellschaften mit ihren Sorgen und Ängsten wiederkennen können.

Die Kardinäle Lustiger und Ratzinger verkörpern, jeder auf seine Weise, diese Einfügung der Theologie in die »Postmoderne«. Der erste versteht seinen Lebensweg als beispielhaftes Zeugnis für die ungebrochene Aktualität des christlichen Apostolats. Als polnischer Jude, der während des Zweiten Weltkriegs zum katholischen Glauben übertrat, als »Zögling einer staatlichen Schule«, der gemeinsam mit den Kindern der bürgerlichen Intellektuellen von Paris die Schulbank des Lycée Montaigne drückte, als Absolvent der Sorbonne, einer staatlichen Universität, entstammt Jean-Marie Lustiger einer ganz anderen Welt als etwa Bernard Alexandre, ein Landpfarrer, der durch sein Buch *Le Horsain*[10] in Frankreich bekannt geworden ist. In seiner Autobiographie *Le Choix de Dieu,* die auf ausführlichen Gesprächen mit den beiden Wissenschaftlern Jean-Louis Missika und Dominique Wolton beruht, erscheint Lustiger als ein Intellektueller, der aufs genaueste mit den geistigen Strömungen unseres Jahrhunderts, vor allem mit den neuesten Entwicklungen in den Sozialwissenschaften, vertraut ist, deren Stärken und Schwächen erkannt hat und im katholischen Glauben das einzige Mittel sieht, diese zu überwinden.[11]

Der Erzbischof von Paris sagt über sich: »Ich gehöre der Generation an, die die bitteren Früchte einer sich selbst absolut setzenden Vernunft ernten mußte.«[12] Diese »Selbstherrlichkeit« einer Gott verkennenden und nur noch sich selbst verantwortlichen Vernunft habe schließlich ihren Höhepunkt in den totalitären Systemen des Nazismus und Stalinismus erreicht. Sie sei »im Jahrhundert der Aufklärung entstanden, das den Totalitarismus (hervorgebracht hat), das heißt die Vergöttlichung einer sich gegen jede Kritik immunisierenden menschlichen Vernunft«.[13] Ganz nach dem Muster einer auf Hannah Arendt zurückgehenden Argumentation wird hier der Geist der Aufklärung, der für alle Übel herhalten muß, zum universalen Sündenbock gestempelt. Hannah Arendt hatte bekanntlich der Französischen Revolution die Schuld an sämtlichen Sünden des Totalitarismus im 20. Jahrhundert angelastet, dem zweiten Kind der Aufklärung hingegen, der Amerikanischen Revolution, alle Tugenden zugeschrieben.[14] Kardinal Lustiger allerdings lehnt eine so global gesehene geistige Grundlage beider Ereignisse, die als Quelle alles Bösen gar noch für die Vernichtung der europäischen Juden herhalten muß, ab: »Meiner Meinung nach beruht der Hitlersche Antisemitismus unmittelbar auf dem Antisemitismus der Aufklärung und nicht etwa auf einem christlichen Antisemitismus.«[15]

Die »selbstherrliche« Vernunft bewirke die Vergötterung des Menschen durch den Menschen und führe dadurch zu Despotismus und Unterdrückung. Doch geht es hier, anders als bei den Theologen der Befreiung, nicht mehr um den Klassenkampf. Die Gottvergessenheit ist die eigentliche Wurzel aller Übel der Gesellschaftsordnung – eine These, der man zur gleichen Zeit bei den Ideologen wiederbegegnet, die für eine Reislamisierung bzw. Rejudaisierung kämpfen. Die Erkenntnisse der Natur- und der Geisteswissenschaften könnten keinen Anlaß mehr geben, am Glauben zu zweifeln (wie man es sich zu Zeiten eines siegesgewissen Positivismus noch gewünscht hatte), aber sie könnten die Autonomie der Vernunft in Frage stellen – durch eine Umkehrung der Zielrichtung, wie man sie ebenfalls bei den zeitgenössischen Vorkämpfern des Judentums und des Islam findet. Der Kardinal hebt hervor: »Ich bin ein Kind des 20. Jahrhunderts. Der bärtige Marx, Professor Freud, Einstein und einige andere haben uns gezeigt, daß dies alles (diese aberwitzige Idealisierung der Vernunft, diese ›selbstherrliche‹, ihre Grenzen verkennende Vernunft) ein fauler Zauber war. Mit unseren eigenen Augen haben wir gesehen, an unserem eigenen Leib schmerzlich erfahren, warum das keinen Bestand haben konnte.«[16]

Doch Freud, Einstein und der »bärtige Marx« haben ihre historische Funktion mit der Kritik an der Aufklärung erfüllt.

Ihre kritischen Äußerungen zur Religion hingegen werden einfach als unwesentlich beiseite geschoben. Und was die Gesellschaftsordnung betrifft, so muß jeder Versuch einer Trennung von Politik und christlicher Ethik zwangsläufig zum Totalitarismus führen, dessen höchste Vollendung der Kommunismus darstellt. Ende der sechziger Jahre sah es so aus, als würde diese Lehre triumphieren. Doch der scharfsichtige katholische Beobachter erkannte in dem damaligen revolutionären Gedröhne sofort den Anfang vom Ende des Kommunismus: »Die 68er Generation hat es schließlich gewagt, dem Götzen ins Gesicht zu spucken. Ich habe mit eigenen Augen gesehen und mit meinen eigenen Ohren gehört, wie Cohn-Bendit auf der Place de la Sorbonne Aragon als ›stalinistischen Schurken‹ beschimpft hat. Das war einfach überwältigend! Inmitten eines Meeres roter und schwarzer Fahnen und eines von der marxistisch-revolutionären Mythologie bestimmten Zeitgeistes! Heute, dachte ich, wird der Götze vom Thron gestürzt! Mai 1968, dann Solschenizyn und Polen. Das neue Manna, von dem sich die französischen Intellektuellen in der magischen ›Verzückung‹ einer neuen Religion und einer neuen Eschatologie seit 1917 ernährt hatten, war mit einemmal aufgezehrt. Stalin war tot, und die Welt war entzaubert.«[17] Einer Rechristianisierung stand nun nichts mehr im Wege, und man würde schon bald den eigentlichen Beginn der christlichen Ära erkennen können.

Nun besteht jedoch in den säkularisierten Gesellschaften Westeuropas das erste Hindernis für eine Rechristianisierung darin, daß das religiöse Leben in die Privatsphäre verbannt ist. In Frankreich wurde diese Entwicklung mit dem 1905 verabschiedeten Gesetz über die Trennung von Kirche und Staat juristisch sanktioniert. In anderen Ländern wurde diese Beziehung gesetzlich zwar weniger streng geregelt, doch die Folgen waren weitgehend die gleichen. So war der Kampf für die Rückkehr der Religion in das öffentliche Leben über die Neugestaltung des Grundsatzes der Trennung von Kirche und Staat eines der vorrangigsten Ziele der Rechristianisierung.

Die Notwendigkeit dieses Kampfes ist am eindringlichsten im Werk Kardinal Ratzingers dargelegt. Dieser deutsche Theologe, den Johannes Paul II. zum Präfekten der Kongregation für die Glaubenslehre ernannt hat, ist für den »Kurs« der katholischen Kirche zuständig. Seine Ansichten haben ihm die Feindschaft einiger »fortschrittlicher« Strömungen eingebracht, die ihn als Totengräber der vom Zweiten Vatikanum geweckten Hoffnungen betrachten. Energisch verteidigt er die Einheit der Kirche gegen die »inneren Zwistigkeiten« und »Verfallserscheinungen« in den Jahren nach dem Konzil, als die nationalen Kirchen eine Eigenständigkeit erwarben, die nach Ratzinger der Einheit des kirchlichen Lehramtes abträglich ist.[18] Und er betont: »Primat figuriert auf dem Grund solcher Martyriumstheologie wesentlich als die Gewähr des Gegenüber der Kirche in ihrer katholischen Einheit zur stets partikulären weltlichen Macht.«[19]

Was die Beziehungen zur »Welt« anlangt, so sieht der Kardinal in der Kirche den einzigen Schutz gegen die totalitäre Vereinnahmung durch Staaten, die den Menschen unterjochen wollen.

»Lassen Sie mich zum Schluß auch dies an einem Beispiel darstellen, in dem die ganze Dramatik der Sache anschaulich wird. Der Streit um die Kreuze in den Schulen, der in Polen heute ausgetragen wird und der in der Zeit des Dritten Reiches von unseren Eltern in Deutschland ausgetragen wurde, hat einen durchaus symptomatischen Charakter. Für die Eltern in Polen – wie damals für die unsrigen – ist das Kreuz in den Schulen ein Zeichen eines letzten Stücks Freiheit, das sie sich durch den totalen Staat nicht nehmen lassen wollen.«[20]

Um jedoch den Menschen verteidigen zu können, sollte, ja darf das Kreuz nicht durch den Grundsatz der Trennung von Kirche und Staat, der letztlich einer ebenso totalitären Logik folgen würde, in die Privatsphäre verbannt werden: »Aber dieser Rückzug ins Private, diese Einordnung in das Pantheon aller möglichen Wertsysteme widerspricht dem Wahrheitsanspruch des Glaubens, der als solcher ein Öffentlichkeitsanspruch ist.«[21] Übrigens bestehe gerade darin die Einzigartigkeit des Christentums, das sich im Gegensatz zu den anderen Religionen der Antike geweigert habe, beim Kult zu Ehren des römischen Kaisers, dieses Archetypus eines unchristlichen Herrschers, Opfergaben zu entrichten: »So gering die Zahl der Anhänger des Christentums zunächst auch gewesen ist, so hat es doch von Anfang an einen Status des öffentlichen Rechts eingefordert und sich eine dem Staat vergleichbare rechtliche Position geschaffen. Deshalb ist die Gestalt des Märtyrers fest in der inneren Struktur des Christentums verankert.«[22]

Die Rückeroberung dieses »Status des öffentlichen Rechts« ist eines der wichtigsten Anliegen der zeitgenössischen Rechristianisierung. Diese würde sich im günstigsten Fall »von oben« vollziehen, und zwar durch die Zurückdrängung eines sich aller Dinge bemächtigenden Staates und dessen Unterordnung unter ein transzendentes Prinzip: »Er muß erkennen, daß ein Grundgefüge von christlich fundierten Werten die Voraussetzung seines Bestehens ist. Er muß in diesem Sinn sozusagen einfach seinen historischen Ort erkennen, den Erdboden, von dem er sich nicht gänzlich lösen kann, ohne zu zerfallen. Er muß lernen, daß es einen Bestand von Wahrheit gibt, der nicht dem Konsens unterworfen ist, sondern ihm vorausgeht und ihn ermöglicht.«[23]

Diese Forderung dürfe, so der Kardinal, keinesfalls auf eine Stufe gestellt werden mit dem Wunsch der Reislamisierungsbewegungen nach Errichtung eines Staates, der die göttlichen Gesetze entsprechend ihrer Formulierung im Koran anwenden soll. In der katholischen Welt behält der Staat trotz seiner Unterordnung unter die Wahrheiten des Evangeliums einen Bereich autonomer Entscheidungsbefugnis; eine christlich geprägte Gesellschaftsordnung bleibt dualistisch strukturiert, auch wenn die politische, weltliche Instanz der kirchlichen Instanz nachgeordnet ist. Mit der Bewahrung dieser Autonomie sind zugleich Freiheit und Menschenrechte verbürgt, wobei sich die Kirche als Urheber dieses Begriffes versteht: »Die moderne Freiheitsidee ist daher ein legitimes Produkt des christlichen Lebensraumes; sie konnte sich gar nicht anders als in ihm entwickeln. [] ... Der Dualismus, der die Voraussetzung der Freiheit ist, setzt seinerseits die Logik des Christlichen voraus. Praktisch bedeutet dies: Nur wo in irgendeiner Form die Dualität von Staat und Kirche, von sakraler und politischer Instanz erhalten bleibt, ist die Grundvoraussetzung für Freiheit gegeben. Wo Kirche selbst zum Staat wird, geht Freiheit verloren. Aber auch dort, wo Kirche als öffentliche und öffentlich belangvolle Instanz aufgehoben wird, entfällt Freiheit.«[24]

Im Europa des ausgehenden 20. Jahrhunderts ist die Kirche nirgends Staat und scheint dies auch kaum nötig zu haben. Aus der von Ratzinger postulierten Symmetrie von Kirche und Staat ergibt sich in der Praxis eine einzige unbedingte Forderung: der Kampf um die Wiedereinsetzung der Kirche als öffentliche Institution, in der das Ziel der Rechristianisierung besteht.

Die Rechristianisierung in Westeuropa

Unter all den verschiedenartigen Situationen in Europa, wo sich der Eiserne Vorhang erst 1989 hebt, fallen zwei Gesellschaften ins Auge, in denen sich Bewegungen entwickelten, die diesen Kampf durch eine Strategie »von oben«, also durch Druck auf den Staat ausfechten wollten. Das ist zum einen Polen, wo die Kirche in den letzten Jahren der kommunistischen Herrschaft eine bedeutende politische Rolle spielt, und zum anderen Italien, wo sich die Bewegung »Comunione e Liberazione« ausbreitet. Die in beiden Fällen auftretenden Schwierigkeiten fördern Ende der achtziger Jahre, in anderen Ländern aber auch schon früher, die Entstehung anderer, »unten« ansetzender Formen der Rechristianisierung. Sie begünstigen ebenso die Entfaltung charismatischer Gruppen, die ihre Mitglieder in Gemeinschaftsstrukturen einbinden, wie sie den katholischen Einfluß auf bestimmte Institutionen, wie etwa die Schule, wiederherstellen, die als Schnittstelle zwischen Familie und Zivilgesellschaft, zwischen Privatsphäre und Öffentlichkeit fungiert. Doch im Unterschied zu den Reislamisierungsbewegungen, die in den muslimischen Gesellschaften auf keinen ernsthaften Widerstand stoßen, wird der Einfluß der Rechristianisierungsbewegungen von der demokratischen Kultur der europäischen Gesellschaften – auch wenn sie gerade erst das Joch des Kommunismus abgeschüttelt haben – begrenzt. Dies wiederum hält im Innern des europäischen Katholizismus eine Strömung am Leben, die in den gegenwärtigen Rechristianisierungsansätzen, gleich, ob sie von »oben« oder von »unten« ausgehen, keine den Herausforderungen unserer Zeit angemessene christliche Antwort sehen.

Das Experiment »Comunione e Liberazione«

Der schon in den fünfziger Jahren aus der Taufe gehobenen Rechristianisierungsbewegung »Comunione e Liberazione« gelingt erst Ende der siebziger Jahre der große Durchbruch. Diese Bewegung, die von einem Priester aus dem Bistum Mailand, Don Luigi Giussani, gegründet worden ist, der die Grundwerte des Katholizismus in der tief von der modernen Säkularisierung geprägten Gesellschaft Italiens wieder zur Geltung bringen will, steht lange im Abseits einer Kirche, die das Zweite Vatikanische Konzil vorbereitet und schließlich durchführt.

Don Giussani und seine Anhänger sind der Meinung, daß

der »religiöse Sinn« der Welt sich nur denen erschließt, die ihren Glauben an das Geschehen der Offenbarung ausdrücklich kundtun und deren Mysterium annehmen. Dies begründet einen radikalen Bruch zwischen einer christlichen Gesellschaft einerseits und einer säkularen Gesellschaft andererseits. Diesen Gegensatz nicht wahrhaben wollen und glauben, die Welt könne ohne soziale Bestätigung der katholischen Identität ihre christliche Bestimmung verwirklichen, heißt, sich in den Denkmustern der Ideologie des Laizismus verstricken und ihnen schließlich erliegen.

Der Aufbau einer Gesellschaft auf christlicher Grundlage bedeutet Kampf für die sichtbare Gegenwart der Kirche in einer Welt, in der sich die Menschen von Gott entfernt haben, bedeutet, das Fundament legen für ein von den Geboten des Evangeliums geleitetes mustergültiges Gemeinwesen, dem sich langfristig alle anschließen werden. Es gilt, wieder jene »Kommunion« herzustellen, die allein die völlige »Befreiung« des Menschen garantiert: seine Begegnung mit Christus, dem Erlöser. Soweit entspricht dieses Vorhaben den Vorstellungen der Kardinäle Lustiger und Ratzinger; was »Comunione e Liberazione« jedoch darüber hinaus auszeichnet, ist die konkrete Umsetzung dieses Planes im heutigen Italien. Die Bewegung hat es verstanden, eine »unnachgiebige« Theologie in eine soziokulturelle Praxis zu integrieren, die die Erschütterungen des ausgehenden 20. Jahrhunderts und besonders die schlechten Lebensbedingungen derer, die von den Errungenschaften der Moderne nichts abbekommen, zu lindern sucht.

Die Kritik an der »vorherrschenden Kultur«

In einem Gespräch (das als Buch veröffentlicht worden ist) erzählt Don Giussani zwei Anekdoten, um die kulturelle Atmosphäre der fünfziger Jahre zu veranschaulichen, die ihn zur

Gründung seiner Bewegung veranlaßt hatte. Als junger Lehrer an einem Priesterseminar begegnet er bei einer Zugfahrt einer Gruppe von Studenten, die ihm ihre Gleichgültigkeit, ja ihre Abneigung gegen die Kirche bekunden.[25] Dieser Vorfall erschüttert ihn so sehr, daß er das Seminar verläßt und beschließt, sich von nun an ganz der Verbreitung der christlichen Botschaft in der Welt zu widmen. Als Schulpfarrer am Berchet-Gymnasium, *der* Schule für die Kinder des Mailänder Großbürgertums, fällt ihm sehr bald eine Gruppe von Jugendlichen auf, unter denen sich immer wieder lebhafte Diskussionen entspinnen und deren Freundschaft und Gemeinschaftssinn ihn nachhaltig beeindrucken. Als er sich genauer über sie erkundigt, erfährt er, daß es Kommunisten sind. »Das hatte mich schwer getroffen. Wie kommt es, daß die Christen nicht imstande sind, zu einer solchen Geschlossenheit zu finden, wo doch Christus sagt, daß diese Einmütigkeit das unmittelbarste und sichtbarste Kennzeichen derer sei, die an ihn glauben?«[26]

Diese beiden gleichnishaften Anekdoten stellen zusammengenommen gleichsam den »Gründungsmythos« einer Bewegung zur Wiederbelebung des Christentums dar, aus der schließlich »Comunione e Liberazione« hervorgehen wird. Einerseits ein anämisches Christentum, das die Jugend nicht mehr anspricht, andererseits ein Kommunismus, der die von den christlichen Aktivisten aufgegebenen, ursprünglichen Tugenden gemeinsamer Arbeit und begeisterten Mitwirkens am Aufbau einer idealen Gesellschaft mit neuem Leben erfüllt hat.

Die Gruppe, die Don Giussani in den fünfziger Jahren gründet, heißt »Studentische Jugend« *(Gioventù studentesca),* und ihre Mitglieder sind größtenteils Gymnasiasten und Studenten aus Mailand, der industriellen und weltlichen Metropole Norditaliens. Erklärter Gegner ist der »Laizismus«, der das Bewußtsein der katholischen Identität entstellt und dem atheistischen Marxismus den Weg gebahnt hat. Ja, Don Giussani will das Übel, die Kultur der Aufklärung, gleich an der Wurzel packen;

der Marxismus, den er als »vorherrschende Kultur der Intelligenzija [...], als die Schulweisheit der modernen ›Geistlichkeit‹«[27] bezeichnet, ist nur deren höchste Vollendung – die abscheulichste zwar, aber gewiß nicht die am wenigsten reizvolle. Die Handlungsstrategien, die straffe Organisation und die soziale Verwurzelung des Marxismus sowie seine geschickte Ausnützung des politischen Systems in Italien werden diesen christlichen Aktivisten einer neuen Generation wichtige Anregungen vermitteln.

Die Geschichte dieser von Don Giussani gegründeten Bewegung umfaßt nach seinen eigenen Worten drei geradezu dialektisch miteinander verbundene Momente: die Phase der »Studentischen Jugend«, von 1954 bis zur zweiten Hälfte der sechziger Jahre; das »Moment der Negation«, das einer schweren Krise und inneren Zerreißproben im Gefolge des Konzils und vor allem der 68er Ereignisse entspricht; und schließlich die eigentliche Gründung von »Comunione e Liberazione«, die nach 1970 als »Aufhebung« die dritte Stufe dieser Dialektik des Erfolgs darstellt.

Während ihres nunmehr vierzigjährigen Bestehens gingen in der Bewegung theoretische Reflexion und soziale Praxis immer Hand in Hand. In der Phase der »Studentischen Jugend« ging es vorrangig um die Abgrenzung der Gruppe von traditionellen Formen des katholischen Engagements in der Gesellschaft und bei den Jugendlichen, die sich vor allem in der unmittelbar von der Kirche gesteuerten Katholischen Aktion (Azione cattolica – AC) vollzog. Für Don Giussani hatte sich diese Institution längst überlebt, fehlte ihr doch ebensosehr eine fundierte Gesellschaftsanalyse wie ein breitenwirksames Projekt, mit dem man der »vorherrschenden Kultur« des Laizismus und den Lockungen des Marxismus hätte entgegentreten können. In der Diözese Mailand – der damals nach der Zahl der Katholiken größten der Welt – kamen, wie Don Giussani bekümmert feststellt, zu den Vorträgen der Katholischen Aktion nur ganze fünf bis sieben Personen. Um mehr Jugendliche in ihre Räume zu locken, gibt die Katholische Aktion ihr Geld vor allem … für den Kauf von Tischtennistischen aus, und ihre Selbstdarstellung nach außen schwankt zwischen Frömmelei und archaischem Moralismus, der auf der strikten Trennung der Geschlechter beruht.[28]

Die »Studentische Jugend« hingegen nimmt nur hochmotivierte Mitglieder auf, die im konkreten Alltagsleben ein Existenzideal verwirklichen, das sich ausschließlich der Heiligen Schrift verdankt. Erstes Merkmal: die Aufforderung an alle, sich gemeinsam und mit »allem, was unser Leben ausmacht, um Christus zu versammeln, um so in unserem Leben die von Paulus formulierte These vom mystischen Leib zu verwirklichen«.[29] Diese Gruppen, in denen sich die versammelten Anhänger ihre Zugehörigkeit zur ganzen Glaubensgemeinschaft bewußtmachen und ihre Probleme, ihre Hoffnungen und ihre innere Bereitschaft am gemeinsamen Ideal messen, werden »die Wabe« genannt. Die Intensität der dabei stattfindenden menschlichen Interaktionen erinnert manche an gruppentherapeutische Prozesse (was Don Giussani nicht abstreitet). Diese Momente des Gemeinschaftslebens werden dann individuell durch Gebete fortgesetzt, die entsprechend den Gebetsvorschriften des Breviers das Alltagsleben jedes Mitglieds strukturieren. »Man praktiziert dann wieder zunehmend die täglichen Sakramente, den täglichen Gottesdienst und die tägliche Kommunion, um mit jenem Trend zu brechen, der bei den traditionellen katholischen Vereinigungen immer stärker wurde.«[30]

Die intellektuelle Schulung besteht im intensiven Studium derjenigen Theologen, die als geistige Ziehväter der Bewegung gelten dürfen – vor allem Henri de Lubac und Hans Urs von Balthasar.[31] Man bemüht sich, durch kollektive Nachbereitung des behandelten Lehrstoffes und durch Verteilung von Fotokopien, die »die die im Unterricht erworbenen Kenntnisse vertiefen und sie gegebenenfalls korrigieren«, den schulischen und universitären Erfolg zu befördern.[32] Denn wenn man einerseits auch die intellektuelle und soziale Weiterenwicklung der Mitglieder unterstützt, so muß man andererseits doch fortwährend die von der säkularen Universität vermittelte »vorherrschende Kultur« »brandmarken«, die die Gegenwart Gottes in der Geschichte verschleiert, die Rolle der christlichen Inspiration bei der Hervorbringung geistiger Werke einfach ignoriert usw.

Gemeinsame Unternehmungen, Ausflüge und Ferienlager bieten Gelegenheit zu längerem Beisammensein; so wird die Atmosphäre eines ursprünglichen christlichen Lebens heraufbeschworen[33], das dem Idealzustand sehr nahekommt und von den begeistertsten Teilnehmern überschwenglich als ein Vorgeschmack auf das »Paradies auf Erden« beschrieben wird.[34]

Die Macht des Ideals und der Begeisterung, die viele junge Menschen in die Bewegung treibt – und damit in scharfem Gegensatz zu dem spärlichen Echo der Katholischen Aktion steht –, macht auch den verkniffenen »Moralismus« in den offiziellen Kirchenkreisen der damaligen Zeit entbehrlich: Bei der »Studentischen Jugend« gibt es keinerlei Geschlechtertrennung, denn man geht davon aus, daß die Anhänger so sehr in ihrer katholischen Identität gefestigt sind, daß man ihre Sexualität nicht überwachen muß. Diese Vermischung der Geschlechter ist auch Ausdruck der Forderung nach uneingeschränktem Gemeinschaftsleben entsprechend dem Bild vom mystischen Leib Christi, doch löst sie bei den Kirchenoberen Mißfallen und Argwohn aus und bringt Don Giussani einige Zurechtweisungen und Abmahnungen ein. Dennoch ändert er nichts an der Funktionsweise der »Waben« und der Lager und wird das später als Argument gegen die Versuche seiner Gegner ins Felde führen, ihn als »Traditionalisten« und Reaktionär abzustempeln.

Die »Studentische Jugend« entfaltet ihre Aktivitäten auf drei Feldern: Kultur, karitatives Engagement und Mission. Auf dem ersten bemüht sie sich vor allem darum, in Abgrenzung von den »herrschenden Wertvorstellungen« den Platz einer authentischen christlichen Kultur in der Gesellschaft neu zu definieren. Gelegenheit zu aktiver »Nächstenliebe« findet man zunächst in den am Stadtrand von Mailand gelegenen Armenvierteln. Die Anhänger von Don Giussani erteilen dort Katechismusunterricht und verbinden ihn mit Sozialarbeit, Alphabetisierungskampagnen und Gesundheitsfürsorge. Die »Mission« schließlich besteht in der 1962 eingeleiteten Entsendung von Mitgliedern nach Brasilien, später auch nach Uganda und Zaire. Übrigens weist Don Giussani extra darauf hin, daß diese Betätigungsfelder »Kriterien und Anliegen entsprachen, die einem Beobachter, der einen Vergleich mit den ähnlichen Experimenten des Castrismus und des Maoismus gezogen hätte, sicher aufgefallen wären«.[35]

Die Organisation »Studentische Jugend« verzeichnet Erfolge, um die sie eine krisengeschüttelte Katholische Aktion beneidet und die die Kirchenoberen argwöhnisch verfolgen; aber das Ausmaß einer Massenbewegung wie »Comunione e Liberazione« erreicht sie bei weitem noch nicht. Sie möchte den Katholizismus erneuern, dessen gesellschaftlichen Niedergang sie schmerzlich empfindet, und sie versteht sich als Vorkämpferin einer wiedererstarkten christlichen Präsenz, die sich der weltlichen Kultur ebenso wie dem marxistischen Aktivismus als gesellschaftliche Alternative entgegenstellt. Nach 1965 nun bewirken vor allem zwei Ereignisse eine tiefgreifende Umgestaltung des kulturellen, religiösen, sozialen und politischen Umfeldes, auf das die »Studentische Jugend« reagiert: die Umsetzung des Zweiten Vatikanischen Konzils und die »Studenten-Revolte« von 1968.

Die Herausforderung des Konzils und die Unruhen von 68

Während dieser Zeit gerät die Bewegung in eine tiefe Krise und verliert zahlreiche Mitglieder. Gegenüber der Botschaft und Dynamik des Zweiten Vatikanums befinden sich Don Giussani und seine Anhänger in einer schwierigen Situation. Der Papst, der das Konzil beendet und ins Werk setzt, Paul VI., ist der ehemalige Erzbischof von Mailand, Kardinal Montini. In derselben lombardischen Metropole, in der sich beispielhaft die säkulare Moderne Italiens mit all ihren Errungenschaften und Mängeln verkörpert, erfahren Don Giussani und Kardinal Montini die Spannungen zwischen Kirche und Staat in ihrer ganzen Schärfe. Zwar sind sich beide darin einig, *daß* die Kirche sich grundlegend wandeln muß – *wie* sie dies jedoch bewerkstelligen soll, darüber gehen ihre Meinungen völlig auseinander.

Das vom Konzil beschlossene *Aggiornamento* zieht Konsequenzen aus dem wachsenden Unverständnis, mit dem weite Teile der Gesellschaft auf den altertümlichen Diskurs der Kirche reagieren, indem die Konzilsväter in der säkularen Gesellschaft Parallelen und Übereinstimmungen (und seien sie unbewußt) mit dem christlichen Projekt aufzuspüren suchen. Die Kirche soll sich also an Kämpfen beteiligen, in denen sie ihr eigenes Anliegen wiedererkennt – vor allem indem sie überall dort als entschiedene Verfechterin der Menschenwürde auftritt, wo diese bedroht ist: ob im Arbeitsleben, in der Dritten Welt oder in repressiven Staaten. So schließt sie sich Initiativen an, die sie gewöhnlich zwar nicht selbst in die Wege geleitet hat, in denen sie jedoch die Botschaft Christi wiedererkennt, auch wenn die Initiatoren sich dessen nicht bewußt sind. Die Kirche hofft damit den Teufelskreis der selbstgefälligen Abschottung zu durchbrechen, der sie immer stärker von der lebendigen gesellschaftlichen Wirklichkeit entfernte, und so ihren Platz in der modernen Welt zu finden.

Don Giussani und seine Anhänger hingegen gehen ganz anders zu Werk: Sie wollen nicht das Christentum modernisieren, sondern die Moderne christianisieren. Sie weigern sich, unterwürfig den kleinen christlichen Baustein in ein Gebäude einzufügen, dessen Fundament auf dem kulturellen Fels der Aufklärung errichtet ist. Sie möchten vielmehr ein »Gesamtkunstwerk« errichten, dessen Architektur durch den Bruch mit den statischen Funktionszwängen des »herrschenden Säkularismus« die Identität des Katholizismus behaupten soll.

Vor dem Konzil hatte die »Studentische Jugend« eine katholische Theorie und eine Praxis entwickelt, die sich fast als einzige der konkreten gesellschaftlichen Probleme annahmen und sich dabei aufs schärfste von der Antiquiertheit der kirchlichen Institution absetzten. Doch die Herausforderung, mit der sich die Bewegung nach dem Zweiten Vatikanum konfrontiert sieht, hat eine ganz andere Dimension als der Konflikt mit einer altersschwachen Katholischen Aktion um die Geschlechtertrennung. Diesmal ist es der gesamte Apparat der Kirche, der »sich auf den neuesten Stand« bringt, so daß die Jünger Don Giussanis ihre Strategie überdenken müssen. Die Konkurrenten innerhalb des Katholizismus sind nicht mehr die angestaubten Moralisten der fünfziger Jahre, sondern hochgebildete Theologen, die sich in der Sprache der Humanwissenschaften ebensogut auskennen wie die Mitglieder der »Studentischen Jugend« und sich unter dem Banner »fortschrittlichen Denkens« aktiv in die gesellschaftlichen Auseinandersetzungen einmischen.

Unmittelbar nach dem Konzil scheint diese katholische Avantgarde durch die 68er Bewegung gestärkt zu werden – auch wenn bei vielen ihrer Mitglieder dabei der christliche Glaube auf der Strecke bleibt. In Italien wird die Gesellschaft dauerhafter und tiefgreifender erschüttert als in allen anderen Ländern Europas. Der »schleichende Mai« in Italien dauert von 1967 bis zur Mitte der siebziger Jahre und endet für so manchen Aktivisten im Terrorismus, dessen allgemeine Verbreitung das politische System lahmlegt. Während Politik und Kultur unter den Nachwirkungen der Ereignisse von 68 leiden, wird Italien im Anschluß an die Ölpreiserhöhung vom Herbst 1973 zudem von einer schweren wirtschaftlichen und gesellschaftlichen Krise heimgesucht. Das Land wird der Inflation und Arbeitslosigkeit nur dadurch Herr, daß es in noch nie dagewesenem Umfang informelle Netzwerke und Schwarzarbeit fördert, was zur Folge hat, daß die auf den Arbeitsmarkt drängenden Millionen von Jugendlichen einer Unsicherheit ganz neuer Art ausgesetzt sind.

Diese gesellschaftlichen Umwälzungen haben für die »Studentische Jugend« zwei gegensätzliche Konsequenzen: Zunächst wird sie ihres bevorzugten Angriffszieles beraubt, des »Laizismus«, den sie zum Sündenbock ihrer Rechristianisierungskampagne gestempelt und als Grundprinzip der säkularen Gesellschaft ausgemacht hat. Denn die heftigen Kontroversen, von denen die Gesellschaft zerrissen wird und die von einer verschwommenen 68er Ideologie getragen werden, haben ganz andere Angriffspunkte. Entsprechend dem damals üblichen ideologischen Raster ebnen die »gegen die Bourgeoisie solidarisch zusammenstehenden Studenten und Proletarier« den alternativen revolutionären Weg zu einer idealen kommunistischen Gesellschaft. Deren Konturen freilich sind hinreichend unscharf, um jene Katholiken anzulocken, die in der Arbeiterklasse das lebendige Antlitz des Erlösers zu sehen meinen. Daß gewisse Mobilisierungsmethoden der »Studentischen Jugend« denen linker Gruppierungen ähneln, worauf Don Giussani selbst hinweist, fördert zusätzlich die Verwirrung unter zahlreichen seiner Anhänger, die daraufhin sang- und klanglos in das Lager der linksradikalen »außerparlamentarischen« Opposition wechseln.

Zu Beginn der siebziger Jahre sieht es so aus, als sei die von Don Giussani gegründete Bewegung durch das Zweite Vatikanum und den Mai '68 eines Großteils ihrer Substanz beraubt worden. Einerseits umfaßt die Kirche mit offenen Armen die Welt; andererseits brechen die Linken radikal und spektakulär mit den Wertvorstellungen der »herrschenden Kultur«. Weder diese Öffnung zur Welt noch dieser Bruch entsprechen allerdings den erklärten Zielen der »Studentischen Jugend«, und das Unwetter der ausgehenden sechziger Jahre scheint die Saat ihrer Verkündigung endgültig fortzuspülen. Und doch verzögert es in Wirklichkeit nur das Aufkeimen dieser Saat, der die

Gesellschaftskrise Mitte der siebziger Jahre die nötigen Nährstoffe zuführen wird.

Die katholische »Gemeinschaft« und die Gesellschaftskrise

1970 erhält das Projekt Don Giussanis mit der Gründung der Laienbewegung »Comunione e Liberazione« wieder neuen Auftrieb. Der Gründer führt den Kern der treugebliebenen Anhänger in einer Gruppe zusammen, die hier und jetzt das Ideal der christlichen Gemeinschaft verwirklichen möchte und sich damit von den linken Organisationen absetzt, deren Gemeinschaftsmodell erst in ferner Zukunft und nach schweren Kämpfen mit dem »bürgerlichen Staat« einlösbar sein soll. »›Comunione e Liberazione‹ legt großen Wert darauf, jener Einheit allgemeine Geltung zu verschaffen, die ein anderer, nämlich Christus, bereits durch die Taufe zwischen allen Christen hergestellt hat. Wir möchten alles tun, damit diese Einheit in unserem Leben sich zeigt und kundtut. Diese Einheit, die uns im Mysterium Christi zusammenführt, das wir nach besten Kräften zu leben versuchen, gibt unserer Beziehung zur Welt die richtige Orientierung und rechtfertigt unser Wirken für die Befreiung unseres Lebens.«[36]

Diese gelebte christliche Gemeinschaft ist für die Anhänger ihre ganz eigene konkrete Umsetzung des Leitmotivs der Epoche, das da lautet: »Das Leben ändern«. Zwar stimmen sie, was ihre Angriffsziele betrifft, weitgehend mit den Protestlern von ’68 überein, nicht jedoch hinsichtlich ihrer geistigen Grundlage und ihrer Vorgehensweise. »Es gab ein Thema, mit dem wir uns nach 1965 immer stärker befaßten und das sich als einer der Grundwerte von ’68 erwies: Wir machten unmißverständlich klar, daß jede Gemeinschaft und jedes Volk gegenüber Konformitätszwängen und staatlichen Vereinnahmungstendenzen ein Recht auf Selbstentfaltung hat.«[37]

Für die radikalen Linken verband sich mit einem solchen Plädoyer die Infragestellung des kapitalistischen, bürgerlichen Staates und der Herrschaft des westlichen Imperialismus über die Dritte Welt. Die »Ciellini«[38] hingegen verstehen ihr Engagement als »Kampf gegen den bürgerlichen Konformismus und die falsche Weisheit, die der Rationalismus der Aufklärung in die Welt gesetzt hat«[39] und die etwa darin besteht, daß man Gott aus dem Geschichtsunterricht an Gymnasien einfach ausklammert. Und Don Giussani setzt seine Verteidigung in eigener Sache fort: »Noch in einem zweiten Grundgedanken haben wir den Forderungen von '68 vorgegriffen, was man ganz deutlich unseren zwischen 1965 und 1967 entstandenen Texten entnehmen kann: und zwar in dem nachdrücklichen Verlangen, das Gesicht der Gesellschaft durch den Aufbau humanerer Beziehungen zu verändern.«

Auch wenn diese beiden Gedankengänge in ihrer Argumentation offensichtliche Parallelen aufweisen, werden sich die Gesellschaftsstrategien der beiden Strömungen in den siebziger Jahren doch immer weiter auseinanderentwickeln. Die italienische radikale Linke driftet immer mehr in einen Extremismus ab, der einige Gruppen in gewalttätige Auseinandersetzungen mit dem Staat verwickelt, sei es in Form von Terrorismus, sei es durch politisch motivierten Mord. Es beginnt die »bleierne Zeit« – Jahre, denen außerhalb Italiens, wo sich die Gewalttätigkeit zu einem regelrechten Massenphänomen auswächst, eigentlich nichts Vergleichbares gegenübersteht. Im Gegensatz zum offenen Konfrontationskurs der meisten linksradikalen Gruppierungen entscheidet sich »Comunione e Liberazione« für eine Taktik der stillen katholischen »Präsenz« in einer krisengeschüttelten Gesellschaft. Während der italienischen radikalen Linken Ende der siebziger Jahre ein unaufhaltsamer Niedergang bevorsteht, wird sich diese Taktik hundertfach auszahlen.

Die Wirtschaftskrise, die die Länder Westeuropas nach dem sprunghaften Anstieg der Mineralölpreise im Herbst 1973 erleben, hat in Italien besonders dramatische Auswirkungen. Sie bedeutet das Ende des Wohlfahrtsstaates und des sozialen Netzes und führt zur Entstehung eines riesigen informellen Bereichs der Wirtschaft, in dem es keinerlei Arbeitsplatzsicherheit mehr gibt. Diese Situation wird noch verschlimmert durch die traditionellen Ungleichgewichte zwischen dem armen Süden und dem industrialisierten Norden. Immer mehr Menschen aus dem Süden drängen in die Randbezirke von Großstädten wie Mailand.

Zur gleichen Zeit entlassen die Massenuniversitäten zahllose junge Akademiker auf den Arbeitsmarkt, der diesem Ansturm nicht gewachsen ist: Viele von ihnen fristen nach ihrem Universitätsstudium das bittere Dasein von *disoccupati*, Arbeitslosen, und bilden so ein neues, großes intellektuelles Proletariat. Zur Aussicht auf Arbeitslosigkeit und Schwarzarbeit kommt die tiefe Enttäuschung über die Werte, die den Jungakademikern von einem Bildungssystem vermittelt wurden, das nicht imstande ist, ihre Ausbildung mit ihren Wünschen und den konkreten Bedürfnissen des Marktes in Einklang zu bringen. Das manifestiert sich darin, daß Zehntausende schon in den ersten Semestern ihr Studium abbrechen und clever die unterschiedlichsten Überlebensstrategien austüfteln. Gleichzeitig verschwindet die spezifisch studentische Protestbewegung, die früher diese Frustrationen aufgefangen und sich zum Sprachrohr studentischer Forderungen gemacht hatte. Ihre ehemaligen Anführer hat der linke Einheitsbrei geschluckt, der immer radikaler wird und sich von den konkreten Nöten immer mehr entfernt, um die Notwendigkeit gesellschaftlicher Veränderungen in eine immer fernere und strahlendere Zukunft zu verlegen.[40]

Indem »Comunione e Liberazione« diese Lücke füllt, gelingt es ihr, dauerhaft in der Jugend Fuß zu fassen. Zwischen 1974 und 1989 gewinnt die Bewegung dann immer mehr politisches Gewicht und dringt auch in die Umgebung von Papst Johannes Paul II. ein. Wenn sie auch zunächst vor allem auf eine durch Sozialarbeit geförderte Rechristianisierung »von unten« setzt, so möchte sie doch bei den staatlichen Autoritäten auf eine Zurückdrängung des »Laizismus« hinwirken und in der Neudefinition des Katholizismus, die dieses Pontifikat auszeichnet, eine zentrale Rolle spielen. Die Schwierigkeiten indes, auf die ihre Strategie »von oben« stößt, zwingen sie 1990, sich wieder verstärkt dem Apostolat an der Basis zuzuwenden. Diese taktische Wendigkeit, in der sich Vorstöße und Rückzieher immer wieder abwechseln, nutzt die vielfältigen Möglichkeiten der zahlreichen Vereinigungen, die im Gefolge von »Comunione e Liberazione« entstehen und ihr eine umfassende soziale Durchdringung ermöglichen.

Die gesellschaftliche »Präsenz« gliedert sich in verschiedene Strukturen mit einem spezifischen Objekt im Zentrum: Ausgangspunkt ist die »lokale Gemeinschaft« von »Comunione e Liberazione« als Forum des Gedankenaustausches, der Diskussion und der gegenseitigen Vertiefung im christlichen Glauben. Die Mitglieder nehmen dort gemeinsam an religiösen Bräuchen und am Gottesdienst teil und erproben ein »totales christliches Leben«, das mit den Funktionszwängen der bekenntnisneutral gestalteten Gesellschaft bricht. Auf der Grundlage dieser Gemeinschaften bilden sich zwei weitere Typen von Verbindungen: zum einen jene, die sich direkt, durch »gute Werke« oder politische Aktionen, »in der Welt« betätigen; zum andern jene, die in speziellen Organisationen die fähigsten und motiviertesten Mitglieder zusammenführen.

Für die Betätigung »in der Welt« sind die »Gesellschaft der Werke« *(Compagnia delle Opere)* und die Volksbewegung

(Movimento popolare) zuständig. Die »Compagnia delle Opere«, die offiziell 1986 aus der Zusammenfassung und Rationalisierung vorangegangener karitativer Gruppen hervorging, versteht sich als soziales Netzwerk, das »bei der Integration von Jugendlichen und Arbeitslosen in die Arbeitswelt eine bessere Nutzung der Ressourcen und der Energien« ermöglicht. Sie vermittelt Kontakte zwischen Unternehmen – allein 1990 über 3500 – und Arbeitsuchenden, fördert aber auch Ausbildungslehrgänge und Berufspraktika, die Gründung von Unternehmen in den verarmten Regionen des Mezzogiorno sowie Solidaritäts- und Resozialisierungsaktionen für Obdachlose, entlassene Straftäter und Drogensüchtige.

Diese Aktivitäten verstehen sich als »Fortsetzung des sozialen Engagements der Katholiken unter Berücksichtigung der Unterweisungen des kirchlichen Lehramtes«.[41] Sie ersetzen zwar teilweise den durch bürokratische Mißwirtschaft und Filzokratie ruinierten Wohlfahrtsstaat, doch die Grundlagen ihres Engagements sind ganz andere. Die »Compagnia« ist das »soziale Fenster« der Rechristianisierung »von unten« und verwirklicht beispielhaft jene »neuen, humaneren Beziehungen«, die die ideale katholische Gesellschaft den Menschen offerieren muß. Ihr Erfolg hat sie zu einem wirtschaftlichen und finanziellen Machtfaktor gemacht – was ihr sogleich von den Gegnern der »Comunione e Liberazione« den Vorwurf eingebracht hat, sie wolle sich zu einer katholischen »Holding« entwickeln und durch Kontrolle der Märkte Macht gewinnen und Kapital anhäufen.

Innerhalb des Rechristianisierungsprojekts fungiert die »Compagnia delle Opere« als vermittelndes Bindeglied zwischen der »unteren« und der »oberen« Sphäre, zwischen karitativem Wirken und sozialem Unternehmertum. Das »Movimento popolare« hingegen ist direkt politisch aktiv. Es bildet einen zusätzlichen Aktivposten für die Democrazia Cristiana, auch wenn es keine offizielle Parteiorganisation darstellt und es sich vorbehält, aus Opportunitätserwägungen heraus auch mal eine andere Partei zu unterstützen oder Front gegen einen christdemokratischen Politiker zu machen, der im Verdacht steht, allzu »laizistische« Sympathien zu hegen. Das »Movimento« beteiligt sich zwar am politischen Spiel, fühlt sich aber nicht unbedingt an dessen Regeln gebunden; es ist »in der Politik«, ohne von Grund auf politisch zu sein. Vielmehr nutzt es die Politik als taktisches Mittel zum Bruch mit dem Laizismus und zum Aufbau einer christlichen Gesellschaft. Sein wichtigster Führer, Roberto Formigoni, wurde zum (christdemokratischen) Abgeordneten und Vizepräsidenten des Europaparlaments gewählt. Und doch könnte »Comunione e Liberazione« sich wieder aus der Politik zurückziehen, wenn sie darin ein Hindernis für ihren apostolischen Auftrag sehen würde.

1974, anläßlich der Volksabstimmung über die Scheidung, erscheinen die Anhänger Don Giussanis erstmals auf der politischen Bühne. Sie beteuern, nur das ausdrückliche Ersuchen höchster kirchlicher Stellen, denen der mögliche Ausgang dieser Befragung große Sorgen bereitet habe (nicht zu Unrecht, denn die Scheidung wird mehrheitlich befürwortet), habe sie zu diesem Schritt veranlaßt. Auch wenn den »Ciellini« diese Auseinandersetzung ungelegen kommt und sie sie von vornherein für verloren halten, mobilisieren sie von Mailand bis Neapel alle ihre Kräfte. Das »Movimento popolare« geht aus diesen Aktivitäten hervor. Paul VI., dessen Verständnis von Religion sich von dem Don Giussanis beträchtlich unterscheidet, ist dessen Anhängern für ihre Unterstützung sehr dankbar. Damit beginnt jene gnädig gewährte Rückkehr der Bewegung in den Vatikan, die ihren Höhepunkt während des Pontifikats Johannes Pauls II. erreichen wird.

Seit 1979 veranstaltet das »Movimento popolare« jedes Jahr Ende August im Seebad Rimini ein riesiges »Treffen zur Förderung der Freundschaft zwischen den Völkern«. Eine Woche lang gibt es eine Demonstration der Stärke zu sehen, die dem Spektakel jährlicher Parteitage gleicht. Während in den letzten zehn Jahren auf dem »Fest der *Unità*« (die Tageszeitung der italienischen KP) Jahr für Jahr immer weniger Besucher erschienen sind, hat die Zahl der Teilnehmer am »Movimento«-Ereignis ebenso kontinuierlich zugenommen wie die Medienberichterstattung darüber. Dieses Treffen ist aber auch Selbstdarstellung und Forum für neue Mobilisierungsideen, die man in die Öffentlichkeit hineintragen möchte. Man setzt modernste Kommunikationsmittel ein, um den Erfolg der Aktion zu sichern – und beweist damit erneut, daß die religiöse Botschaft sich meisterlich der fortschrittlichsten technischen und wissenschaftlichen Errungenschaften bedienen kann, ohne damit den Primat der Vernunft über den Glauben zu billigen.

»Compagnia delle Opere« und »Movimento popolare« ermöglichen der Rechristianisierung, den gesamten gesellschaftlichen Raum in einer Zangenbewegung »von oben« und »von unten« zu umschließen: angefangen von der Wiedereingliederung von Arbeitslosen bis hin zur Mitwirkung an den Richtungskämpfen innerhalb der christdemokratischen Regierung. Aber »Comunione e Liberazione« verfügt noch über weitere Machtmittel: Ein sympathisierender Pressekonzern gibt die Wochenzeitschrift *Il Sabato* heraus, die gegen alle »laizistischen« Christen wettert und sie unter dem Spottnamen »Katho-Kommunisten« durch den Brei zieht. Die Monatsschriften *Dreißig Tage in der Kirche und in der Welt,* die 1989 in sechs Sprachen veröffentlicht wurde, und *Literae Communionis,* die interne Zeitschrift von »Comunione e Liberazione«, richten sich an Leser, die bereits mit theologischen Diskussionen und der Kirchenpolitik vertraut sind. Der Verlag Editoriale Jaca Books verbreitet Texte von Führern der Bewegung, ihnen nahestehenden Theologen und sämtliche Schriften – mögen sie auch auf den ersten Blick gänzlich außerhalb des geistigen Horizontes dieser Bewegung stehen –, die sich in irgendeiner Weise für eine katholische Kultur des Bruchs mit dem Laizismus ausschlachten lassen.

Die außerordentliche Flexibilität der gesellschaftlich engagierten Organisationen von »Comunione e Liberazione« beruht auf der Existenz eines »harten Kerns« elitärer Strukturen, in denen vom einzelnen ein Höchstmaß an persönlichem Einsatz verlangt wird und in denen sich die Führungsriege versammelt: der »Bruderschaft« von »Comunione e Liberazione« und der Vereinigung »Memores Domini«. Letztere besteht aus Laien, die ihr Leben Gott geweiht und sich zur Keuschheit verpflichtet haben und auf beispielhafte Weise die christliche Botschaft »in der Welt« bezeugen. Sie leben entweder allein oder in Ordensgemeinschaften und sind das wichtigste Bindeglied zwischen der Bewegung im engeren Sinne und deren sozialem Betätigungsfeld. Die Bruderschaft ihrerseits besteht aus Erwachsenen, die schon im Berufsleben stehen und von dem Führungsgremium ausgewählt werden. Ihr Vorsitzender auf Lebenszeit ist Don Giussani. Innerhalb dieser hochstabilen Organisationsstruktur wird der Grundkurs sämtlicher Satellitenorganisationen von »Comunione e Liberazione« festgelegt. 1982 gewährt der Vatikan »Comunione e Liberazione« entsprechend dem kanonischen Recht den Status einer religiösen Laienbewegung.

Das vielfältige Engagement von »Comunione e Liberazione« in der italienischen Gesellschaft, die Überzeugungs- und Anziehungskraft, die ihre Botschaft auf viele orientierungslose italienische Katholiken ausübt, und schließlich die große Nähe (auch ideologischer Art) zu einigen Vertrauten des Papstes, wie den Kardinälen Ratzinger und Lustiger, die den Wunsch dieses Pontifikates nach einer »neuen Evangelisierung« verkörpern, hat der Bewegung zahlreiche Feindschaften eingetragen. Diejenigen Strömungen des italienischen Katholizismus, die eine Rechristianisierung durch Bruch mit den säkularen Grundlagen der Gesellschaft für nicht möglich halten und die ebenfalls über gute Kontakte zum Vatikan verfügen, sind empört über die intellektuelle Rufmordkampagne, die namentlich von den Kolumnisten der Zeitung *Il Sabato* gegen sie entfesselt wird.

Hinzu kommt, daß viele italienische Bischöfe an einer Bewegung Anstoß nehmen, die die katholischen Laien ohne Mitwirkung der Diözesen und Pfarrgemeinden zusammenführt und in deren Verlautbarungen häufig ein »antiklerikaler« Unterton mitschwingt. In einer kleinen Schrift mit dem Titel *Laie, das heißt Christ,* die in sechs Sprachen übersetzt wurde, kritisiert Don Giussani, daß die institutionelle Kirche ohne die lebendige Kraft des Charismas verknöchere, und er beschuldigt einige Bischöfe, »das Charisma zu ersticken«.[42] Die zurückhaltende Reaktion der betroffenen Geistlichen auf diese Vorwürfe erklärt sich wohl aus einer klugen Vorsicht gegenüber einer Bewegung, die direkten Zugang zu den höchsten Stellen des Vatikans hat. Doch beim »Treffen zur Förderung der Völkerfreundschaft« im August 1989 sorgt eine Affäre für neuen Zündstoff in der Auseinandersetzung zwischen kirchlichen Würdenträgern und Anhängern von »Comunione e Liberazione«, in der sich diesmal ein Richtungsstreit innerhalb der Democrazia Cristiana fortsetzt. Dabei gerät »Comunione e Liberazione« in arge Bedrängnis und muß einen taktischen Richtungswechsel vornehmen.

Unmittelbarer Anlaß für diese Affäre sind angebliche Unregelmäßigkeiten bei einer Genossenschaft für Mensabewirtung mit dem Namen La Cascina[43], die von der »Compagnia delle Opere« in Rom gegründet wurde. Die Bewegung sah darin eine vorbildliche soziale Dienstleistung, die einem dringenden und starken Bedürfnis entsprach und zwei Fliegen mit einer Klappe schlug: Man versorgte Studenten mit preisgünstigen Mahlzeiten und schuf gleichzeitig Beschäftigungsmöglichkeiten für junge Arbeitslose. Doch die politischen Gegner des »Movimento popolare« erhoben gegen die Genossenschaft den Vorwurf, vom Bürgermeister der italienischen Hauptstadt, einem christdemokratischen Gefolgsmann von Ministerpräsident Giulio Andreotti, gesetzeswidrige Vergünstigungen und Subventionen erhalten zu haben. Übrigens ist Andreotti, der beim Treffen von 1989 als Stargast begrüßt wurde, das Idol der Jugendlichen von »Comunione e Liberazione«.

Front gegen »Comunione e Liberazione« machten diesmal nicht nur deren traditionelle Gegner, etwa die kommmunistische Partei, sondern auch der gesamte »linke« Flügel der Democrazia Cristiana sowie einige Teile des Vatikans, vor allem der Herausgeber des *Osservatore Romano,* der offiziellen Tageszeitung des Heiligen Stuhls. Die römische Sektion des »Movimento popolare« ging in die Gegenoffensive mit einem Weißbuch[44], das sie während der Rede Andreottis beim Freundschaftstreffen 1989 an die Teilnehmer verteilte. Dieser Text erging sich in derart unerhörten Anschuldigungen und Verbalinjurien gegen einige Gruppen des Klerus, daß der Vatikan diesen etwas allzu selbstsicheren Klassenbesten, die es gegenüber den Kirchenoberen an . . . christlicher Nächstenliebe hatten fehlen lassen, öffentlich einen Verweis erteilte. Aus Protest ließ die Redaktion des Wochenblattes *Il Sabato* deren nächste Nummer aus lauter weißen Seiten bestehen; zudem kam es im Gefolge dieser inneren Krise zu mehreren Kündigungen. In den folgenden Monaten zog sich die Bewegung systematisch aus der Politik zurück, um sich wieder stärker dem sozialen Bereich zuzuwenden. Die Rechristianisierung »von oben« hatte zu unerwarteten negativen Konsequenzen geführt, so daß man sich wieder vorrangig um die Aktivierung »von unten« bemühte.

»Comunione e Liberazione« ist und bleibt im europäischen Katholizismus der letzten fünfundzwanzig Jahre ein einzigartiges Unternehmen. Ihre große Anhängerschaft, ihre Fähigkeit, die Rechristianisierung zuerst von unten und dann von oben durchzuführen und sich beim Auftauchen eines übermächtigen Hindernisses gegen ihr Apostolat wieder ganz auf die soziale Basisarbeit zurückzuziehen, haben nicht ihresgleichen. Die aus der spezifischen Mailänder Situation entstandene Bewegung, die die »ambrosianische«[45] Tradition des sozialen Katholizismus fortführt und erneuert, hat trotz umfangreicher Anwerbungskampagnen im Ausland nur recht unbedeutende Ableger hervorgebracht. Wenn ihre Führer auch große Hoffnungen auf die Tschechoslowakei, auf Polen und Belgien setzen, so bleibt allerdings Frankreich ein »Missionsgebiet« – wie Don Giussani betrübt feststellt.[46]

Zwischen charismatischer Erneuerung und Schulstreit: das Beispiel Frankreich

Mitte der siebziger Jahre entstand in Frankreich eine bedeutende Rechristianisierungsbewegung, die jedoch fast ausschließlich aus zahlreichen basisnah arbeitenden Gruppen zur »charismatischen Erneuerung« bestand. Diese konnten oder wollten sich aber weder sozial noch politisch in größerem Umfang engagieren.

Die Ursprünge der »charismatischen Erneuerung« im zeitgenössischen europäischen Katholizismus liegen in Amerika. Denn den späteren Gründern dieser Gruppe dienten zu Beginn der siebziger Jahre gewisse von der protestantischen Pfingstbewegung[47] beeinflußte Strömungen des amerikanischen Katholizismus als Vorbilder, denen sie wichtige Anregungen verdanken. Bei allen nach dieser »Erneuerung« strebenden Gläubigen steht am Anfang das Gefühl oder der Wunsch nach einer vom Heiligen Geist vermittelten persönlichen Beziehung zu Gott, die sich über ein unbegreifliches emotionales Schockerlebnis herstellt. Der Heilige Geist »steigt hernieder« zu jenen, die er ohne Ansehen ihres Status als Laien oder Kleriker, ihres Bildungsniveaus und ihrer Schichtzugehörigkeit auserwählt hat. Er beschenkt sie mit den »Gaben des Geistes« – den Charismen –, deren eindrucksvollste die »Zungenrede« und die Fähigkeit zu Wunderheilungen darstellen.

Diese erneuerte, ekstatische Konzeption des katholischen

Glaubens hat in Frankreich ab 1975 beträchtliche Resonanz gefunden. »Man schätzt, daß die charismatische Erneuerung zur Zeit (1987) 200 000 Menschen regelmäßig oder punktuell durch Tagungen und Exerzitien erreicht«, schreibt die Soziologin Danièle Hervieu-Léger.[48] Diese zahlreichen Anhänger verteilen sich auf eine Vielzahl von Gebetsgruppen (fast 1000), die teilweise zu größeren Gemeinschaften gehören. Ihre Einstellungen, Zielsetzungen und Lebensformen sind außerordentlich heterogen. Die Mitglieder mancher Gruppen leben in Wohngemeinschaften in der Stadt oder auf dem Land (mitunter in ehemaligen Klöstern, die im Gefolge der klerikalen Nachwuchskrise aufgegeben wurden), während andere Gruppen sich damit begnügen, ihre Mitglieder, die nach außen hin ein ganz gewöhnliches »weltliches« Leben führen, regelmäßig zu versammeln. Manche Gemeinschaften, etwa »Löwe von Juda« haben sich auf Wunderheilungen »spezialisiert«, andere auf die Betreuung geistig Behinderter (die »Arche«), gesellschaftlicher Randgruppen (»Berdine«) oder der Vierten Welt (»Brot des Lebens«).[49] In Frankreich hat die Anwerbung neuer Mitglieder vor allem unter jungen Menschen mit höherer (meistens Universitäts-)Bildung großen Erfolg, denn diese haben »einerseits die Ideale des Fortschritts tief verinnerlicht, sind andererseits aber auch wirtschaftlich und sozial die Hauptleidtragenden des Zusammenbruchs jener unerschütterlichen Wachstumsgewißheit, die sich Ende der sechziger Jahre als fromme Illusion enthüllte«.[50]

Die Erneuerung der katholischen Identität erfolgt hier ausschließlich im Rahmen einer Rechristianisierung »von unten«. Die charismatische Bewegung strebt einen Sinneswandel des einzelnen an, seine innere Bekehrung zu Christus. Die Anhänger richten ihr Leben »wie die Urchristen« ganz nach dem Evangelium aus und bemühen sich, die Worte Jesu genauestens zu befolgen. Wer sich stark karitativ engagiert, tut dies nicht innerhalb eines sozialen Unternehmertums nach Art der »Compagnia delle Opere« von »Comunione e Liberazione«.

Und was die »Erneuerung« betrifft, so gibt es in Frankreich nichts, was mit dem italienischen »Movimento popolare« vergleichbar wäre, selbst wenn einige der mächtigsten Gemeinschaften beginnen, in politischen und Finanzkreisen Kontakte zu knüpfen, um sich dort Sympathien und Unterstützung zu sichern.

Allerdings hegen einige Leute in Frankreich den Wunsch, die Rechristianisierung »von unten« möge einmal zu einer Revision des Grundsatzes der Trennung von Kirche und Staat führen, wie er in dem entsprechenden Gesetz von 1905 niedergelegt ist. Der Episkopat unter Führung der Erzbischöfe von Lyon und Paris, der Kardinäle Decourtray und Lustiger, möchte den Katholizismus aus seiner staatlich verordneten Verbannung in die Privatsphäre befreien und ihm den geforderten »Status des öffentlichen Rechts« zurückgeben.[51] So betrachtet, ist die Lebensweise der mächtigsten charismatischen Gemeinschaften ein Vorbild für die Infragestellung des Laizismus nach französischem Muster. Denn diese praktizieren eine Lebensform, die radikal mit der Logik des Laizismus bricht und an der Basis eine »christliche« Gemeinschaft neu aufbaut. Doch zumindest bis 1990 haben die charismatischen Gruppen die Bischöfe in diesem Kampf nicht sonderlich unterstützt und es vorgezogen, ihrer eigenen Form des individuellen und sozialen Apostolats zu folgen, ohne dabei mit den staatlichen Organen in Verbindung zu treten.

Die größten Erfolge hat der Episkopat in den Auseinandersetzungen um das Schulwesen erfochten. Die Demonstrationen für den Fortbestand der Privatschule 1984, die die Regierung damals zur Zurücknahme ihres Gesetzesvorhabens zwangen, haben gezeigt, daß die Bildungseinrichtungen, in denen der Übergang von einer Wertevermittlung durch die Familie zur Enkulturation in die Gesellschaft vor sich geht, einen Bereich darstellen, den die Kirche nicht einfach dem bekenntnisneutral gestalteten Staat überlassen wollte. Der Erfolg dieser bedeutendsten Demonstration seit dem Mai '68 bewies auch, daß die Politik der Rechristianisierung, wenn es um Schulfragen geht, eine große Zahl von Katholiken mobilisieren konnte, die für andere Streitpunkte, wie etwa die Ablehnung der Geburtenkontrolle, nicht auf die Barrikaden gehen würden.

Der Kampf für einen »Status des öffentlichen Rechts« des Christentums ging im Herbst 1989 mit der Affäre um den »islamischen Schleier« in eine neue Runde. Die Bischöfe (wie übrigens auch die Großrabbiner) erklärten sich mit den Reislamisierungsbewegungen solidarisch, die für die muslimischen Mädchen das Recht forderten, auf der Realschule einen Schleier zu tragen. Die Anhänger der Reislamisierung, der Rechristianisierung und der Rejudaisierung verbündeten sich gegen die Grundregel des Laizismus, nach der die Religionszugehörigkeit eine Privatangelegenheit ist und in einem öffentlichen Ort wie der Schule nichts zu suchen hat. Sie wollten die Trennung von Kirche und Staat auf eine neue rechtliche Grundlage stellen, die ihnen öffentliche Betätigung erlauben sollte, auch wenn diese zunächst noch auf bestimmte Institutionen, wie die Schule, beschränkt sein sollte.

Im Unterschied zu Italien, wo »Comunione e Liberazione« und ihre Ableger dank einer in sich schlüssigen Strategie gleichzeitig eine Rechristianisierung »von unten« und »von oben« durchführen konnten, bietet Frankreich in dieser Beziehung ein viel weniger geschlossenes Bild. Die unzähligen Gebetsgruppen und charismatischen Gemeinschaften, deren Anhänger in ihrem Alltagsleben mit dem »säkularen« gesellschaftlichen Umfeld brechen, suchen »in der Welt« nichts anderes zu erreichen, als durch eifrige Werbung neuer Anhänger ihre Gemeinschaftsstrukturen weiter auszubauen. Es handelt sich um eine auf sehr lange Sicht angelegte Rechristianisierung »von unten«, die nicht von einem der »Compagnia delle Opere« vergleichbaren sozialen Unternehmertum getragen wird. Zudem tanzen die »Söhne des Lichts« nicht einfach nach der Pfeife eines Episkopats, dessen Führer die gesellschaftlichen Bereiche und Institutionen nur nach und nach rechristianisieren wollen.

Die Erfolge dieser Politik beruhten auf momentanen, schon bald wieder erlahmenden Mobilisierungen von Katholiken, wie etwa 1984, oder auf Bündnissen mit anderen, muslimischen oder jüdischen Bewegungen, die ebenfalls schnell wieder auseinanderbrachen, wie im Herbst 1989. Solche Grundlagen waren weitaus unbeständiger und unzuverlässiger als die Organisationen von mehreren hunderttausend Sympathisanten, die Don Giussani für das Apostolat gewonnen hatte. Doch abgesehen von den Unterschieden in der sozialen Vernetzung, in der politischen Kultur und der katholischen Tradition zwischen diesen beiden romanischen Nachbarstaaten, fällt die Rechristianisierung in ihren vielfältigen Spielarten in eine ähnliche historische Phase. Sie geht zurück auf eine Krise, die in den siebziger Jahren das Gesicht des europäischen Kapitalismus verändert hat, auf die Hilflosigkeit, mit der viele auf die gesellschaftlichen Umwälzungen und das Verschwinden früherer Solidaritäten, alter Wertvorstellungen und der optimistischen Epoche der »glorreichen dreißig Jahre« reagierten – deren katholisches Spiegelbild das Zweite Vatikanum war.

Auf den Trümmern des Kommunismus

Die Woge der Rechristianisierung erfaßte nicht nur Westeuropa, sondern auch Osteuropa. Dort hat sie in den letzten zwei Jahrzehnten der kommunistischen Herrschaft maßgeblich zu deren Zusammenbruch beigetragen.

Die Wahl eines polnischen Kardinals zum Papst im Herbst 1978 muß der katholischen Kirche im Rückblick wie ein Akt »prophetischer Weitsicht« erscheinen. Als Karol Wojtila 1979 zum erstenmal nach seiner Wahl zum katholischen Oberhirten seine Heimat besucht, verkündet er: »Dieser Papst kommt, um vor der ganzen Kirche, vor Europa und vor der Welt von diesen allzuoft vergessenen Staaten und Bevölkerungen zu sprechen. Er kommt, um sich mit lauter Stimme zu empören.«[52] Das war für eine Kirche, die man damals »Kirche des Schweigens« nannte, schon ein gewaltiger Kraftakt. Doch nur wenige dachten, daß der Papst noch selbst erleben würde, wie mit dem Zusammenbruch des kommunistischen Systems in Polen, dem Niederreißen des Eisernen Vorhangs und der Aufnahme der Nationen, die seit 1945 das »andere Europa« verkörpert hatten, in das gemeinsame europäische Haus die in seiner Predigt ausgedrückten Hoffnungen sich erfüllen würden.

In der Tschechoslowakei, wo die Kirche in den vier Jahrzehnten kommunistischer Herrschaft unter schweren Verfolgungen zu leiden hatte, galt nach der »sanften Revolution« die erste offizielle Einladung des neuen Präsidenten Václav Havel Johannes Paul II. Und es hatte ja wirklich etwas Unglaubliches, mitzuerleben, wie der Papst im Frühjahr ein Land besuchte, dessen Diözesen noch ein halbes Jahr zuvor größtenteils verwaist gewesen waren, weil der Staat die Besetzung der vakanten Bischofssitze untersagt hatte. Am 21. April 1990 erschallte aus sämtlichen Lautsprechern, die ursprünglich zur Verbreitung der kommunistischen Propaganda an zahlreichen Straßenkreuzungen Prags installiert worden waren, die feierliche Messe, die Johannes Paul II. auf der Anhöhe zelebrierte, auf der noch kurze Zeit zuvor eine riesige, die Stadt überragende Leninstatue gestanden hatte.

Im Letna-Park, in den man die »Volksmassen« busseweise herangekarrt hatte, damit sie den Staatschefs der »Bruderländer« zujubelten, wohnte trotz strömenden Regens eine unübersehbare Menge von Katholiken der Messe bei. Doch mochten nochmal so viele Menschen einfach aus Neugierde erschienen sein. Entgegen ihren Erwartungen konnte die neugegründete christdemokratische Partei, für die sich sogar der tschechoslowakische Primas in einem Hirtenbrief einsetzte, bei den Parlamentswahlen im Juni 1990 keinen triumphalen Erfolg erzielen. Ja die »katholische Partei« mußte sich mit einem Stimmenanteil abfinden, der geringer war als der der Kommunisten. Unangefochtener Wahlsieger war das Bürgerforum, für das auch zahlreiche Katholiken gestimmt hatten.

Und doch schien dieser Abschied vom Kommunismus eine hervorragende Gelegenheit zu sein, um in diesen vierzig Jahre lang vom Totalitarismus geknechteten Ländern eine massive Rechristianisierung in Angriff zu nehmen. Die Voraussetzungen waren auch deshalb so günstig, weil die Kirche die einzige Zufluchtsmöglichkeit vor dem übermächtigen Staat/der Partei gewesen war, wie in Polen, oder ein Martyrium durchlitten hatte, das ihr eine moralische Legitimität verlieh, wie in der Tschechoslowakei. Darüber hinaus besteht das ideologische Ziel der Rechristianisierung – wie es etwa Kardinal Ratzinger definiert – ausdrücklich in einer Überwindung des Kommunismus. Man begnügt sich nicht mehr, wie früher, mit seiner bloßen Verdammung, sondern sieht in ihm die konkrete Verwirklichung des Totalitarismus, die Negation der Freiheit und der Menschenrechte, die sich notwendig aus der Verneinung der Existenz Gottes ergibt. Ja als unvermeidliche Vollendung der Aufklärung und stärkstes Argument gegen sie ist der Kommunismus der Beweis ex negativo für die Notwendigkeit der Rechristianisierung.

In den Ländern Westeuropas war die Rechristianisierung zunächst eine Reaktion auf die Gesellschaftskrise Mitte der siebziger Jahre. Sie übernahm im konkreten Alltagsleben die Aufgabe jener Gemeinschafts- und Solidaritätsstrukturen, die in den säkularen Utopien des Industriezeitalters keinen Platz mehr hatten. Im »anderen Europa« verlief dieser Prozeß etwas anders. Bis zum Zusammenbruch des Kommunismus 1989 hat die polnische Kirche die Einheit einer in sich zersplitterten Zivilgesellschaft gegenüber dem Staat gewährleistet, und auch in der Tschechei und vor allem in der Slowakei gab es schon vor der »sanften Revolution« einige Formen der Rechristianisierung »von unten«.

Doch mit der Abhaltung freier Wahlen und der schrittweisen Einführung der Marktwirtschaft hat der Wunsch nach Demokratie über die Sehnsucht nach transzendenter Geborgenheit, das Bedürfnis nach freier individueller Meinungsäußerung über die Bindung an geoffenbarte Wahrheiten triumphiert – um so mehr, als man vierzig Jahre lang anderen, ebenso fraglos gültigen »Wahrheiten« ausgeliefert gewesen war. Selbst in der erzkatholischen Slowakei hat das Gerücht, nach einem Sieg der Christdemokraten müsse in sämtlichen Klassenzimmern und an allen Arbeitsplätzen ein Kruzifix aufgehängt werden – so wie man früher ein Bild von Stalin aufhängen mußte –, viele gute Christen davon abgehalten, dieser Liste ihre Stimme zu geben.

Und auch in Polen stellte so mancher noch vor dem Ende des Kommunismus die Frage, ob in diesem Land, wenn es »die Freiheit seines politischen Lebens« wiedererlangen würde, »seine wundervolle geistige Spannung erhalten bliebe«, ob »das, was als Reaktion auf die gefährliche Herausforderung des Totalitarismus entstanden ist [...] sich in dem Moment auflösen würde, wo diese Herausforderung verschwindet«.[53] Diese hypothetische Überlegung wurde 1989 Wirklichkeit; der neue Premierminister, Tadeusz Mazowiecki, ist ein katholischer Intellektueller, der sich jedoch nicht zum willfährigen Instrument einer Politik der Rechristianisierung von oben machen läßt. Einige seiner Freunde werden gegen den Widerstand des Episkopats, das Gegenkandidaten unterstützte, ins polnische Parlament gewählt. Und in der Auseinandersetzung, die im Sommer 1990 zwischen dem Premierminister und dessen früherem Weggefährten Lech Walesa entbrennt, wird dieser die Regierung beschuldigen, eine »linke« Politik zu betreiben, das heißt, sich an Prinzipien zu orientieren, die seiner Meinung nach nicht sehr katholisch sind.

Um zu verstehen, wie sich die Loslösung der osteuropäischen Staaten mit katholischer Kultur vom Kommunismus auf die Rechristianisierung auswirkt, muß man zunächst auf die Entstehung des polnischen Modells zurückkommen, das wir anschließend mit der konkreten Entfaltung der katholischen Sozialisation in der Tschechei vergleichen werden.

Das polnische Modell und seine Widersprüche

Die Zugehörigkeit zum katholischen Glauben ist durch die ganze Geschichte hindurch eines der Grundelemente der polnischen Identität. Zwischen dem protestantischen Preußen im Westen und dem orthodoxen Rußland im Osten, die das Land zweimal geteilt haben, hat Polen als Nation nur dadurch überlebt, daß es seinen katholischen Glauben zu einem kulturellen Bollwerk machte. Die Eroberung durch Nazi-Deutschland im Jahre 1939 und die sowjetische Herrschaft nach dem Krieg passen in dieses geopolitische Grundmuster. Doch in beiden Fällen begnügten sich die Invasoren nicht mit Gebietsabtretungen, sondern zwangen dem Land ihr eigenes totalitäres Herrschaftsmodell auf.

Die Nazis betrieben nicht nur die planmäßige Ausrottung der Juden, sondern auch die systematische physische Vernichtung der kulturellen Eliten Polens. Die russischen Kommunisten besetzten somit ein Land, in dem es keine Intellektuellenschicht mehr gab, und den Zugang zu den Universitäten erlaubten sie fast ausschließlich den ihnen ergebenen »neuen Menschen«. So blieb nur eine organisierte Gruppe übrig, die sich auf nichtsozialistische Wertvorstellungen berief und diese aktiv weitervermittelte: der katholische Klerus. Nach einem Jahrzehnt, in dem die Machthaber ganz offensichtlich die Institution des Katholizismus beseitigen wollten und das mit der

Inhaftierung des Primas, Kardinal Wyschinski, zwischen 1953 und 1956 seinen Höhepunkt erreichte, mußte das Regime einen Modus vivendi mit der Kirche finden. Die politische und gesellschaftliche Krise, die den Ostblock 1956 erschütterte, hatte bei den Parteiführern eine gewisse Kompromißbereitschaft gegenüber der bürgerlichen Gesellschaft geweckt, und wenn man einen relativen gesellschaftlichen Frieden suchte, der nicht ausschließlich auf Unterdrückung beruhen sollte, konnte man die Kirche nicht übergehen.

Die Kirche als Sprachrohr der Gesellschaft

Auf dem Hintergrund dieses ersten Sieges über den Totalitarismus hat die Kirche als Sprachrohr der Zivilgesellschaft Polen zum Versuchsfeld für die Rechristianisierung erkoren – und sich damit im Gegensatz zu einem Katholizismus, der angeblich nur den Widerstand gegen eine »von der Geschichte längst gerichtete« Vergangenheit verkörperte, ganz der Zukunft, der nachkommunistischen Zeit zugewandt. Diese Konzeption war insofern glaubwürdig, als damals praktisch keine andere organisierte Gegenkraft zur Formulierung antitotalitaristischer Wertvorstellungen imstande gewesen wäre.

Das zeigte sich besonders deutlich in der Affäre Nowa-Huta. Diese in den fünfziger Jahren errichtete, mehrere Hunderttausend Einwohner zählende Arbeiterstadt war, wie ihr Name schon sagt (der soviel bedeutet wie »die neue Stahlhütte«), eine das neue, kommunistische Bild vom Menschen mustergültig verkörpernde Proletarierstadt. Es gab in der ganzen Stadt keine einzige Kirche, abgesehen von einer alten Kapelle, die man hatte stehen lassen. Dort versammelten sich zur Sonntagsmesse mitunter bis zu 10 000 Gläubige. 1957 stellte das Regime schließlich ein Grundstück für den Bau einer Kirche zur Verfügung; doch drei Jahre später ließ man dort eine Schule errichten. Erst 1968, nach zahlreichen Pressionen und Auseinandersetzungen, die sogar von Ausschreitungen in der Stadt begleitet waren, wurde die Erlaubnis zum Bau der Kirche erteilt, den die Gläubigen in Eigenregie ausführten. Nach ihrer Fertigstellung im Jahre 1977 wurde sie von dem damaligen Erzbischof von Krakau, Karol Wojtila, mit einem feierlichen Gottesdienst eingeweiht.[54] Der ein Jahr später zum Papst gewählte Kardinal hatte also das Beispiel eines hartnäckigen und schließlich von Erfolg gekrönten Kampfes um die Selbstbehauptung der katholischen Identität in einem atheistischen Staat aus unmittelbarer Nähe miterlebt.

Der Prozeß der Rechristianisierung »von unten« vollzog sich in Polen in erster Linie über die Herausbildung einer neuen Gemeinschaftlichkeit, die die Tristesse des kommunistischen Alltags mit seinen ständigen Versorgungsengpässen und seiner Perspektivlosigkeit vergessen ließ. Der Kirche gelang es, durch den Aufbau eines flächendeckenden Netzes von »Katechesezellen« (bis Ende der siebziger Jahre über 20 000), die religiöse Gleichgültigkeit der marxistisch-leninistisch indoktrinierten Jugend aufzubrechen.

Sie hat vor allem neuartige Initiativen ergriffen, die durch ein intensives Gemeinschaftserlebnis die Jugendlichen zur Abwendung vom sozialistischen Alltagsleben bewegen sollten, dem man einen in den siebziger Jahren durch massive Anleihen bei westlichen Banken finanzierten »Konsumismus der Armen« übergestülpt hatte. Wie Patrick Michel anmerkt, hat die Kirche »im Rahmen ihrer Bemühungen um eine neue Form des Glaubenslebens die Bewegung ›Oase‹ gegründet, die (1980) fast 30 000 Jugendliche in Ferienlagern zusammenführte, die über das ganze Land verteilt sind; dort wird ein Gemeinschaftsleben mit Meditationen, Gebeten und gemeinsamen Unternehmungen angeboten, das durchschnittlich zwei Wochen dauert und nach der Rückkehr der Gruppe an ihren Wohnort fortgesetzt wird.«[55]

Anders als in Italien, wo eine Bewegung wie »Comunione e

Liberazione« außerhalb, ja bis zu einem gewissen Grade sogar in bewußter Abgrenzung von der kirchlichen Hierarchie entstanden war, bilden im kommunistischen Polen Katholizismus, Kirche und Episkopat eine große Einheit. Auch wenn die Machthaber, etwa in der Tschechoslowakei, Polen und Ungarn, von ihnen gesteuerte Vereinigungen von Priestern »für den Frieden«[56] gegründet hatten, bildeten diese doch eine verschwindend geringe Minderheit, die in den Augen der Gläubigen keinerlei Legitimität besaßen. So besteht eine bruchlose Kontinuität zwischen den Strukturen der Rechristianisierung »von unten« – die die katholische Sozialisation von Jugendlichen durch Gemeinschaftserfahrungen ebenso umfaßt wie die Mobilisierung von Gläubigen zur Mitwirkung am Bau von Kirchen – bis zum Kardinal-Primas. Dieser wird zum wichtigsten Sprachrohr der Zivilgesellschaft gegenüber dem Staat und leitet die Rechristianisierung »von oben« ein, indem er an die Gewährleistung eines minimalen sozialen Friedens zahlreiche Bedingungen knüpft, wie etwa die De-facto-Anerkennung der Kirche als einer öffentlich-rechtlichen Institution.

Die Konkurrenz von Solidarnósć

Dieses katholische Modell der Rückeroberung der »Welt« erfüllt sich mit der »Revolution auf Knien« Ende der siebziger Jahre – zur selben Zeit, als das Pontifikat Johannes Pauls II. beginnt. Die mit dem Rosenkranz in der Hand gegen die »Partei der Arbeiterklasse« streikenden Gdansker Werftarbeiter, die, Choräle singend, hinter Bannern mit dem Bild der Heiligen Jungfrau einherschreiten und sich zum Gottesdienst in ihren Fabriken versammeln,[57] erscheinen damals als lebendige Verkörperung einer gelungenen Rechristianisierung »von oben«. Sie werden zum bedeutendsten politischen Gesprächspartner des Regimes und erringen mit der Legalisierung von Solidarnósć, ihrer unabhängigen, zehn Millionen Mitglieder zählenden Gewerkschaft, im August 1980 einen in der kommunistischen Welt beispiellosen Sieg.

Doch die anderthalb Jahre der legalen Existenz von Solidarnósć bis zur Ausrufung des Kriegszustandes durch General Jaruselzki am 13. Dezember 1981 haben gezeigt, daß selbst eine so geringfügige Öffnung des politischen Systems wie diese den Anspruch der Kirche, bevorzugtes Sprachrohr der Zivilgesellschaft zu sein, ernsthaft beeinträchtigte. Die Gewerkschaftsführer dominierten sehr schnell die politische Bühne und setzten alles daran, die Kirche auf eine rein »geistliche Rolle« zurückzudrängen.[58]

Erst nach dem 13. Dezember und dem Verbot von Solidarnósć konnte die polnische Kirche wieder ihre frühere Funktion gegenüber dem kommunistischen Regime wahrnehmen, und zwar bis zu dessen Auflösung im Jahre 1989.

Doch die Situation hatte sich gegenüber der Zeit vor 1980 grundlegend gewandelt: Nach den sechzehn Monaten, in denen Solidarnósć legal arbeiten durfte, war die Rechristianisierung »von oben« nicht länger die einzige überzeugende Perspektive für die nachkommunistische Ära. Doch die »relative Trennung von Kirche und Staat in der polnischen Gesellschaft«[59] während dieser kurzen Periode war nur ein Vorspiel zu einer tiefergreifenden laizistischen Umgestaltung nach dem Zusammenbruch des Totalitarismus und der Errichtung eines demokratischen Systems von 1989 an.

Künftig kann sich die Kirche um die Sozialisation derer bemühen, die durch den Übergang zur Marktwirtschaft an den Rand gedrängt werden, und sie wird in einer an die Arbeitslosigkeit, die Inflation und die wahrscheinliche Zunahme der Armut angepaßten Rechristianisierung »von unten« Möglichkeiten suchen, um die Funktion eines Sprachrohres der Zivilgesellschaft gegenüber der demokratischen Regierung so zu erfüllen, wie sie es früher gegenüber dem totalitären Regime getan hat.

Das Polen der siebziger Jahre hat auf idealtypische Weise gezeigt, wie die von der kirchlichen Hierarchie betriebene Rechristianisierung sich von »unten« nach »oben« verlagerte. Doch diese für die Kirche optimale Lage verdankt sich dem Zusammentreffen zweier Faktoren: der Bedeutung des Katholizismus für die nationale Identität und der Monopolstellung der Kirche in bezug auf die Vertretung der Interessen der Zivilgesellschaft gegenüber dem Staat. Wo diese beiden Bedingungen nicht erfüllt waren, hat die Rechristianisierung »von unten« nur Teilerfolge erzielt und anderen wichtigen Strömungen innerhalb der Kirche, die nach vierzig Jahren totalitärer Erstarrung andere Formen des katholischen Apostolats vertreten, das Feld überlassen müssen.

Das tschechische Gegenmodell

Die Lage der Kirche in der Tschechoslowakei unterscheidet sich in vielerlei Hinsicht grundlegend von der Situation der polnischen Kirche. Ungeachtet oberflächlicher Parallelen und der Überzeugung der kirchlichen Hierarchie, kurz nach dem Zusammenbruch des Kommunismus eine Rechristianisierung »von oben« durchführen zu können, hat der böhmische Katholizismus den demokratischen Überzeugungen seiner Anhänger Priorität eingeräumt vor der Bekräftigung der konfessionellen Identität. Diese Vorgehensweise zu rekonstruieren und ihre Tragweite zu erfassen heißt zunächst, auf die unerhörten Verfolgungen eingehen, denen die katholische Kirche zwischen 1948 und 1989 ausgesetzt war.

Die Tschechoslowakei ist das einzige Land des ehemaligen Ostblocks, in dem die kommunistische Partei jemals bei freien Wahlen über ein Drittel der Stimmen erhalten hat. Dieses Ergebnis aus dem Jahre 1946 ermöglichte ihr die Teilnahme an einer Koalitionsregierung und, nach dem »Prager Gewaltstreich« im Februar 1948, die politische Alleinherrschaft.[60] Schon in der zweiten Hälfte dieses Jahres »verkündete der Generalsekretär der KP, R. Slansky, daß dem ›ideologischen, politischen und administrativen‹ Kampf gegen die Kräfte der Reaktion, zu denen er insbesondere auch die Führung der katholischen Kirche zählte, absoluter Vorrang einzuräumen sei«.[61]

Im Unterschied zum benachbarten Polen aber verkörperte die katholische Kirche nicht die nationale Identität, und es fehlten ihr weitgehend die Mittel, um sich zum Sprachrohr der Zivilgesellschaft zu machen. In der Slowakei litt ihr Ansehen unter den Nachwirkungen der Kollaboration von Monsignore Tiso, dem Oberhaupt des »unabhängigen« slowenischen Staates im Krieg, mit den Nazis. Mgr. Tisos traurige Berühmtheit basierte vor allem darauf, daß er seine Zustimmung zur Deportation der großen jüdischen Bevölkerungsgruppe in die Todeslager gegeben hatte, die im Herbst 1941 begann. Obgleich die slowakischen Bischöfe gegen diese Maßnahmen[62] protestiert hatten, stand es der Kirche wohl an, sich in diesem Land in den Jahren nach dem Sieg über das Dritte Reich politische Zurückhaltung aufzuerlegen.

In Böhmen und Mähren hingegen wurde die katholische Kirche von den Nazis erbittert verfolgt: So konnte etwa der Erzbischof von Prag, Joseph Beran, der nach Dachau verschleppt worden war, sein Amt erst 1946 wieder antreten. Dennoch brachte auch dieses makellose Verhalten das tiefverwurzelte Mißtrauen gegenüber der Kirche, die 1415 in diesem Land Jan Hus exkommuniziert und verbrannt hatte, nicht völlig zum Verschwinden. In der Tschechei symbolisierte die katholische Kirche die Zerstörung der Nation und die gewaltsame Eingliederung in die österreichische Monarchie nach der Niederlage am Weißenberg.[63] Die »Rekatholisierung«, die während der Gegenreformation zur Ausmerzung des hussitischen Geistes eingeleitet wurde und bei der sich fanatische Jesuiten deutscher Sprache besonders hervortaten, indem sie dafür sorgten, daß die Scheiterhaufen nicht erloschen, machten die Kirche im allgemeinen Bewußtsein zu einem willfährigen Instrument ausländischer Interessen.[64]

Bei der Ausrufung der tschechoslowakischen Republik kurz nach dem Ersten Weltkrieg war in weiten Teilen der böhmischen Bevölkerung ein antikatholisches Ressentiment vorhanden, das sich in mehreren Plünderungen von Kirchen entlud und dazu führte, daß eine »tschechoslowakische Kirche« gegründet wurde, die sich 1920 von Rom lossagte und über 300 Priester zählte; zehn Jahre später bekannten sich schon 800 000 Gläubige zu ihr.[65] Die Beziehung zwischen der katholischen Kirche und der nationalen tschechischen Identität war also das genaue Gegenstück der Verhältnisse in Polen. In der Slowakei hingegen setzte sich ein Katholizismus »polnischen Zuschnitts« durch; er verband sich mit nationalistischen Tendenzen und wandte sich gegen die Vormachtstellung des »ungläubigen« Böhmens, dem die Siegermächte bei der Aufteilung der österreichisch-ungarischen Monarchie die Slowakei einfach zugeschlagen hatten.

Die kirchenfeindliche Politik der Kommunisten nach 1948 war in gewisser Weise die Fortsetzung einer bereits vor dem Krieg vom Staat praktizierten Vorgehensweise. Doch Masaryk und seine Freunde[66] hielten sich trotz ihres Mißtrauens, das weit hinter dem zur gleichen Zeit aufkommenden Antiklerikalismus der französischen Radikalen zurückblieb, an die demokratischen Regeln eines Rechtsstaates. Die systematische Verfolgung des Katholizismus andererseits, wie die KP sie betrieb, hatte im gesamten Ostblock nicht ihresgleichen.

1948 wurden sämtliche Vermögenswerte der Kirche verstaatlicht und der Religionsunterricht abgeschafft. Als der Staat dann 1949 eine ihm ergebene »Organisation für den katholischen Kampf« ins Leben rief, kritisierte Kardinal Beran diese Organisation in einem Hirtenbrief als »schismatische Bewegung«. Daraufhin wurde er unter Hausarrest gestellt, und erst vierzehn Jahre später durfte er das erzbischöfliche Palais wieder verlassen, um nach Rom ins Exil zu gehen. Im März 1950 wurden die meisten Superioren und Provinziale religiöser Orden wegen »Spionage und Verrat« vor Gericht gestellt und zu langjährigen Haftstrafen verurteilt. In der Nacht vom 13. auf den 14. April »drang die Polizei gewaltsam in alle katholischen Klöster der Republik ein, verhaftete die dort lebenden Mönche, Priester und Laien, die in mehreren ›Konzentrationsklöstern‹ zusammengelegt wurden [...] Man stellte die Klöster auf den Kopf, um Dokumente zu finden, die den gegen die Mönche erhobenen Vorwurf der antirevolutionären Propaganda erhärten sollten; die Klöster wurden ausgeplündert und völlig verwüstet, ohne daß man irgendein belastendes Dokument gefunden hätte.«[67] Sämtliche religiösen Orden wurden verboten, und die Bischöfe wurden verhaftet und zu Gefängnisstrafen von bis zu zwanzig Jahren verurteilt – während zugleich die von einem exkommunizierten Priester geleitete »Friedensbewegung des katholischen Klerus« der »katholische« Gesprächspartner des Regimes wurde.

Unter der Sonne Satans

Die Zerstörung der äußeren, sichtbaren Struktur der tschechischen Kirche hatte furchtbare menschliche Folgen für die Tausende von Priestern, Nonnen und Mönchen, die in Arbeitslagern verschwanden, in Gefängnissen verschärften Haftbedingungen unterlagen oder auch die Erlaubnis erhalten hatten, ihr

Priesteramt auszuüben, doch dabei scharf von der Polizei überwacht wurden. Durch die Verfolgungen wurden die Kontakte zwischen dem basisnahen Klerus und den entweder selbst inhaftierten oder unter Hausarrest gestellten Kirchenoberen sowie zwischen diesen und dem Vatikan außerordentlich stark eingeschränkt. Doch dieses Martyrium, das für viele Betroffene das Schicksal des christlichen Märtyrers zur persönlichen Lebenswirklichkeit werden ließ, ermöglichte den Aufbau einer »inneren Struktur« der Kirche. Im Gegensatz zur Überheblichkeit der Rekatholisierung in früherer Zeit, zum barocken Prunk und Luxus der Gegenreformation, und weit entfernt von den bischöflichen Palais, reifte in Gefängniszellen und Arbeitslagern eine Generation von Theologen der Verzweiflung heran, für die der Katholizismus einen neuen Sinn bekam. Auf dem Zweiten Vatikanischen Konzil wird Kardinal Beran, den man nach vierzehnjährigem Hausarrest nach Italien ins Exil geschickt hatte, erklären: »In meinem Land scheint die katholische Kirche für ihre Fehler und für die vor langer Zeit in ihrem Namen begangenen Sünden gegen die Religionsfreiheit büßen zu müssen: für die Verbrennung des Priesters Hus im 15. Jahrhundert und für die gewaltsame Bekehrung eines großen Teils des tschechischen Volkes zum Christentum.«[68]

Pater Joseph Zverina, der zwischen 1952 und 1964 im Gefängnis saß, erklärt, daß unter diesen Bedingungen, wo nicht nur das Feiern des Gottesdienstes, sondern auch die tätige Nächstenliebe unmöglich war, die einzige Ausdrucksform des katholischen Glaubens in der »Innerlichkeit des geistigen Lebens bestand. Das war keineswegs ein mentaler Eskapismus, sondern eine Frage von Leben und Tod, die Grundlage unseres Widerstandes«. Diese in Zverina und seinen eingesperrten Glaubensbrüdern lebende Kirche ist nicht »stumm«, sondern »schweigend«, nicht »in Höhlen verborgen«, sondern »der Sonne des . . . Satans« ausgesetzt! Zverina setzt seine ganze Kraft dafür ein, seinem Zellennachbarn abends über Morsezeichen die theologische Dogmatik beizubringen.[69] Doch obgleich die inhaftierten Priester und Ordensleute diesen ihre katholische Identität verbürgenden Glauben im Herzen bewahren, lernen sie in der Welt des Gefängnisses politische Häftlinge verschiedenster weltanschaulicher Orientierungen kennen – darunter auch viele Ungläubige, ja sogar von der jeweiligen offiziellen Parteilinie »abweichende« Kommunisten. Die Erkenntnis, daß die Unterdrückungsmaßnahmen des totalitären Apparats sich gegen alle oppositionellen Gruppierungen richten, veranlaßt viele dazu, sich als Christen für alle Menschen, auch für die Atheisten einzusetzen; andere Katholiken wiederum bemühen sich, kleine Netze der Rechristianisierung »von unten« aufzubauen, um die am Rande des kommunistischen Systems stehenden Gläubigen christlich zu sozialisieren.

Diese Netze werden zunächst von Laien geknüpft, da sie von der Polizei weniger schikaniert werden als die Priester. In den fünfziger Jahren beginnen einige katholische Familien, die in gehorsamer Erfüllung des biblischen Gebots zahlreiche Kinder gezeugt haben, miteinander in Kontakt zu treten, um den Religionsunterricht für ihren Nachwuchs zu organisieren. Sie möchten in christlichem Geist zusammenleben und ihre Identität stärken, um sich radikal von dem heraufziehenden kommunistischen Gesellschaftssystem abzusetzen. Zunächst nimmt man sich allgemein der Probleme kinderreicher Familien in einer sozialistischen Gesellschaft an. Dazu bemerkt eine der Gründerinnen dieser Bewegung: »Kinderreiche Familien gab es nur unter Katholiken und Zigeunern . . .«[70] Da die letzte Gruppe einer anderen kulturellen Sphäre angehört, blieb nur die christliche Familie übrig, deren Erkennungszeichen vier oder mehr Kinder waren. Durch die Errichtung eines »Vereins kinderreicher Familien«, der ein Netzwerk »horizontaler« gegenseitiger Lebenshilfe aufbaute, wurde eine »christliche Gesellschaft« en miniature verwirklicht. Insgeheim und damit unter sehr erschwerten organisatorischen Bedingungen richtete man Sommerferienlager für die Kinder ein und bastelte mehr schlecht als recht einige Broschüren zusammen, die man untereinander weitergab. In diesem ersten katholischen *Samizdat* wollte man den Kindern Wertvorstellungen vermitteln, die im Gegensatz standen zur herrschenden Ideologie des dialektischen Materialismus und ein »christliches Weltbild« auszeichnen. Internationale Kontakte etwa mit der ökumenischen Gebetsgemeinde von Taizé in Frankreich und finanzielle Zuwendungen aus Deutschland erleichterten in den sechziger Jahren die Fortführung des Projektes.

Während des »Prager Frühlings«, der vom Januar 1968 bis zum sowjetischen Einmarsch in der Nacht vom 20. zum 21. August dieses Jahres dauerte, erlangte die katholische Kirche für kurze Zeit die Freiheit zurück, die ihr zwanzig Jahre lang vorenthalten worden war. Ordensleute und Priester, die ihre Strafe noch nicht ganz abgesessen hatten, wurden freigelassen; die im Untergrund arbeitenden katholischen Organisationen konnten sich koordinieren, und Informationen konnten ungehindert ausgetauscht werden.[71] Die Katholiken waren jedoch eher »passive« Nutznießer dieses Frühlings als Akteure der Revolution, da diese vor allem von den einen »Sozialismus mit menschlichem Antlitz« anstrebenden Kommunisten um Dubček getragen wurde.

Rechristianisierung »von unten« oder demokratische Opposition?

Während der »Normalisierung« nach dem August 1968 schlägt das Regime wieder die alte, feindselige Gangart gegenüber der Kirche ein. Das zeigt sich besonders daran, daß der während der Revolution kaltgestellte Karel Hruza – dessen Name auf tschechisch soviel bedeutet wie »Terror« – in seine frühere Funktion als Leiter des Sekretariats für Religionsangelegenheiten zurückkehrt. Doch an die Stelle der brutalen Verfolgungen der ersten zwanzig Jahre, die dem einzelnen das Rückgrat brechen sollten, tritt während der zweiten Hälfte der kommunistischen Herrschaft nun eine Politik der Erpressung, der Drohung und Einschüchterung gegenüber einem gealterten und zum Teil von der ständigen Repression zermürbten Klerus.

Die neue Vereinigung von »systemkonformen« Priestern, die das Regime 1970 gründet und die unter dem Namen *Pacem in Terris*[72] firmiert, schafft es langfristig, fast ein Drittel aller Geistlichen (darunter – mit Ausnahme von Kardinal Tomašek, dem Nachfolger von Erzbischof Beran – alle Bischöfe) unter ihrem Banner zu vereinen. Zur gleichen Zeit nimmt der Vatikan, der sich bemüht, die noch vorhandenen Strukturen der »sichtbaren Kirche« im Osten zu bewahren und die kirchliche Hierarchie wieder aufzubauen, im Rahmen seiner neuen *Ostpolitik* Verhandlungen mit den kommunistischen Machthabern auf, was zur stillschweigenden Tolerierung von *Pacem in Terris* durch Rom führt. Dazu bemerkt Jacques Rupnik: »Diese Politik bewirkt nicht, wie erhofft, die Bewahrung der Kirche, sondern gerade ihre geistige und moralische Zersetzung, die eine Kluft zwischen Klerus und Gläubigen aufreißt.«[73]

Ab Mitte der siebziger Jahre bilden sich unter jenen katholischen Laien und Klerikern, die jeden Kompromiß mit dem Regime, jeden Modus vivendi, der in ihren Augen auf einen Modus moriendi hinausliefe, ablehnen, zwei Handlungsstrategien heraus. Die einen streben nach dem weiteren Ausbau von Gemeinschaftsstrukturen, die eine Rechristianisierung »von unten« betreiben sollen und die tatsächlich einen viel größeren Umfang als vor 1968 erreichen, die anderen – in der Minderheit – engagieren sich aktiv in der außerparlamentarischen Opposition. Diese beiden Handlungsstrategien ergänzen sich zwar teilweise, doch liegen ihnen zwei unterschiedliche Vorstellungen über den Platz des Katholizismus in der Gesellschaft zugrunde, die nach dem Sturz des kommunistischen Systems in offenen Widerstreit miteinander treten werden.

Die Rechristianisierung »von unten« folgt dabei im wesentlichen dem Modell der Focolari-Gruppen (»kleine Heime«), einer Bewegung, die am Ende des Zweiten Weltkrieges in der italienischen Stadt Trento von Angehörigen des Dritten Ordens der Franziskaner, Chiara Lubich, gegründet worden war. Inmitten des Bombenterrors und der tausendfachen Agonie fragte sie sich, ob es in dieser Katastrophe und dieser völligen Zerstörung menschlicher Werte noch einen Grund zu leben und zu hoffen gebe. Sie fand diesen Grund schließlich in dem Bemühen, das Evangelium Wort für Wort nachzuleben: Daraus entstehen jene »Worte des Lebens«, die das Programm eines christlichen Alltagslebens bestimmen.

In Prag findet diese Bewegung im ersten Jahrzehnt der Normalisierung vor allem bei jungen Menschen Anklang, die kurz vor dem Abschluß ihres Studiums stehen oder gerade in das Berufsleben eingetreten sind und ein katholisches Leben außerhalb einer systemkonformen, von *Pacem in Terris* unterwanderten kirchlichen Institution führen wollen. Sie haben »das Gefühl, noch einmal die Erfahrungen der ersten Christen zu durchleben«: Sie treffen sich in den Wäldern, um hier heimlich den Gottesdienst zu feiern, und lesen gemeinsam die Heilige Schrift. Da ihnen keine Fotokopierer und Druckmaschinen zur Verfügung stehen, müssen sie, wie die mittelalterlichen Mönche in ihrem *Scriptorium,* die »Worte des Lebens« mit der Hand abschreiben und die Abschriften untereinander weiterleiten. Sie erleben eine Geistes- und Gütergemeinschaft, verleihen dem Leben außerhalb der kommunistischen Gesellschaftsordnung einen christlichen Sinn, werben mit großem Erfolg neue Anhänger, so daß sich nach Aussage eines ihrer wichtigsten Führer Ende der achtziger Jahre etwa 10 000 Haushalte an der Bewegung beteiligen.[74]

Die Ausbreitung dieser Form der Rechristianisierung »von unten« wird im Grunde nicht durch staatliche Repressionsmaßnahmen behindert. »Maria hat uns immer mit ihrem Mantel bedeckt«, sagt derselbe Führer und fügt hinzu, er habe im Unterschied zu Männern wie Havel oder Zverina (s. S. 134) nie gegen den Staat gekämpft. Zudem ist er der Ansicht, daß für die Christen »die größte Revolution nicht die im November 1989 war, sondern jene, die sich im Innern eines jeden ereignet, wenn Jesus Christus gesiegt hat und man sich entschließt, den Weg Gottes einzuschlagen«. Dieser Rückzug von der politischen Bühne dauerte jedoch, wie wir später sehen werden, nur bis zum Zusammenbruch des Kommunismus.

Während diese bewußt unpolitische Form der Rechristianisierung Gestalt annahm, beschlossen andere Christen, sich gegen die Normalisierung zu wehren und sich dabei mit jenen nicht konfessionsgebundenen Oppositionellen zu verbünden, mit denen sie sich im Gefängnis angefreundet hatten. Die Charta 77 wird von einer Gruppe tschechischer Intellektueller initiiert, die fordern, daß die UNO-Konvention über die Achtung der politischen, kulturellen und Bürgerrechte und die 1976 von der Tschechoslowakei ratifizierte Schlußakte der Konferenz von Helsinki tatsächlich angewandt werden. Ein gutes Drittel ihrer 1200 Unterzeichner sind Katholiken, etwa der Philosoph Václav Benda und die Priester Joseph Zverina und Václav Maly. Eine neue Welle von Pressionen bricht daraufhin über sie herein: Sie verlieren ihre Arbeitsplätze, werden bedroht und eingesperrt, die Priester verlieren ihre staatliche Arbeitserlaubnis und müssen schwere körperliche Arbeiten verrichten. Nachdem das Regime Kardinal Tomašek massiv unter Druck gesetzt hat, erklärt dieser in einem Kommuniqué, nicht zu den Unterzeichnern der Charta zu gehören, da sie nicht die Position der Kirche widerspiegele. Die Charta findet übrigens in der erzkatholischen Slowakei nur ein sehr geringes Echo.

In einem offenen Brief an den Kardinal macht Pater Zverina diesem heftige Vorwürfe wegen seiner Haltung. So schreibt er etwa: »Aus Ihrer Erklärung spricht nicht der Geist des Evangeliums, sondern die schändlichen Notwendigkeiten der Propaganda und der hysterischen Hexenjagd auf alle, die den Mut aufbrachten, die Einhaltung der Gesetze zu fordern.« An die

Adresse jener Christen gewandt, die sich vielleicht von einer Initiative distanzieren könnten, weil sie gemeinsam mit ungläubigen Oppositionellen, Atheisten und sogar kommunistischen Dissidenten unternommen wird, schreibt er in demselben Brief: »Gewiß gehören zu den Unterzeichnern Leute verschiedenster Art, und manche Katholiken mögen mit den Ansichten von vielen nicht übereinstimmen (doch gehören im allgemeinen gerade diese Katholiken zu jenen Leuten, die es selbst nicht fertigbringen, irgendwelche Aktivitäten im Rahmen der Gesetze zu unternehmen, aber deshalb um so schneller andere denunzieren). Aber haben die Sünder denn nicht auch das Recht, für sich selbst, für die anderen und sogar für die Kirche Gerechtigkeit zu fordern?«[75]

Diese Haltung, die Pater Zverina mit seiner Verhaftung wegen »Behinderung der staatlichen Kontrolle über die Kirche« bezahlt, unterscheidet sich nachhaltig von der Rechristianisierung »von unten«, wie die Bewegung der Focolari sie praktizierte. Im Mittelpunkt steht hier nicht der Christ, der wortwörtlich dem Evangelium folgt, indem er sich an einem »Wort des Lebens« orientiert, sondern jeder Mensch, der das Opfer von Repressionen ist – und sei er auch Atheist. Diese Einstellung findet sich vor allem bei den Priestern und Ordensleuten, die im Gefängnis saßen oder durch Verurteilung zu körperlicher Zwangsarbeit am eigenen Leibe die Lebensverhältnisse der Arbeiter kennenlernten. Pater Václav Maly, einer der Wortführer der Charta 77, oder Pater Dominik Duka, Provinzial der Dominikaner in der Tschechoslowakei, sind weitere beredte Beispiele dafür. Duka, der 1966 (heimlich) sein Noviziat beginnt und 1970 zum Priester geweiht wird, gehört zur jungen Generation von Geistlichen; bis zur Entziehung der Arbeitserlaubnis und der Zwangsverpflichtung in das Montagewerk der Skoda-Fabriken in Pilsen 1975 arbeitet er als Pfarrer in einer kleinen Gemeinde. Er ist ein »Arbeiterpriester«, allerdings in einem ganz anderen Sinne als dem, den man in den fünfziger Jahren in Frankreich mit diesem Ausdruck verband.[76] Hier nimmt er Kontakt zu Studenten auf und organisiert in den sechs folgenden Jahren private Seminare über christliche Philosophie und Theologie. Außerdem bereitet er Novizen auf ihre spätere Priestertätigkeit vor.

1981 wird er verhaftet und zu einer fünfzehnmonatigen Gefängnisstrafe verurteilt. Er teilt seine Zelle mit Vačlav Havel und freundet sich mit den anderen inhaftierten Unterzeichnern der Charta 77 an. Für ihn ist diese Zeit »ein zweites Noviziat«[77] und zumindest ebenso wichtig wie das erste.

Wenn Duka einerseits Gefangene tauft, bei denen sein Zellengenosse als Taufpate fungiert, so ist er andererseits doch auch von der Bedeutung des Dialogs mit den Nichtkatholiken überzeugt.

Der Mißerfolg der Christdemokraten

Beim Zusammenbruch des kommunistischen Regimes im November 1989 spielt Kardinal Tomašek, der während des Pontifikats von Johannes Paul II. den kommunistischen Machthabern sehr viel entschiedener entgegentrat als während der Amtszeit von Paul VI., eine wichtige Rolle als moralische Autorität. Am 21. November verurteilt er die gewaltsame Auflösung einer Studentendemonstration, die einige Tage zuvor stattgefunden hatte; Mitte Dezember widersetzt er sich einem letzten, verzweifelten Schachzug der KP – die vorschlägt, den Präsidenten durch eine Volksabstimmung zu wählen – und erklärt seine Unterstützung für Václav Havel, wodurch sich das Kräfteverhältnis endgültig zugunsten des Dramatikers und des von diesem geleiteten Bürgerforums verschiebt.

In den Monaten nach der Einführung eines demokratischen Systems in der Tschechoslowakei kommt es jedoch unter den Katholiken zu beträchtlichen Meinungsverschiedenheiten über die richtige Form des politischen Engagements. In der

Übergangsregierung sind mehrere Katholiken vertreten, und für die Wahlen, die im Juni 1990 stattfinden sollen, eröffnen sich ihnen zwei Optionen. Entweder man kandidiert unter dem Dach des Bürgerforums, was die Bündnisse stärkt, die innerhalb von Initiativen wie der Charta 77 geschlossen wurden, oder man bildet eine unabhängige »christliche« Liste.

Die Bischöfe und hinter ihnen ein vom »polnischen Modell« überzeugter Vatikan entscheiden sich für die zweite Lösung und unterstützen die Bildung eines »christdemokratischen Bündnisses«; dort sitzen katholische Unterzeichner der Charta 77 neben Mitgliedern der »katholischen« Blockpartei, die vierzig Jahre lang das kommunistische Regime gestützt hat und ihre mangelnde Legitimität durch die Einbringung ihrer vielen Gebäude, Druckereien usw. wettzumachen sucht. Das Bündnis hofft auf einen haushohen Sieg in der Slowakei und ein befriedigendes Ergebnis in Böhmen-Mähren, so daß im Endeffekt genügend Stimmen zusammenkommen, um in Prag die Regierung bilden zu können.

Die verschiedenen Bewegungen, die für eine Rechristianisierung »von unten« eintreten, mobilisieren ihre Anhängerschaft. Ja sogar Gruppen wie die Focolari, die jedes politische Engagement gegen das kommunistische Regime abgelehnt hatten, werden in diese Strategie mit einbezogen. Diesen Übergang »nach oben« unterstützen die Bischöfe, indem sie die Gläubigen in einem Hirtenbrief dazu auffordern, die Christdemokraten zu wählen. Nach Ansicht eines Führers der Focolari hätte eine christdemokratische Regierung »die hervorragende Chance geboten, die christliche Erziehung der Kinder zu fördern, sittenstrengere, katholische Schulen einzurichten und die Gründung von christlichen Familien zu unterstützen, um die Gesellschaft zu verändern, in der ein totalitäres System den Glauben unterdrückt hat«.

Andererseits machten manche katholischen Priester und Laien, die mit Nichtgläubigen in der Opposition gegen den Kommunismus gekämpft und mit diesen in einer Zelle gesessen hatten, keinen Hehl aus ihrer Ablehnung einer derartigen Strategie der Rechristianisierung »von oben«. Hätte diese doch von ihnen verlangt, sich gegen ihre Mithäftlinge von gestern mit Katholiken zu verbünden, die sich vierzig Jahre lang mit dem totalitären System sehr gut zu arrangieren wußten und dabei »nur allzu bereitwillig die anderen denunzierten«[78]. Tatsächlich stellte sich wenige Tage vor den Wahlen heraus, daß der wichtigste Führer des christdemokratischen Bündnisses, ein ehemaliger »Weggefährte« der KP, von der Polizei dafür bezahlt worden war, die katholischen Unterzeichner der Charta 77, die nunmehr seine Mitkandidaten waren, auszuspionieren, und daß er in seinem glühenden Eifer sogar »schwere Bestrafungen« von einzelnen von ihnen befürwortet hatte. Der Skandal erregte so großes Aufsehen, daß die »christliche« Partei – deren Wahlkampf nicht richtig auf Touren kam – mit nur etwa 10% der Stimmen und einem demütigenden dritten Platz *hinter* der »erneuerten« kommunistischen Partei eine schwere Niederlage einstecken mußte.

Es gab in den für eine Rechristianisierung »von unten« eintretenden Gruppen, die für ihren überstürzten Auftritt auf der politischen Bühne prompt einen Denkzettel bekommen hatten, so manche, die hinter dem Skandal ein abgekartetes Spiel einflußreicher Juden oder Freimaurer witterten. Sie sahen in den 10% der Wähler, die sich für das Bündnis entschieden hatten, den harten Kern »wahrer Christen«, denen es nun obliegen würde, die christliche Alternative zu dem abrupten Übergang zum Kapitalismus und den damit verbundenen sozialen und moralischen Übeln aufzubauen. Um sich davor zu schützen, müsse man die Rechristianisierung »von unten« dadurch forcieren, daß man das demokratische Klima ausnütze, um die breite Masse der Bevölkerung dafür zu gewinnen. In einer aufsteigenden Linie, die von der Begegnung des einzelnen mit Christus über die in Gemeinschaftsstrukturen zusammengefaßten »christlichen Familien« bis zur Gesellschaftsbewegung führt, wird langfristig die Gründung einer Gesellschaft mit katholischer Grundlage anvisiert. Von diesem Standpunkt aus betrachtet, spielt die Erziehung der Kinder innerhalb rechristianisierter Familien, die ein geistiges »Sauerstoffzelt«[79] bilden, eine ganz wesentliche Rolle.

Manche Priester und Ordensleute hingegen glauben, daß »die enge Bindung der Kirche an eine ›christliche‹ Partei nicht unproblematisch ist und an die Tradition der Gegenreformation erinnert«; sie schätzen, daß »70 % der Gläubigen nicht die Christdemokraten[80], sondern andere Parteien gewählt haben«[81], und wehren sich dagegen, nur die Wähler dieser Partei als »wahre Christen« anzuerkennen. Während der Episkopat den Schwerpunkt der Seelsorge zunächst darin sieht, die Bindung zwischen den Katholiken zu verstärken, sind viele Ordensleute der Ansicht, die Katholiken dürften sich gerade in einer Stadt wie Prag, wo ein Klima der religiösen Gleichgültigkeit herrsche, keinesfalls von dieser »Welt« abkoppeln, sondern müßten, ganz im Gegenteil, ihre dortige Präsenz ausbauen.

Pater Václav Maly, der frühere Sprecher der Charta 77 und einer der sprachmächtigsten Redner der »sanften Revolution« im November 1989, hat sich 1990 in seine Prager Pfarrei zurückgezogen. Auch er hält den Hirtenbrief mit der Aufforderung an die Gläubigen, die Christdemokraten zu wählen, für einen Fehler: »Die Kirche muß die christlichen Werte zwar der ganzen Gesellschaft darlegen, aber sie muß den Katholiken auch erlauben, ihre eigene Wahlentscheidung zu treffen.« In einer Gesellschaft, die nach vierzig Jahren totalitärer Herrschaft moralisch ruiniert ist, sieht er die Funktion seiner Pfarrei darin, »für jedermann offen zu sein. Die Menschen müssen wirklich miteinander ins Gespräch kommen, statt bloß in die Kirche zu gehen. Ich möchte, daß das Evangelium eine Quelle der Anregungen und kein geschlossenes System von Wahrheiten ist. Ich möchte den Menschen zeigen, daß ich mit ihnen gemeinsam suche, daß ich nicht von vornherein die Antworten parat habe.« In der Tschechoslowakei, die sich allmählich in eine Demokratie verwandelt, geht es vorrangig darum, »das Bewußtsein der Leute so zu verändern, daß sie sich als Staatsbürger verhalten und sich zu der damit verbundenen Verantwortung bekennen«.[82] Sankt-Gabriel von Smihov, die Wirkungsstätte von Duka, wo er tauft und traut, die Messe liest, Totenmessen zelebriert und Beichten abnimmt, ist auch ein »Kulturzentrum«, das eine Art verkleinertes Abbild der neuen tschechoslowakischen Demokratie darstellt und in dem sich auch »exotische Gestalten« einfinden, die als unerschütterliche Atheisten im Evangelium von »Don« Václav eine wertvolle Diskussionsgrundlage sehen.

Mitte der siebziger Jahre begann die Kirche damit, die katholische Identität wieder stärker herauszustellen, um so die Unsicherheiten im Gefolge des Zweiten Vatikanums zu überwinden. Doch diese theologische Neuorientierung war begleitet von einer tiefgreifenden Veränderung der Welt in diesem Jahrzehnt des Umbruchs, in dem sich die Wirtschafts- und Gesellschaftskrise nachhaltig auf das Geistesleben und den Bereich der Moral auswirkte. Auf die säkularen Utopien der sechziger Jahre, die das Zweite Vatikanum in die Sprache der Kirche übersetzt hatte, folgt ein Jahrzehnt der Orientierungslosigkeit, der Auflösung früherer Solidaritäten, das man aufgrund mangelnder Einsicht in die Zusammenhänge schlicht »Postmoderne« nennt. Diese dauert mit dem Zusammenbruch des »real existierenden Sozialismus« auch über das Ende der achtziger Jahre hinaus an.

Die Situation stellt die katholische Kirche und die sich auf sie berufenden Gläubigen vor ein Dilemma. Es entwickelt sich eine starke Strömung, die für eine Rechristianisierung »von unten« bzw. »von oben« eintritt. Die dabei angewandten Methoden wurden in diesem Kapitel geschildert und können mit den Phänomenen verglichen werden, die sich zur gleichen Zeit in der islamischen Welt zutragen.

Doch ausgerechnet in den Ländern, wo der Moloch des totalitären Kommunismus in den letzten Zügen liegt und wo die Verfechter einer Rechristianisierung auf die Verwirklichung einer »christlichen Gesellschaft« hoffen, gerät diese Strategie in Konflikt mit der Sehnsucht nicht weniger Katholiken nach demokratischer Erneuerung. Für sie bleibt die Verkündigung der letzten Wahrheit, die der Kirche anvertraut ist, in dieser Welt dem Freiheitsstreben der Menschen nachgeordnet. Keiner »christlichen Partei« kommt es zu, eine Gesellschaftsordnung gemäß einer Wahrheit zu errichten, in deren alleinigem Besitz sie sich wähnt. Im Unterschied zu den Reislamisierungsbewegungen, die mit dieser »demokratischen Beschränkung« nicht zu kämpfen haben, werden, wie wir gleich sehen werden, die amerikanischen Evangelikalen und Fundamentalisten dadurch in verschiedenster Weise in ihrer Bewegungsfreiheit eingeschränkt.

Kapitel 3

Die Rettung Amerikas

Nachdem der Wirbelsturm Hugo bereits auf Guadeloupe gewütet hatte, entfesselte er seine letzten Kräfte im September 1989 über der amerikanischen Stadt Charlotteville, wo gerade zu dieser Zeit der Prozeß gegen den Fernsehprediger Jim Bakker stattfand, den man der wiederholten Unterschlagung und verschiedener Sittlichkeitsdelikte bezichtigte. Der heftige Sturm zwang das Gericht dazu, die Verhandlung einen Tag lang zu unterbrechen – worin die Anhänger des Telepfarrers sogleich ein Zeichen für den Zorn Gottes gegen die Einwohner Charlottevilles sahen, da diese seinen Diener grundlos verfolgten. Doch selbst in einem Land, wo die Meteorologie geradezu kultische Verehrung genießt, hätte es doch ganz anderer Unbilden bedurft, um die Verurteilung eines Mannes zu verhindern, der auf der Leichtgläubigkeit der Öffentlichkeit und mehrfachen Betrügereien ein regelrechtes Imperium errichtet hatte. Das Prunkstück seiner Sammlung war eine Art »christliches Disneyland« mit dem klingenden Namen »Heritage USA«, das ungeachtet der sehr großen Zahl von Besuchern pleite ging und in dem der Prediger, der auf dem Bildschirm gegen die Homosexualität wetterte, hin und wieder mit seinen engsten Mitarbeitern die Orgien von Sodom lebensnah nachspielte.

Diese Story hatte die Presse jenseits des Atlantiks mehrere Jahre lang in Atem gehalten: Die Aktualität schien mit den unerwarteten Wendungen und der künstlichen Spannung einer *Soap Opera* zu verschmelzen, deren Stars plötzlich in den 20-Uhr-Nachrichten und den politischen Magazinen auftreten würden. Nichts wurde ausgelassen von den lächerlichen Überspanntheiten Tammy Bakkers, der Frau von Jim und seiner Fernsehpartnerin, deren Fistelstimme und deren riesige falsche Wimpern, aus denen bei jedem ihrer zahllosen, effektvoll ins Bild gesetzten Heulkrämpfe die Wimperntusche hervorquoll, ebensosehr das Mitgefühl der Gläubigen wie die spöttischen Kommentare der Freigeister erregten. Jim seinerseits war im Zimmer eines Motels in Florida den Liebreizen einer temperamentvollen Sekretärin erlegen; als Schweigegeld und zur Wiedergutmachung ihrer Sünden erhielt die Schöne einen Teil des Geldes, das die Gläubigen den Bakkers *ad majorem Dei gloriam* – »zur höheren Ehre Gottes« – überwiesen hatten. Als die Quelle versiegte, bekamen Journalisten Wind von der Sache, und die reuige Sünderin enthüllte in Männerzeitschriften die Namen aller Personen, die die fleischliche Begierde des Fernsehpredigers angestachelt hatten. Damit verlor Jim Bakker den letzten Rest an Glaubwürdigkeit, und der Prozeß in Charlotteville war die letzte Folge der Sendereihe; das Wort ENDE leuchtete grell auf dem Bildschirm, während der Prediger in Handschellen ins Gefängnis verbracht wurde, wo er seine 45jährige Haftstrafe antrat.

Doch anders als eine gewöhnliche Fernsehserie ist die Geschichte der Bakkers keine Fiktion: Jim und Tammy konnten nur deshalb ein so großes Finanzimperium aufbauen, weil Millionen von Amerikanern aus Fleisch und Blut von ihren Predigten und ihrer vertrauenerweckenden Ausstrahlung so sehr fasziniert waren und soviel Trost, Kraft und Erquickung daraus zogen, daß ihre Spendenfreude keine Grenzen kannte und diesem religiösen Unternehmen florierende Geschäfte einbrachte. Seit 1976 hatte der *Charlotte Observer,* die größte Tageszeitung North Carolinas, dem Kabelprogramm der Bakkers, PTL (*Pray The Lord* – Betet zu Gott), mehrere Reportagen gewidmet, die die Betrügereien und Veruntreuungen bewiesen, die man ihnen vorwarf; die Initialen PTL standen daraufhin für *Pass The Loot* (»Her mit dem Zaster«) und, nach Bekanntwerden der Motelaffäre, für *Pay The Lady* (»Zahlt die Dame«)! Doch die zahlreichen Verdachtsmomente in bezug auf die Integrität und die Ehrlichkeit dieses Dieners Jesu Christi änderten nichts an der Großzügigkeit der Gläubigen und der Spender; für sie war das kein Problem.

Die Fernsehprediger als gesellschaftliches Phänomen

Im September 1977 erscheint in der Leserbriefspalte des *Charlotte Observer,* in der schon viele Solidaritätserklärungen mit der PTL abgedruckt worden waren, der Brief eines 60jährigen Arbeitslosen, der nach eigenen Worten von 162 Dollar Sozialhilfe im Monat leben muß und der Jim und Tammy gegen ihre Kritiker verteidigt. Er ist arm wie eine Kirchenmaus, bis über beide Ohren verschuldet, hat keine Angehörigen und, wie er betont, schlechte Zähne; und doch schickt er jeden Monat die magische Summe von 7,77 Dollar an PTL. Diese – gemessen am amerikanischen Durchschnittseinkommen – äußerst geringe Ausgabe ist für ihn ein großes Opfer; dennoch ermahnt er alle seine Brüdern und Schwestern in Christo, seinem Beispiel zu folgen. Damit einem Diener des Herrn geholfen werde, der scheinbar der einzige ist, der sich seiner tiefen Verzweiflung an- und ihn als Menschen ernst nimmt.[1]

Natürlich entstammten nicht alle Anhänger der PTL sozial schwachen Gruppen, auch wenn die Lektüre der Leserbriefe, die im *Charlotte Observer* erschienen, zeigt, daß unter den Spendern zahlreiche Stiefkinder des Wohlstandes waren. Neben einer Vielzahl von Postanweisungen über kleinere Beträge erhielt die PTL auch größere Summen aus der amerikanischen Mittelschicht – etwa einen Scheck über 6000 Dollar von einer unglücklich verheirateten, fettleibigen und depressiven Hausfrau, die dafür ein Wunder erwartete. Das kam leider nicht, und, nachdem man sie ins Krankenhaus eingeliefert hatte, forderte sie von Jim Bakker vergeblich die Rückzahlung der Spende, um mit dem Geld ihre medizinische Behandlung bezahlen zu können.[2]

Das Netz aus diesen Millionen regelmäßiger Spender – deren Lebensgeschichten sich wiederholen und gleichen, wie man aus den Reportagen und Leserbriefen ersehen kann – eröffnete PTL einen kommerziellen und ideologischen Markt, den Unternehmer aller Art nicht einfach ignorieren konnten, ja sie rissen sich geradezu darum, in der Talk-Show der Bakkers aufzutreten. Das ganze Spektrum der evangelikalen Anhängerschaft war hier zu sehen: von den einfachsten Pfarrern bis zu politisch einflußreichen Persönlichkeiten, wie der Schwester Präsident Carters, die sich selbst auf Wunderheilungen, die Erlösung berühmter Sünder und Gruppentaufen von Erwachsenen spezialisiert hatte.[3] Mehrere nunmehr bekehrte Theoretiker der Gegenkultur der sechziger Jahre traten auf, um ihre früheren Verirrungen zu bekennen und das Wort Christi zu verkündigen. Paul Stookey, der Prototyp eines *Protest Singer* der sechziger Jahre und Mitglied des Trios »Peter, Paul and Mary«, erklärte in einer Talk-Show: »Ende der sechziger Jahre suchten wir nach Führern, die unseren Bewegungen den Weg zeigen sollten. Die Bewegung dieser Tage hat einen unsichtbaren Führer ... sie ist gewissermaßen die Erfüllung unserer leidenschaftlichen Suche von damals.«[4] Ein weiteres Beispiel ist Eldridge Cleaver, der ehemalige Anführer der Schwarzen Panther und vormaliger Ideologe des bewaffneten Kampfes der gettoisierten Schwarzen gegen die von den Weißen dominierte amerikanische Gesellschaftsordnung. Er erzählt in einer PTL-Sendung, wie er während seines politischen Exils an der Côte d'Azur plötzlich Gott begegnet: Eines Abends betrachtet er von seinem Balkon aus den Mond über dem Mittelmeer und sieht, wie sich auf der leuchtenden Oberfläche des Planeten nacheinander die Gesichtsprofile von Malcolm X, Castro, Mao, Ché Guevara und schließlich Jesus scharf abzeichnen. Er begreift, daß darin symbolisch sein eigener Weg dargetellt ist: »Vor zehn Jahren war ich wie Marx der Meinung, die Religion sei Opium fürs Volk ... doch mittlerweile habe ich erkannt, daß nur in Jesus Christus das Heil meines Lebens liegt.«[5]

Industrielle, Sport- und Medienstars sowie konservative Politiker rundeten den Reigen bekannter Persönlichkeiten ab. Mitunter ging Bakker bis an die Grenzen des Zumutbaren; etwa als er Larry Flint, den König der pornographischen Presse, einlud, dessen von der Schwester Jimmy Carters initiierte religiöse Erweckung und Reue sogar die eingefleischtesten Anhänger nicht recht überzeugen konnte.[6] Doch zu denen, die – weniger spektakulär – mit PTL ein von vornherein gleichgesinntes Publikum erreichten, gehörten Personen wie Senator Jesse Helms, der den fundamentalistischen Bewegungen der »neuen christlichen Rechten« sehr nahestand und dieses Forum nutzte, um sich entschieden gegen die steuerliche Belastung von Privatschulen, gegen den Rückzug amerikanischer Truppen aus Südkorea und für die Einführung des Schulgebets auszusprechen sowie weitere vertraute Themen dieser Richtung zu behandeln. So daß eine treue Fernsehzuschauerin aus Texas schrieb: »Mir fehlen die Worte, um die tiefe innere Beglückung zu beschreiben, die ich täglich erlebe, wenn ich in meinem Wohnzimmer sehe, wie die bedeutendsten christlichen Persönlichkeiten ihre Zeit, ihre Begabung, ihre Weisheit, ihre Hoffnungen und ihren Glauben mit mir teilen – und das alles selbstverständlich auf der Grundlage der Bibel!«[7]

Das Phänomen Bakker hat man rückblickend als einen einzigen gigantischen Betrug aufgefaßt, und diese Interpretation wurde durch das Urteil der Gerichte, die es kaum glauben konnten, noch untermauert. Doch abgesehen von den Veruntreuungen und den grotesken und anzüglichen Aspekten dieser Affäre bleibt doch die Tatsache bestehen, daß ab Mitte der siebziger Jahre Millionen von Amerikanern das Bedürfnis verspürten, sich jenen Formen der Religiosität anzuschließen, die ihnen Jim, Tammy und ihresgleichen anboten. Denn auf dem Markt der Fernsehprediger tummelten sich noch andere: Bakkers Kollegen und Konkurrenten Jim Robinson, Jerry Falwell, Oral Roberts, Pat Robertson, Jimmy Swaggart, Robert Schuller und andere, weniger bekannte, haben, jeder auf seine Art, an jenem kulturellen Wandel teilgenommen, der darin besteht, daß die Verkündigung des Evangeliums sich in den letzten fünfundzwanzig Jahren unseres Jahrhunderts immer stärker des Fernsehens bediente. Im übrigen beschränkt sich dieses Phänomen keineswegs auf das Medium Fernsehen: Was dort zum Vorschein kommt, ist vielmehr nur der sichtbarste Teil einer tiefgreifenden Umwälzung, die einige Schichten der amerikanischen Gesellschaft dazu veranlaßt, ihre Ablehnung von vermeintlich dominanten und verderblichen »säkularen Wertvorstellungen« und ihren Wunsch nach einer grundlegenden Veränderung der Sozialethik in Kategorien des Evangeliums oder des fundamentalistischen Diskurses zu formulieren.

Seit Mitte der siebziger Mitte hat man mehrfach versucht, das »fundamentalistische« oder »evangelikale« Amerika durch Umfragen genauer zu beschreiben und zahlenmäßig zu erfassen – wobei Forscher und Befragte sich nicht immer die Mühe machten, diese Begriffe genau zu definieren: In einer 1978 im Auftrag der Illustrierten *Christianity Today* durchgeführten Meinungsumfrage bezeichnen sich 22% der Amerikaner als »evangelikal«, 35% als »liberale Protestanten«, 30% als »Katholiken«, 4% als »Nichtchristen« und 9% als »Nichtgläubige«.[8] In einer Gallup-Umfrage 1986 stufen sich 33% der Erwachsenen als »evangelikal« ein, was absolut etwa 58 Millionen Menschen entspräche.[9]

Solche Zahlen, die zwar das Ausmaß, aber nicht die Bedeutung dieses Phänomens erfassen können, bilden für Jerry Falwell, den politisch aktivsten Fernsehprediger und Gründer von »The Moral Majority« sowie der Liberty-Universität, den Ausgangspunkt für seinen Kreuzzug zur Rechristianisierung Amerikas. Im Vorwort zu seinem 1980 erschienenen Buch *Listen, America!* (Hör zu, Amerika!) schreibt er: »Nach neuesten Umfragen ... gibt es heute in Amerika mehr als 60 Millionen Menschen, die sich als *born-again* (»wiedergeborene«) Christen bezeichnen, weitere 60 Millionen, die der religiösen Moral positiv gegenüberstehen, und nochmals 50 Millionen, die strenge moralische Wertmaßstäbe haben und möchten, daß ihre Kinder in einer moralischen Gesellschaft aufwachsen ... 84% des amerikanischen Volkes glauben, daß die Zehn Gebote nach wie vor gültig sind. Doch trotz dieser Statistiken müssen wir zugeben, daß wir, das amerikanische Volk, es zugelassen haben, daß eine lärmende Minderheit von gottlosen Männern und Frauen Amerika an den Rand des Abgrunds gebracht hat ... Es wird Zeit, daß alle anständigen Amerikaner ihre Kräfte vereinen, um unser geliebtes Vaterland zu retten!«[10]

Die politisch-religiöse Bewegung »The Moral Majority«, die Jerry Falwell 1979 gründete, diente in den achtziger Jahren der konkreten Umsetzung dieses Planes. Sie bezog eindeutig Position bei mehreren kontrovers diskutierten und die Gemüter erhitzenden Themen, wie der Abtreibung und der Einführung des Schulgebets, die sich genau auf jene Nahtstelle zwischen Familie und Zivilgesellschaft bezogen, von der aus die Infragestellung der »gottlosen« Politik des Staates erfolgt. Solche und andere Bewegungen mit teilweise ähnlicher Zielsetzung erlebten zwischen der Mitte der siebziger Jahre und dem Ende der achtziger Jahre innerhalb des größeren Rahmens des sogenannten amerikanischen Fundamentalismus, Evangelikalismus oder der »Neuen christlichen Rechten« einen gewaltigen Aufschwung.

Diese Entwicklungen gehen wie die zur selben Zeit mächtig aufblühenden charismatischen Erneuerungs- und die Pfingstbewegungen auf eine spezifisch amerikanische Tradition zurück, die auf die aktuellen Herausforderungen einer Gesellschaft, deren scheinbare Säkularisierung doch eigentlich die Zurückdrängung der Religion in die Privatsphäre nach sich ziehen sollte, besonders überzeugende Antworten gegeben hat. Um den neuen Sinngehalt dieser zeitgenössischen Bewegung zu begreifen, ihre widersprüchliche Funktion innerhalb der postindustriellen Kultur der Vereinigten Staaten zu verstehen, muß man zunächst auf die Entstehungsgeschichte dieser Phänomene eingehen.

Von den ländlichen Regionen Amerikas zur Hochtechnologie

Im allgemeinen geht man davon aus, daß der aus dem Amerikanischen stammende Begriff »Fundamentalismus« erstmals in den zwanziger Jahren in der öffentlichen Diskussion auftauchte. Und zwar im Anschluß an die Veröffentlichung einer Serie von zwölf Bänden, die unter dem Titel *The Fundamentals* ab 1910 in den Vereinigten Staaten erschienen sind. Die Bände enthalten neunzig Artikel, verfaßt von mehreren protestantischen Theologen, die jeden Kompromiß mit dem Modernismus des gesellschaftlichen Umfeldes ablehnten. Von *The Fundamentals,* deren Herstellung zwei im Geschäftsleben tätige Brüder finanzierten, wurden über drei Millionen Exemplare kostenlos verteilt.[11] Doch vor allem die »Affäre Scopes« führte dazu, daß der Begriff »Fundamentalismus« in die amerikanische Alltagssprache einging, auch wenn er dadurch sofort eine umstrittene Bedeutung erhielt. John T. Scopes war ein junger Biologielehrer an einem Gymnasium im Bundesstaat Tennessee. Im Unterricht benutzte er ein Lehrbuch, in dem die Evolutionstheorie behandelt wurde. Das verstieß gegen die Gesetze dieses Staates; denn es war verboten, »eine Theorie im Unterricht darzustellen, die dem biblischen Bericht von der Schaffung des Menschen durch Gott widerspricht«. 1925 wurde er deshalb vor Gericht gestellt, doch wurde sein Prozeß schließlich zum Tribunal über die fundamentalistische Subkultur der Vereinigten Staaten, die durch die Darlegung ihrer wenig überzeugenden Argumente in der Presse lächerlich gemacht wurde. Scopes bekam daraufhin Schützenhilfe von mehreren bedeutenden Vertretern der intellektuellen und wissenschaftlichen Elite der damaligen Zeit.

Der Fundamentalismus, wie er damals als Gegenmodell zum »Modernismus« und »Liberalismus« des protestantischen Establishments auftritt, definiert sich vor allem durch den Glauben an die absolute *Unfehlbarkeit* der Bibel. Der heilige

Text des Alten und Neuen Testaments wird als der wörtliche Ausdruck der göttlichen Wahrheit angesehen – das gilt besondes für alle sittlichen und ethischen Gebote sowie für die politischen und sozialen Instruktionen. Die Fundamentalisten glauben zweitens an die Göttlichkeit Christi und an die Heilung der Seele durch die Wirkung des Lebens, des Todes und der körperlichen Wiederauferstehung Christi. Hinzu kommt die Pflicht zur eifrigen Bekehrung all derer, die dieses Credo noch nicht teilen.[12] Abgesehen von den theologischen Kontroversen spiegelt sich in den beiden Lagern ein Gegensatz innerhalb der Vereinigten Staaten wider, der die Zeit zwischen den beiden Weltkriegen entscheidend prägt: Dem industrialisierten, modernen und boomenden Norden steht ein landwirtschaftlich strukturierter Süden mit einer rückständigen Gesellschaftsordnung gegenüber, der seit seiner Niederlage im Sezessionskrieg einem unaufhaltsamen Niedergang verfallen scheint.

Im Süden stößt der Fundamentalismus damals auch auf die größte Resonanz, was ihm übrigens den Beinamen *Bible Belt* (»Bibelgürtel« in Anlehnung an »Corn Belt«) einbringt, der der südlichste der auf der Landkarte der Vereinigten Staaten aufeinander folgenden (Viehzucht-, Mais-, Baumwoll-)»Gürtel« ist. Hier liegt das Gelobte Land der Prediger, deren Unbildung, Fanatismus, Scheinheiligkeit und Skrupellosigkeit unter der Feder von Romanciers, die aus der intellektuellen Elite der Ostküste stammen, zu einem festen literarischen Typus verschmelzen. Das Urbild dieses Typs ist Elmer Gantry, eine Figur, die der Nobelpreisträger Sinclair Lewis 1927 geschaffen hat.[13] Bei der Gestaltung dieses völlig amoralischen Kerls, der hemmungslos betrügt und Meineide schwört, der schamlos Unzucht treibt und ständig säuft, hat Lewis Charakterzüge einiger Personen verarbeitet, die er persönlich gekannt und beobachtet hatte. Doch schon bald wird der Prediger Gantry zum konkreten Inbegriff der Welt des Fundamentalismus, wie sie von den Intellektuellen gesehen wird. Von Gantry bis zu Bakker wandelt sich das Bild des fundamentalistischen Scharlatans kaum; und wenn dieses Bild einerseits auch einen nicht zu leugnenden Kern von Wahrheit enthält, so hat es andererseits doch auch das gesellschaftliche Phänomen verdeckt, dem solche Prediger allererst ihre Wirkung verdanken.

Denn auch nach dem Ausgang des Scopes-Prozesses wäre es falsch, diese extreme Form der amerikanischen Religion zu einer endgültig besiegten kulturellen Randerscheinung zu erklären. Die Prohibition, die der Gesetzgeber 1919 verhängt und die bis 1933 dauert, hat gezeigt, wie sehr eine konservative und strenge protestantische Ethik das amerikanische Gesellschaftssystem prägt, das sich in Zeiten der Orientierungslosigkeit an sie klammert und dabei an die »Großen Erweckungen« anknüpft, wie sie sich hier seit der Landung der Puritaner auf einem Erdteil, auf dem sie das Neue Jerusalem errichten wollten, mehrfach zugetragen haben. Die Wirtschaftskrise von 1929 und ihre Folgen erschüttern zutiefst den Glauben an die Moderne und den Fortschritt, wie ihn die industrielle Zivilisation des Nordens entwickelt hatte. Und in der chiliastischen Deutung der Fundamentalisten »war die große Depression ein Zeichen dafür, daß sich Gott für die Abtrünnigkeit Amerikas rächte und daß die Wiederkehr Christi unmittelbar bevorstand«.[14] Diese Fähigkeit, die Ereignisse in der Welt in eine kausale Kette einzuordnen, deren tieferen, gottgewollten Sinn angeblich nur sie selbst begreifen können, ermöglicht es den Fundamentalisten, die verschiedensten Krisen der amerikanischen Gesellschaft in ihr Diagnoseschema einzupassen und die Erlösung durch Gott und Christus als Therapie anzupreisen.

Politische Fundamentalisten und soziale Evangelikale

Nach dem Ende des Zweiten Weltkrieges verband sich der Fundamentalismus mit den »reaktionärsten« Strömungen der politischen Bühne: mit den radikalen Antikommunisten und den unerbittlichen Hexenjägern des Kalten Krieges. In dieser Situation verliehen einige Theologen, die zwar auch an die Unfehlbarkeit der Bibel glaubten, aber Anstoß nahmen an den Beziehungen zwischen dem Fundamentalismus und der extremen Rechten, dem Wort »Evangelikale« *(evangelicals)* neue Aktualität. Die Botschaft der Evangelikalen bezieht sich zunächst nur auf Religion und Gesellschaft, ihre politische Dimension gewinnt sie erst später in der großen Bewegung Mitte der siebziger Jahre. Innerhalb des amerikanischen Protestantismus wenden sie sich damals vor allem gegen die sogenannten »liberalen« Strömungen, indem sie die persönliche Frömmigkeit betonen und sich verstärkt wortwörtlich aus der Schrift übernommenen moralischen und ethischen Themen zuwenden – während bei ihren Gegnern der Wunsch nach Präsenz in der Welt das bestimmende Element ist.

Die Entwicklung des »liberalen« Protestantismus in den Jahrzehnten nach dem Krieg spiegelt die Meinungsumschwünge der »aufgeklärten« amerikanischen Öffentlichkeit wider. In den fünfziger Jahren gleicht der Protestantismus in vielerlei Hinsicht einer Religion des Reichtums, die den unbeschwerten Genuß des amerikanischen Wohlstandes rechtfertigt. Waren 1920 erst 43% der Amerikaner Mitglied einer Kirche, so sind es 1956 schon 62%; nach Ansicht des Soziologen Martin Marty suchten die vielen neu hinzugekommenen Gläubigen »ein Mittel, um ihre Selbstzufriedenheit zu rechtfertigen, ihre Ängste zu verringern, ihren Lebensstil abgesegnet zu bekommen und die sie umgebende Wirklichkeit mit Sinn zu erfüllen. Millionen von Menschen wurden plötzlich religiös, und der Protestantismus profitierte am meisten davon.«[15]

In den sechziger Jahren legt der »liberale« Protestantismus seine Selbstzufriedenheit ab, um sich nun verstärkt dem »anderen Amerika«[16] zuzuwenden – dem der Armen, der Gettos und der Minderheiten. Dies vollzieht sich parallel zu den großen Sozialprogrammen der Regierungen Kennedy und Johnson, die »der Armut den Krieg erklären« und die zu kurzgekommenen Amerikaner am allgemeinen Wohlstand beteiligen wollen. Dieser Wunsch der protestantischen Kirchen, sich in der »Welt« zu engagieren, in ihr durch Einsatz für soziale Gerechtigkeit das Zeugnis Christi abzulegen, entsteht zeitgleich mit den Bemühungen des Zweiten Vatikanums um ein *Aggiornamento* und eine gesteigerte »weltliche« Präsenz der katholischen Kirche.

In beiden Fällen formierte sich Widerstand gegen diese Entwicklung; in den Vereinigten Staaten verfolgten die evangelikalen Strömungen mit großem Mißtrauen die sozialen Tendenzen der liberalen Protestanten, die für manche auf eine Infragestellung des Kapitalismus hinausliefen und angeblich zu einer Vernachlässigung der Heilssuche und des transzendenten Bezugs führten. So warnt etwa der bedeutende Evangelikale und Chef einer Erdölgesellschaft, J. Howard Pew, in einem damals vielgelesenen Artikel in *Reader's Digest* seine Leser vor jeder politischen Betätigung und verweist dabei auf das Beispiel Jesu Christi, der »es ablehnte und auch seinen Jüngern untersagte, sich in politische, wirtschaftliche oder gesellschaftliche Probleme seiner Zeit einzumischen – die doch gewiß ebenso schwerwiegend waren wie die heutigen ... Er hat ganz klar gesagt, daß wir uns zuallererst auf die Suche nach ›dem Königreich Gottes und Seiner Gerechtigkeit‹ machen sollten – und daß ›dieses Königreich in uns selbst liegt‹«.[17]

Viele Beobachter sind der Ansicht, das soziale und politische Engagement der Liberalen unterscheide sich die ganzen sechziger Jahre hindurch grundlegend von dem der Evangelikalen; und im Rückblick wird mancher gar die allzu starke soziale Orientierung der liberalen Kirchen für deren Niedergang und den unaufhaltsamen Aufstieg der Evangelikalen verantwortlich machen. »Die Gemeindemitglieder warfen den Geistlichen vor, ihre erste Pflicht zu vernachlässigen, nämlich die individuelle Seelsorge an den Gläubigen, die Auslegung der Bibel und die Bekehrung zu Christus. Die Geistlichen ihrerseits tadelten die Gläubigen, weil sie sich nicht in christlichem

Geist um die Welt kümmerten, das Schreien überhörten, das eine leidende Menschheit vor ihrer Tür ausstieß. Beide hatten teilweise recht. Doch die Folge war, daß die liberalen Kirchen Mitglieder verloren, von denen sich viele den evangelikalen Kirchen anschlossen, um dort den vermißten geistlichen Beistand oder einen Ort der Besinnung zu finden.«[18]

Dieser Verlust des Vertrauens in die liberalen protestantischen Kirchen schlägt sich 1967 in den Statistiken nieder, die zum erstenmal seit 200 Jahren einen Rückgang der Mitgliederzahlen ausweisen. Zehn der wichtigsten Freikirchen sind davon betroffen, unter anderem die Lutheraner, die Anglikaner, die Methodisten, die Presbyterianer und die Kongregationalisten. 1970 muß dann auch die katholische Kirche der Vereinigten Staaten zum erstenmal in diesem Jahrhundert einen Rückgang ihrer Mitgliederzahl verzeichnen. Dean Kelley, einer der ersten Soziologen, die dieses Phänomen konstatieren, schreibt dazu: »Während sich die liberalen Kirchen darum bemühten, die wirtschaftlichen und politischen Forderungen der Minderheiten und Benachteiligten zu unterstützen, warben die Sekten (etwa die Evangelikalen) gerade in diesen Sektoren der Gesellschaft besonders erfolgreich neue Mitglieder.«[19]

Wunderheilungen und Gesellschaftstherapie

Dieser Umschwung – der sich in den Statistiken deutlich zwischen dem Ende der sechziger und dem Anfang der siebziger Jahre nachweisen läßt[20] – kann jedoch nicht auf den bloßen Gegensatz zwischen dem Niedergang weltzugewandter liberaler Kirchen und dem Erfolg ausschließlich dem persönlichen Seelenheil und der Transzendenz zugewandter evangelikaler Kirchen eingeschränkt werden. Auch die Evangelikalen sind nämlich gesellschaftlich sehr engagiert, selbst wenn sie ihrer sozialen Praxis einen anderen Sinn geben als die liberalen

Protestanten. Diese Praxis setzt auf verschiedenen Ebenen an: angefangen von der Pfarrgemeinde bis zu landesweiten Organisationen, die sich der Massenmedien bedienen – zunächst der Presse und des Rundfunks, später auch des Fernsehens –, um ihre Botschaft von einer christlichen Resozialisierung, vom Wiederaufbau religiöser Gemeinschaften zu verbreiten. Ab Mitte der siebziger Jahre streben dann einige evangelikale Bewegungen über die Rechristianisierung die politische Umgestaltung Amerikas an.

Nach Ansicht der Evangelikalen werden die gesellschaftlichen Übel durch die schonungslose Offenlegung der Sünden und deren Vergebung erkannt und bewältigt. Sie sehen die Ursache aller Übel in der Gottesferne der Menschen; wird diese Ferne überwunden, ist das Übel geheilt, und alles läuft wieder in geordneten Bahnen. Sündig ist immer der einzelne Mensch, und dessen Heil bewirkt das Heil der Gruppe. Diese Geisteshaltung erklärt zahlreiche der von dieser religiösen Bewegung bevorzugten Handlungsweisen: die Notwendigkeit der individuellen Bekehrung und der Taufe »wiedergeborener« Christen *(born-again christians)*, die Bedeutung, die man den Manifestationen des Heiligen Geistes zuschreibt, der sich vor allem in der Glossolalie (dem »Zungenreden«, *speaking in tongues*) kundtut, aber auch in den Wunderheilungen *(faith healing)*; schließlich der zentrale Stellenwert der Familie und ihres moralischen Auftrags – die in der zweiten Hälfte der siebziger Jahre Ausgangspunkt für die Rückeroberung der Zivilgesellschaft und des Staates sein wird.

In den beiden ersten Jahrzehnten nach dem Krieg engagieren sich, wie wir gesehen haben, vor allem kleinere und sich besonders durch ihre Zusammenarbeit mit der extremen Rechten auszeichnende »fundamentalistische« Gruppen in der Politik, während die »Evangelikalen« über die Beeinflussung des einzelnen auf die Familie und die bürgerliche Gesellschaft einwirken. Die von den Fundamentalisten betriebene Rechristianisierung »von oben« schlägt zwar große Wellen in den

Medien, mobilisiert aber kaum die Masse der Bevölkerung; die Rechristianisierung »von unten« der Evangelikalen andererseits hat eine beträchtliche Breitenwirkung, doch beruht sie – in den Augen vieler – auf individueller Frömmigkeit und Innerlichkeit, so daß ihre soziopolitische Dimension im allgemeinen verdeckt bleibt.

Auf nationaler Ebene stehen besonders zwei Persönlichkeiten für diese letzte Strömung: Billy Graham und Oral Roberts. Billy Graham greift kurz nach dem Zweiten Weltkrieg wieder jene Methoden der Predigt auf, die Billy Sunday in der ersten Hälfte des Jahrhunderts zu Ehren gebracht hatte. Diese verknüpft er mit dem gezielten Einsatz von Massenmedien – Zeitungen und Zeitschriften, dem Radio und später auch dem Fernsehen. Billy Sunday (1862–1935) war gemeinsam mit Charles Finney (1792–1875) und Dwight Moody (1837–1899) einer der Pioniere der Massenerweckung: Sie hatten die Technik der *Revivals* perfektioniert, jener Massenveranstaltungen unter einem zerlegbaren Zelt, die von Predigern vor Ort vorbereitet wurden und die die Anwesenden durch eindringliche Strafpredigten in höchste Ekstase versetzten, indem sie die ewigen Qualen für den verstockten Sünder ebenso anschaulich ausmalten wie die höchsten Hoffnungen für die Reumütigen, die sich nach der Zeremonie zu Christus bekehren würden. Und da milde Gaben die Vergebung der Sünden beschleunigen, hinterließen Sunday und seine Kollegen, denen Gott die Gnade großer Geschäftstüchtigkeit erwiesen hatte, bei ihrem Ableben beträchtliche Vermögen. Auch wenn diese Evangelikalen keine klare politische Botschaft hatten, so wußte man in Regierungskreisen doch ihre Fähigkeit zu schätzen, der Masse ihrer Zuhörer »christliche Werte« einzutrichtern, denen man eine immunisierende Wirkung gegen marxistisches oder sozialistisches Gedankengut zutrauen durfte.

Nach dem Krieg wird der Pressemagnat William Randolph Hearst, der das Vorbild zu *Citizen Kane* war, auf den damals vielversprechenden jungen Prediger aufmerksam. 1949 ordnet

Hearst an, »Graham in ein günstiges Licht zu stellen« *(»puff Graham«),* was diesem sofort im ganzen Land zu hohem Ansehen verhilft. Ein Jahr später predigt er übers Radio und erreicht etwa 15 Millionen Zuhörer. 1951 wagt er den Schritt ins Fernsehen; der Ruhm, den er dadurch in Amerika und später auch in der ganzen Welt erwirbt, wird entscheidend dazu beitragen, daß die Erweckungsbewegung ihren Einfluß über den Kreis ihrer traditionellen Anhängerschaft, der ungebildeten Schichten in den Südstaaten des *Bible Belt,* hinaus ausdehnen kann. Billy Graham »machte den Evangelikalismus zu einem zentralen *(mainstream)* kulturellen Phänomen«[21]. Obwohl er ein enger Vertrauter mehrerer amerikanischer Präsidenten (vor allem Richard Nixons) war, dessen »inoffizieller geistlicher Beistand«[22] er wurde – bis Ronald Reagan ihn durch Jerry Falwell ersetzte –, war er immer darauf bedacht, seinen Äußerungen keinen bestimmten politischen Inhalt zu geben, um zwischen seiner weltlichen Ausstrahlung und Berühmtheit einerseits und seiner Zugehörigkeit zum engeren Kreis der Fundamentalisten im eigentlichen Sinn eine Trennungslinie zu ziehen.

Ebenso machte es ein anderer Prediger, dessen Karriere von der Vorkriegszeit bis zum Ende der achtziger Jahre dauerte: Oral Roberts. Mehr noch als Graham, der aufgrund seines ungeheuren Ansehens eine gewisse Sonderposition innerhalb der Evangelikalenbewegung besaß, verkörpert Oral Roberts den Typus des Geistlichen, der die Gesellschaft »von unten« rechristianisieren will und der den einzelnen als Ansatzpunkt für die Beseitigung der gesellschaftlichen Übel betrachtet. Der 1918 geborene Roberts, dessen Vorfahren als Prediger in der Pfingstbewegung tätig waren, erkrankt in seiner Jugend an Tuberkulose, und nur »ein Wunder« errettet ihn vor dem Tod.[23] 1936 empfängt er die »Taufe im Heiligen Geist« und beginnt in Zungen zu sprechen, was konkret so aussieht, daß er in Trance Worte ausspricht, die keiner versteht. Zehn Jahre lang ist er nun als Prediger in einer Kirche der Pfingstbewegung tätig, dann gibt er dieses Amt auf, um sich ganz der Erweckung der Seelen durch Wunderheilung zu widmen. 1947 richtet er sein Hauptquartier in Tulsa, in Oklahoma, ein, das im Herzen der Vereinigten Staaten liegt und ihm als Ausgangspunkt für seine »Kreuzzüge für Christus« dienen wird. Er perfektioniert die Methoden seiner Vorgänger, der Wanderprediger, und steigert sie zugleich ins Gigantische: Der Kreuzzug soll alljährlich »eine Million Seelen für Christus« einbringen – eine Zielsetzung, die die klassische Seelsorge mit dem Zwang zum »Immer-mehr« verbindet, wie die Devise des amerikanischen Marketing lautet, und die einen an die jährlichen Erfolgsmeldungen des *Fastfooders* McDonald's erinnert, der seinen Absatz an Hamburgern schon wieder um soundsoviel Millionen steigern konnte!

Eine riesige Organisation ist erforderlich, um die Zahl der »Geretteten« zu erfassen, die Erweckung der nächsten Million zu betreiben und den Briefwechsel mit all jenen abzuwickeln, die Spenden für den Kreuzzug schicken. 1954 beginnt Oral Roberts damit, Sendezeiten beim Fernsehen zu kaufen. Jeder Fernsehzuschauer kann nun live miterleben, wie er Kranken die Hände auflegt und ihnen zuruft: *»Heal«* (Werde gesund!). Selten tritt die Wirkung sofort ein. Doch die Schockwirkung auf manche Patienten mit psychosomatischen Symptomen führt, wie dies nicht selten bei derartigen Phänomenen zu beobachten ist, zu einer Linderung der Symptome. Durch das Auflegen seiner Hände traktiert er den Teufel, der in den Menschen gefahren ist, und zwingt ihn durch die Kraft seines Glaubens an Gott, zu dessen Werkzeug er sich erklärt, aus seinem Opfer auszufahren. Wenn die Spannung ihren Höhepunkt erreicht, verwandelt sich plötzlich das Brüllen des »Besessenen« in den Wutschrei des Satans, der von seinem geliebten Opfer ablassen muß – worauf dieses gewöhnlich in Ohnmacht fällt.

Diese Praktiken erinnern an die Tradition der Dämonologie, bei der man eher an das finstere Mittelalter als an das Amerika der fünfziger Jahre denkt. An solchen Praktiken entzündet sich schon 1955 ein Streit mit den Fundamentalisten, die nicht an Roberts' Wunderheilungen glauben und ihm vorwerfen, von der Religion, die für sie eine viel stärkere politische Dimension hat, ein plattes und ihrer gemeinsamen Sache abträgliches Bild zu vermitteln. 1956 kritisiert sogar die *New York Times* – das Sprachrohr des verhaßten säkularen Establishments – die im Fernsehen übertragenen Heilungen von Roberts als blanken Aberglauben.

Doch wird man mit dieser Kritik der sozialen Bedeutung derartiger Ereignisse wirklich gerecht? Im Fall von Oral Roberts (wie von Jim Bakker) laufen gleichzeitig zwei Prozesse auf zwei verschiedenen Ebenen ab:

– Da sind zum einen die geschäftlichen Aktivitäten der beiden Prediger, die ihnen gewaltige Vermögen einbringen. Das erreichen sie, indem sie an die Großzügigkeit der Gläubigen appellieren und ihnen kaum einlösbare Versprechungen in bezug auf ihr Seelenheil und ihre körperliche Gesundheit machen, obwohl beides doch mehr als alles andere dem Zufall unterworfen ist. Und unter einem ebenso zwielichtigen Stern stand auch ihr Geschäftsglück, müssen doch Bakker wie Roberts nach aufsehenerregenden Konkursen von der öffentlichen Bühne abtreten.

– Da ist zum anderen das Heilsversprechen der beiden Prediger, das einem vagen Bedürfnis vieler Millionen Amerikaner entsprach. Diese bekunden – vor allem durch Geldspenden – ihren Glauben an die göttliche Sendung dieser beiden Erwekker und, bei Roberts, auch an seine Kraft zur Wunderheilung.

Diese zweite Ebene des Phänomens, der man durch eine Abstempelung der beiden als Scharlatane oder Betrüger nicht gerecht wird, kann nicht nur als herablassendes Mitleid gegenüber leichtgläubigen und ausgebeuteten Volksmassen aufgefaßt werden. Dadurch daß die Erweckungsprediger den einzelnen in unmittelbaren Kontakt mit dem Jenseits bringen wollen, ermöglichen sie es ihm, sich ohne Rücksicht auf Macht-, Wissens- und Besitzungleichheiten über sein gesellschaftliches Umfeld und seine berufliche Lage einfach hinwegzusetzen. Jeder kann gerettet werden – ob arm oder reich, ob schwarz oder weiß, ob Landwirt oder Geschäftsmann. Der Geist weht, wo er will – oder doch wenigstens dort, wo der Prediger ihn hinlenkt. Ethnische oder familiäre Abstammung haben keine Bedeutung mehr. Das zeigt sich deutlich am Beispiel der Taufe: Nicht die Taufe des Neugeborenen, sondern die Erwachsenentaufe, bei der der Täufling die Bedeutung des Aktes genau versteht und sich damit einverstanden erklärt hat, ist in den Augen der Evangelikalen der eigentliche Akt der Aufnahme in die Gemeinschaft. Erst in der Gemeinschaft der Auserwählten findet der »Gerettete« seinen wahren Platz.

Diese individuelle Heilserfahrung geschieht in den verschiedenen Kirchen des zeitgenössischen Protestantismus auf recht unterschiedliche Weise. In »Heritage USA«, dem »christlichen Disneyland« von Jim Bakker, fanden die Erwachsenentaufen in einer Art Schwimmbecken statt, das mit warmem Wasser gefüllt war und in das die Täuflinge bekleidet hineinstiegen. Bei der Pfingstbewegung und den Charismatikern beweist der Neuerwählte bei der Taufe im Heiligen Geist im allgemeinen durch das »Zungensprechen«, das heißt durch die Artikulation einer den Menschen unverständlichen, nur Gott begreiflichen Lautfolge, daß der Geist wirklich in ihm wohnt. Dieser Brauch leitet sich ab von der Pfingsterzählung in der Apostelgeschichte (Apg 2): Die Apostel wenden sich an Bewohner der verschiedensten Regionen des Nahen Ostens und sprechen zu jedem in seiner Sprache, obwohl sie diese nie gelernt haben. Bei der heutigen Pfingstbewegung hat das »Wunder« eine andere Pointe: Der Sprecher redet nicht in einer ihm unbekannten Sprache, sondern in einer göttlichen »Sprache«, die der gewöhnliche Sterbliche nicht versteht. Auch hier sind alle vor dem Schöpfer gleich, denn alles Wissen dieser Welt vermag nichts vor dem Mysterium, das sich allein dem Glauben erschließt, und ein ungebildeter Landwirt aus den Südstaaten kann seinen Glauben mit ebensoviel Inbrunst – und Wert – leben wie ein Universitätsprofessor oder ein Kapitalist von der Ostküste.

Wunderheilungen, die man gemeinhin als ein Zeichen für die Scharlatanerie des Arztes und die geistige Zurückgebliebenheit des Patienten betrachtet, implizieren eine vergleichbare, ja radikalere Infragestellung der gesellschaftlichen Hierarchie des Wissens und der Kompetenzen. Durch die Auflegung der Hände stellt Oral Roberts eine direkte Verbindung zwischen seinem Schützling und Gott her, wodurch der Dämon ausgetrieben und die gestörte Ordnung wiederhergestellt werden soll. Unter seinen Händen verwandelt sich der leidende Körper aus dem entseelten Stück Materie der medizinischen Diagnose und Therapie in das bevorzugte Medium der Kommunikation mit seiner Umwelt. Dabei muß diese Kommunikation durch die Aufnahme des Geheilten in die neue Gemeinschaft der Erwählten erst wiederhergestellt werden. Dieser Vorgang ist Teil einer sozialen Praxis, die sich grundlegend von derjenigen der liberalen Kirchen unterscheidet, denn hier geht es nicht primär um die Förderung des Wohlbefindens und des Glücks in dieser Welt, um damit auf beispielhafte Weise die christliche Nächstenliebe zu demonstrieren, sondern zunächst um die Rettung des einzelnen dadurch, daß die gestörte Beziehung zum Schöpfer wiederhergestellt und der Heilsempfänger in einer von christlicher Tugend durchdrungenen und vom Heiligen Geist inspirierten Gemeinschaft resozialisiert wird.

Der katholische Zweig

Ende der sechziger Jahre greift diese Bewegung – obwohl zunächst auf die protestantische Pfingstbewegung und damit auf die pietistischste Tradition der Protestanten beschränkt – auf den amerikanischen Katholizismus über. Dieser Vorgang wird bedeutende Konsequenzen haben, nicht nur in den Vereinigten Staaten – wo er den Einfluß der Rechristianisierung »von unten« über ihren ursprünglichen Einzugsbereich hinaus erweitern wird –, sondern auch in den übrigen katholischen Ländern. In seinem Gefolge wird es zur Gründung zahlreicher charismatischer Erneuerungsbewegungen kommen, die sich nach 1975 in Europa ausbreiten. In Amerika erwacht das Interesse an den Erfahrungen der protestantischen Pfingstbewegung im Frühjahr 1967, und zwar zuerst im Kreis einiger katholischer Laien, die an der Universität Duquesne lehren.[24]

Nachdem sie von Anhängern der Pfingstbewegung die Taufe im Heiligen Geist empfangen haben, werben sie vor allem unter den Studenten und Lehrkräften der Universität Notre-Dame, einem der wichtigsten geistigen Zentren des amerikanischen Katholizismus, eifrig neue Mitglieder. Wieviel Mühe sie sich dabei geben und wie groß die Resonanz ist, wird klar, wenn man überlegt, daß zwischen 1971, als die erste Schrift der katholischen Pfingstbewegung (auch »Charismatiker« genannt) mit dem Titel *The New Covenant* (»Der Neue Bund«) erscheint, und 1978 die Zahl der Mitglieder in den Gebetsgruppen dieser Bewegung schon auf etwa 600 000 gestiegen ist. Die theologische Einschätzung entspricht der der protestantischen Pfingstbewegung: In der ersten Hälfte der siebziger Jahre sind die ihr angehörenden Katholiken der Ansicht, daß die institutionelle Kirche von den gleichen kräftezehrenden Übeln befallen ist wie die Gesellschaft, die sie doch eigentlich kurieren sollte. Nur eine neue Eingebung des Geistes kann ihr wieder die Kraft geben, die sie braucht, um inmitten einer säkularisierten Gesellschaft eine Gemeinschaft wahrer Christen aufzubauen.

Ein junges katholisches Paar sagte dazu in einem Interview 1969: »Dem institutionellen Christentum, und zwar sowohl dem protestantischen als auch dem katholischen, ist es ganz offenkundig nicht gelungen, dem modernen Menschen in überzeugender Weise die Heilsbotschaft nahezubringen ... Wir glauben, daß die Taufe im Heiligen Geist und die von ihm verliehenen Gaben gerade dem nichtgläubigen Menschen neue Kraft geben können.«[25] Während das Zweite Vatikanum sich der Sprache der Welt öffnet und beschließt, daß die Gottesdienste fortan in der jeweiligen Landessprache, und nicht mehr in Lateinisch, abgehalten werden, schlagen die katholischen Charismatiker den entgegengesetzten Weg ein: Das »Zungensprechen« in einem den Menschen unverständlichen Idiom verleiht dem göttlichen Mysterium wieder seine ursprüngliche Fülle.[26] Der Christ, der in der säkularen Gesellschaft keine Orientierung mehr findet, weil die Kirche ihren ursprünglichen Auftrag verraten hat, findet erst durch die Wiederbelebung der personalen Beziehung zum Schöpfer wieder einen sicheren Bezugsrahmen für sein Privatleben und sein Verhalten in der Gesellschaft.

Wie ihre protestantischen Brüder jedoch streben die katholischen Pfingstbewegungen zunächst nicht nach einer Umgestaltung und Rechristianisierung der Gesellschaft als Ganzer; sie zeigen keinerlei politischen Ehrgeiz und möchten lediglich ein Netz von Gruppen aufbauen, in denen sie ihre »christliche Resozialisierung« betreiben können. Bis Mitte der siebziger Jahre bleibt dies in der amerikanischen Evangelikalenbewegung die vorherrschende Einstellung. Als jedoch der *born again*-Baptist Jimmy Carter zum Präsidenten der Vereinigten Staaten gewählt wird, begreift man mit einemmal, daß manche dieser Evangelikalen nunmehr handfeste politische Ziele verfolgen.

Der Beginn des politischen Engagements

Die Wochenzeitschriften *Time* und *Newsweek* erklären 1976 zum »Jahr der Evangelikalen«; es ist zumindest das Jahr, in dem die Presse diesem Phänomen stärkere Beachtung schenkt, weil es nun erstmals auch auf politischem Terrain sichtbar wird. Zunächst sieht man in der Evangelikalenbewegung einen Ausdruck der moralischen Erneuerung. Nach der Watergate-Affäre, die zeigt, wie skrupellos Politiker bei der Wahl ihrer Methoden und Mittel sein können, erwartet man von dem neuen Präsidenten absolute moralische Integrität. Daß Evangelikalismus damals nicht unbedingt gleichbedeutend mit politischem Konservativismus ist, sieht man daran, daß Jimmy Carter der Kandidat der Demokraten und der Inbegriff eines amerikanischen *liberal* ist, was etwa einem europäischen Sozialdemokraten entspricht.

Eine zweite Phase, die sich mit der Regierungszeit Ronald Reagans deckt und 1980 beginnt, steht bereits unter ganz anderen Vorzeichen, denn der neue Präsident wird massiv von politisch-religiösen Bewegungen unterstützt, die dem Evangelikalismus bzw. dem Fundamentalismus nahestehen – beide Begriffe werden von nun an immer mehr zu Synonymen – und am äußersten rechten Rand des politischen Spektrums stehen. Die »Moral Majority« von Jerry Falwell ist die bekannteste dieser Bewegungen, doch keineswegs die einzige: Zahlreiche Interessengruppen formieren sich mit dem Ziel, die politischen Entscheidungen im Sinne der von ihnen verfolgten Rechristianisierung zu beeinflussen. Manche Bewegungen verfolgen genau definierte Zielsetzungen – etwa die Wiedereinführung des Schulgebets oder das Verbot der Abtreibung –, die sie jedoch in einen umfassenden Zusammenhang einordnen. Es geht nicht mehr nur darum, »wiedergeborene« Christen in eine Gemeinschaft der Erwählten einzugliedern, sondern darum, das politische System zu verändern, wobei man an der Schule, der Nahtstelle zwischen Familie und Zivilgesellschaft, ansetzt.[27] So schreibt etwa Jerry Falwell in seinem Aktionsprogramm: »Es gibt fünf Hauptprobleme, die politisches Eingreifen erfordern und die jeder sittenbewußte Amerikaner bekämpfen muß: Abtreibung, Homosexualität, Pornographie, Humanismus und Zerstörung der Familie.«[28]

Hier kann man nur Abhilfe schaffen, wenn jeder über sein persönliches Heil hinaus auf das Heil aller Amerikaner bedacht ist. Mit dieser Bewegung bildet sich in den Vereinigten Staaten eine neue politisch-religiöse Kultur heraus, die von der fundamentalistischen Tradition der Nachkriegszeit das Interesse an der Politik übernimmt, die sie jedoch indirekt, über die in der nichtgläubigen Gesellschaft bedrohte Moralität des einzelnen beeinflussen will (und nicht mehr direkt, wie in der Zeit des Kalten Krieges, durch offene Ablehnung des Kommunismus). Von der Tradition der Evangelikalen der fünfziger und sechziger Jahre bewahrt sie die verschiedenen Formen der Massenmobilisierung und die Strukturen der christlichen Resozialisierung, doch verharrt sie nicht länger in der politischen Indifferenz einer reinen Glaubensgemeinschaft, sondern bläst zum Sturm auf das Kapitol.

Die Abtreibung – die für Falwell unter den »Hauptproblemen, die politisches Eingreifen erforderlich machen«, Priorität besitzt – ist eine an der Nahtstelle zwischen privater und öffentlicher Sphäre angesiedelte Problematik. Sie wirkt als eine Art Hebel, der an der Familie ansetzt und durch Mobilisierung der Zivilgesellschaft den Staat unter Druck setzt. Die Auseinandersetzung um die Abtreibung beginnt in den Vereinigten Staaten im Jahre 1973, als der Oberste Gerichtshof im Prozeß Roe gegen Wade die Abtreibung auf Ersuchen einer schwangeren Frau für legal erklärt.[29] Die Fundamentalisten sehen in diesem Urteil einen eindeutigen Verstoß gegen die allerheiligsten Gesetze des Christentums – vor allem gegen das sechste Gebot, »Du sollst nicht töten«. Durch die rechtliche Sanktionierung dieses Verstoßes gegen das göttliche Gesetz hätten die staatlichen Behörden von sich aus den Boden der obersten Legalität verlassen und damit den bürgerlichen Ungehorsam im Namen des Gehorsams zu Christus legitimiert. In den Worten Jerry Falwells: »Die Bürger sollten sich nur dann über die Gesetze hinwegsetzen, wenn das menschliche Gesetz gegen das göttliche Gesetz verstößt.«[30]

Die fundamentalistischen Bewegungen wenden mehrere Strategien an, um dieses »gottlose« Gesetz zu Fall zu bringen. Die radikalsten Gruppierungen schließen sich in dem Verband »Operation Rescue« zusammen, die ihren Namen von einer Stelle aus dem Buch »Sprüche Salomos« ableitet, die in der Übersetzung der Fundamentalisten lautet: »Rettet *(Rescue)* jene, die man ohne Grund zum Tode verurteilt hat; laßt es nicht zu, daß man sie hinrichtet.«[31] Die Aktivisten bilden Menschenketten um Kliniken und Krankenhäuser, in denen Abtreibungen vorgenommen werden, und zwingen die Polizei dazu, diese »Sperrgürtel« gewaltsam aufzulösen. Die Bilder von diesen Ereignissen, die in den Medien erscheinen, rufen unweigerlich die Erinnerung wach an die Festnahmen von Gegnern des Vietnamkrieges zehn Jahre zuvor. Die Taktik zur Sensibilisierung der öffentlichen Meinung ist die gleiche wie damals, doch die selbsternannten Hüter des gesellschaftlichen Gewissens, die gegen die Willkür und Ungerechtigkeit des Staates protestieren, siedeln sich nicht mehr am linken, sondern am rechten Rand des politischen Spektrums an.

Das Weiße Haus nach der Herrschaft Satans

Auch wenn die Strategie von Jerry Falwell und seinen Freunden sich weniger spektakulär ausnimmt, ist sie doch nicht weniger wirkungsvoll. Er schreibt: »Die Amerikaner haben dafür zu sorgen, daß solche Politiker an die Macht kommen, die Amerika gerecht und getreu den göttlichen Geboten regieren.«[32] Deshalb wird die 1979, zu einer Zeit, da die Amerikaner mit der Teheraner Geiselaffäre eine ihrer tiefsten Demütigungen erleben, gegründete »Moral Majority« eine wichtige Rolle bei der Wahl jenes Präsidentschaftskandidaten spielen, von dem man die Wiedereinführung der göttlichen Gesetze erwartet: Ronald Reagan.

In religiöser Hinsicht sind die Wahlmöglichkeiten der Amerikaner bei den Präsidentschaftswahlen 1980 sehr begrenzt; denn alle drei »Hauptkandidaten«, Anderson, Carter und Reagan, bekennen sich – dem Zeitgeist gemäß – zum Evangelikalismus. Doch setzen sie dabei ganz unterschiedliche Akzente; während Jimmy Carter sich in der Geiselaffäre so verhält, als habe er das biblische Gleichnis verinnerlicht, nach dem man einem Angreifer nicht nur die rechte, sondern auch die linke Wange darbieten soll, tritt Ronald Reagan als Verfechter eines amerikanischen Patriotismus auf, der sich mit der biblischen Botschaft identifiziert und die Vereinigten Staaten zum neuen Jerusalem erklärt. Im Wahlkampf äußert er Zweifel an der Gültigkeit der Darwinschen Evolutionstheorie und erklärt, daß man in den Schulen die Lehre von der göttlichen Schöpfung als gleichwertige Alternative vermitteln solle; er kritisiert das »indifferente«, keinerlei sittliche Orientierung gebende Schulsystem, das er für den Anstieg der Kriminalität und der Drogensucht verantwortlich macht – womit er in dieselbe Kerbe schlägt wie die radikalsten Fundamentalisten.[33] Und 1982 sagt er vor der amerikanischen Bundesvereinigung der Evangelisten: »Schon immer war ich der Meinung, daß unser gesegnetes Land zu etwas ganz Besonderem auserwählt ist, daß die göttliche Vorsehung diesen großen Kontinent genau hier, zwischen den Ozeanen, plaziert hat, damit alle freiheitsliebenden und frommen Menschen in der ganzen Welt hierher finden können.« Gleich danach erklärt er 1983 zum »Jahr der Bibel«.[34]

Die Wahlerfolge Ronald Reagans 1980 und 1984 haben die fundamentalistischen Bewegungen der »neuen christlichen Rechten« (»Moral Majority«, »Christian Voice«, »Religious

Roundtable« usw.)[35] auf ihren Einsatz für den Kandidaten der Republikaner zurückgeführt, insbesondere auf die massive Mobilisierung von zwei bis vier Millionen Mitgliedern evangelikaler Kirchen, die sich ihrer Tradition nach nicht für Politik interessierten. Wenn diese Behauptung auch differenziert werden muß, so zeigt die genaue Analyse der Wahl von 1980 doch, daß die Mitglieder evangelikaler Kirchen verstärkt an die Urnen gegangen sind und daß sie, über ihre traditionellen ländlichen Hochburgen im tiefen Süden hinaus, mittlerweile auch in den modernsten Metropolen der Vereinigten Staaten Fuß gefaßt haben, wo sie sich aktiv an der Umgestaltung der postindustriellen Gesellschaft beteiligen.

Im Vergleich zu den vorangegangenen Wahlen ist die Wahlbeteiligung unter den Mitgliedern evangelikaler Kirchen 1980 insgesamt beträchtlich angestiegen – und zwar bei den weißen Anhängern evangelikaler Kirchen in den Südstaaten von 61,1 % auf 77 % und bei den übrigen von 60,8 % auf 74,6 % – während sich gleichzeitig bei den Anhängern nicht-evangelikaler Kirchen eine gleichbleibende oder gar sinkende Wahlbeteiligung feststellen läßt. Was die Verteilung ihrer Stimmen auf die Kandidaten anlangt, so zeigen sich außerhalb des *Bible Belt* die größten Veränderungen: Hatten 1976 noch 57,3 % für Carter gestimmt, so sind es 1980 nur noch 28,7 % – während auf Reagan 67,8 % der Stimmen entfallen (Jerry Ford kam 1976 nur auf 42,7 %). In den Südstaaten verzeichnet Carter hingegen nur leichte Stimmenverluste: von 40,8 % 1976 sinkt er auf 38,8 % 1980 ab. Wo Ford vier Jahre zuvor 59,2 % der Stimmen gewonnen hatte, kann Reagan 1980 61,2 % der Stimmen für sich verbuchen.[36]

Der große Erfolg bei der Mobilisierung der evangelikalen Wählerschaft weist auf den wachsenden Einfluß der Verfechter einer Rechristianisierung »von oben« hin, die fortan von der neuen christlichen Rechten betrieben wird und die einfache christliche Resozialisierung von Erwählten in pietistischen Gemeinschaften immer stärker in den Hintergrund drängt. Die

Frage, weshalb außerhalb des *Bible Belt* so viele weiße Mitglieder evangelikaler Kirchen für Reagan gestimmt haben, verdient um so mehr Beachtung, als dies in entscheidender Weise zum Erfolg des Kandidaten beigetragen hat.

Die theologische Grundeinstellung der meisten Evangelikalen ist bis zur Mitte der siebziger Jahre eine Art »Prä-Chiliasmus«, nach der sich die Situation auf der Erde immer weiter verschlechtert, bis Christus die Auserwählten von der Welt zu sich beruft, um schließlich zurückzukehren und mit ihrer Hilfe das Himmelreich auf Erden zu errichten. Aus dieser Einstellung folgt ein radikaler kultureller und politischer Pessimismus sowie ein elitäres Denken, denn nur die »Geretteten« will man zu christlicher Vollkommenheit anhalten, damit aus ihnen einst die Auserwählten hervorgehen. Diese alte Tradition des Protestantismus blieb in Amerika keineswegs auf einige isolierte Sekten beschränkt. Das beweist das seit seinem Erscheinen über zehnmillionenmal verkaufte Buch von Hal Lindsey, *The Late Great Planet Earth* (Der untergegangene Planet Erde)[37], ein eschatologischer Thriller, der eine Serie von Katastrophen vorhersagt, die mit der Schlacht von Armageddon zwischen dem Antichrist und Jesus ihren Höhepunkt erreichen.

Dieses fehlende Vertrauen in die Fähigkeit der Menschen, für Gott und das Gute zu wirken, spiegelt auf religiöser Ebene die Randstellung wider, die die überwiegende Mehrheit der Evangelikalen zwischen dem Ende der Prohibition und der Mitte der siebziger Jahre hatten hinnehmen müssen. In den dreizehn Jahren der Prohibition war es den Anhängern dieser protestantischen Strömung 1919 tatsächlich gelungen, durch die Annahme der von ihnen initiierten Verfassungsänderung, die den Alkoholkonsum untersagte, einen ihrer zentralen Werte, nämlich die Enthaltsamkeit, in den amerikanischen Rechtsvorschriften zu verankern. Doch nach der Aufhebung der Prohibition, 1933, verliert die fundamentalistische und evangelikale Subkultur ihren Kampf gegen die Lebensgewohnheiten der neuen Einwanderer aus Süd- und Osteuropa, die gern »Hochprozentiges« zu sich nehmen und sich in den Arbeitervororten niederlassen, sowie gegen die Wertvorstellungen der Intellektuellen, die von der hohen Kultur Londons, Paris' oder Berlins geprägt sind und in den vornehmen Wohnvierteln leben.

Fast fünfzig Jahre lang leben die Fundamentalisten nun in einer Art innerem Exil, das sie in die ländlichen Regionen der Südstaaten verbannt, und sie fühlen sich machtlos gegenüber den herrschenden Werten des »atheistischen Humanismus«, die von den »Liberalen« in allen Medien und an den Universitäten verbreitet werden und die sich durch Gesetzesänderungen auf Bereiche wie das Schulwesen und die individuelle Moral auswirken. Ihren Höhepunkt erreicht diese Entwicklung 1973, als der Oberste Gerichtshof die Abtreibung für gesetzmäßig erklärt. Doch schon 1962 hatte ein Gerichtsurteil, das das Gebet in öffentlichen Schulen untersagte – und zwar auch dann, wenn es sich, wie im vorliegenden Fall im Staat New York, um ein ökumenisches Gebet handelte –, unter den Fundamentalisten einen Sturm der Entrüstung entfacht. Die Textpassage, die die Richter für verfassungswidrig erklärt hatten, lautete: »Allmächtiger Gott, wir erkennen unsere Abhängigkeit von Dir und bitten Dich inständig, uns, unsere Eltern, unsere Lehrer und unser Land zu segnen.« Der Gerichtshof hatte sich in seinem Urteil auf die erste Novelle der amerikanischen Verfassung gestützt, die dem Kongreß die Verabschiedung eines Gesetzes verbietet, wenn es die Gründung einer Staatskirche *(an establishment of religion)* begünstigt oder die freie Religionsausübung beeinträchtigt.[38]

Der »atheistische Humanismus« war nach Ansicht der evangelikalen und fundamentalistischen Kirchen aufgrund seiner Fähigkeit, dominante Wertvorstellungen zu begründen, zu verbreiten und ihnen sogar Gesetzeskraft zu verleihen, unaufhaltsam auf dem Siegeszug. Dieser juristische Aspekt kommt im wesentlichen erst in den sechziger Jahren zum Tragen und wird von den Fundamentalisten als höchst bedrohliche Einmischung empfunden. Dies wiederum ist der Anlaß für das politische Engagement, das in den folgenden Jahren beginnt und also zunächst einer Verteidigungshaltung entspringt, eine reine Überlebensfrage ist und erst später zu einer offensiven Rückeroberungsstrategie wird.

Das zeigt sich besonders in der massiven Unterstützung für Ronald Reagan bei den Präsidentschaftswahlen 1980. Gary North – selbst »politischer« Fundamentalist – beschreibt die Atmosphäre einer solchen Sympathiekundgebung: »Fundamentalistische Führer aus dem ganzen Land traten auf und verkündeten der Menge, die Wahl 1980 sei nur ein erster Schritt, und man wolle weiterkämpfen, bis der Staat die biblischen Gebote zu Gesetzen erhebe ... Es war ein seltsames Schauspiel: Tausende von Christen, einschließlich Pfarrern, die ihr ganzes Leben an die unmittelbar bevorstehende Wiederkehr Christi, an die zunehmende Macht des Bösen und die Ohnmacht der Kirche vor der Sündenverfallenheit der Menschen geglaubt hatten, jubelten plötzlich Predigern zu, die ebenfalls ihr ganzes Leben lang an diese Lehre von der Niederlage der Kirche in der Welt geglaubt hatten, doch jetzt den nahe bevorstehenden Sieg auf Erden beschworen ...«[39]

Der Zugang zur Universität

Diese Politisierung der Theologie geht einher mit sozialen Veränderungen unter den Anhängern evangelikaler Kirchen. Bis in die siebziger Jahre zeigen alle statistischen Erhebungen über diese Bevölkerungsgruppe, daß sie von dem nun schon zwei Jahrzehnte ununterbrochen anhaltenden Wohlstand völlig ausgeschlossen geblieben ist. Sie konzentriert sich vor allem auf die ländlichen Regionen und Kleinstädte in den Südstaaten (einschließlich der Atlantikküste) und des Mittleren Westens (43,7% leben in Gemeinden mit weniger als 2500 Einwohnern); sie weist ein höheres Alter, mehr weibliche Mitglieder und mehr Ehepaare als der Durchschnitt auf und gehört zu den einkommenschwachen Schichten: 1978 verdienen 25,3% der Mitglieder evangelikaler Kirchen weniger als 4000 Dollar pro Jahr, was dem Durchschnittseinkommen entspricht. Der Anteil der Personen ohne Volksschulabschluß (8,9%) und ohne Abitur (28,9%) liegt über dem der Gesamtbevölkerung. Dazu meint J. D. Hunter: »Die Anhänger evangelikaler Kirchen rekrutieren sich heute vorwiegend aus Bevölkerungsgruppen mit geringer Bildung und mit niedrigem oder unterem mittlerem Einkommen sowie aus Arbeitern *(working class occupations)*. Da die jüngere Generation jedoch über eine wesentlich bessere Bildung verfügt, kann man davon ausgehen, daß die Mitglieder evangelikaler Kirchen sich innerhalb dieser Schichten nach oben arbeiten.«[40]

Bei der »politischen Wende« der evangelikalen Kirchen nach 1975 wird diese gebildete junge Generation eine wichtige Rolle spielen. Dank ihrer höheren Bildung kann sie sich aus der Randstellung befreien, zu der viele ihrer Eltern verurteilt waren, und sich an das urbane Leben der postindustriellen Gesellschaft anpassen. Doch dabei kommt es nicht etwa zu einer Preisgabe der familiär vermittelten Wertvorstellungen und zur Übernahme eines »säkularen Humanismus«; vielmehr wird das Ausgangscredo noch verstärkt und durch den Einsatz modernster Techniken verteidigt und allgemein verbreitet.

In den siebziger Jahren hat sich die Bildungssituation von Jugendlichen aus evangelikalen Familien nachhaltig verbessert: So hat zwischen 1971 und 1978 die Zahl evangelikaler Volksschulen und weiterführender Schulen um 47%, die der dort unterrichteten Schüler sogar um 95% zugenommen. 1985 gibt es in den Vereinigten Staaten 18 000 solcher Schulen und Lehranstalten mit insgesamt 2,5 Millionen Schülern. Diese Entwicklung ist um so bemerkenswerter, als in den siebziger Jahren der Geburtenrückgang dazu geführt hat, daß die Zahl der Einschulungen landesweit um insgesamt 13,6% abnahm.[41]

Von dem Ausbau des Unterrichtswesen profitieren auch die Hochschulen: Während 1960 nur 7% der Mitglieder amerikanischer evangelikaler Kirchen eine Universität besuchten, sind es Mitte der siebziger Jahre schon 23%. Hadden und Shupe bemerken dazu: »In diesem Zeitraum hat keine andere religiöse Gruppierung eine derart rasante Zunahme der Hochschulzugänger zu verzeichnen.«[42] Parallel dazu zeigen Ende der siebziger und Anfang der achtziger Jahre durchgeführte Umfragen, daß unter allen amerikanischen Protestanten die evangelikalen und fundamentalistischen Kirchen den größten Anteil an Jugendlichen aufweisen. Die liberalen Protestanten hingegen bilden das Schlußlicht: 1978/1979 sind 54% der landesweit befragten Mitglieder evangelikaler Kirchen zwischen 18 und 50 Jahre alt, und 1984 sind nur 17% ihrer Mitglieder älter als 65 Jahre.[43]

Diese jungen Leute und ihre (getreu dem Gebot: »Seid fruchtbar und mehret euch« in die Welt gesetzten) zahlreichen Kinder wurden gewöhnlich bis zum Ende der Sekundarstufe in eigenen Lehranstalten unterrichtet. Die wenigen, die daraufhin ein Studium aufnahmen, entschieden sich für Theologie oder gingen an Universitäten, die nicht von fundamentalistischen oder evangelikalen Kirchen kontrolliert wurden. Auch hier wird sich mit der Gründung fundamentalistischer Universitäten, die auf der Grundlage des Glaubens an die Unfehlbarkeit der Bibel sämtliche wissenschaftlichen Disziplinen abdekken möchten, die Situation in den siebziger Jahren grundlegend ändern.

Es gab zwar bereits in den sechziger Jahren einzelne evangelikale Universitäten, doch diese orientierten sich an der damals herrschenden prä-chiliastischen Lehre und bemühten sich fast nie um die Heranbildung von Eliten, die im Rahmen der Rechristianisierung »von oben« den Kampf gegen die säkulare Gesellschaft aufnehmen sollten. Zu den bekanntesten dieser Universitäten zählen die Bob Jones University und die 1965 gegründete Oral Roberts University. Diese fungiert in erster

Linie als eine Art »fachliches« Schulungszentrum für die Anhänger der Pfingstbewegung, wo sie Techniken der Anwerbung neuer Mitglieder auf »individueller wie auf Gruppenebene« vermittelt bekommen und sich »wissenschaftlich« vervollkommnen können, um unter Einsatz modernster audiovisueller Medien in der ganzen Welt Wunderheilungen vollbringen zu können.

Dieses Projekt von Oral Roberts sollte seinen krönenden Abschluß in einer medizinischen Fakultät finden, der »Stadt des Glaubens«, die 1979 ihre staatliche Zulassung erhielt und die Methode der Wunderheilungen mit modernster medizinischer Forschung verbinden wollte. Da es jedoch an Patienten fehlte, die glaubten, durch Teufelsaustreibung ihren Krebs besiegen zu können, scheiterte das Projekt schließlich. Ursprünglich jedenfalls verfolgte Roberts mit diesem Projekt die Absicht, die Studenten vor dem unheilvollen Einfluß der weltlichen Hochschulen zu schützen; denn seiner Meinung nach waren alljährlich Tausende von Jugendlichen, die ihr Abitur in evangelikalen Schulen abgelegt hatten, »sobald sie an nicht vom Geist Gottes durchdrungene Universitäten kamen, für das Evangelium verloren«. Dem konnte man nur dadurch abhelfen, daß man »eine erstklassige Universität aufbaute, in der sämtliche Studienfächer und nicht nur das Evangelium unterrichtet werden«[44]. 1981 unterrichteten an den sieben Fakultäten (Geistes- und Naturwissenschaften, Betriebswirtschaft, Zahnmedizin, Jura, Medizin, Krankenpflegeschule, Theologie) der in Tulsa im Bundesstaat Oklahoma gelegenen Oral Roberts University 375 Dozenten 4170 Studenten, denen eine Bibliothek mit über einer Million Bänden zur Verfügung stand. Die Studenten mußten einen »Ehrenkodex« unterschreiben, in dem die Rocklänge für die Mädchen und die Haarlänge für die Jungen ebenso genau festgelegt waren wie Maßregeln für das Verhalten auf dem Campus und im Alltagsleben.

Die politisch aktivste und »leistungsfähigste« evangelikale Universität ist zweifellos das von Jerry Falwell 1971 in Lynchburg in Virginia gegründete Liberty Baptist College, das später in Liberty University umgetauft wurde. Hadden und Shupe sind der Ansicht, daß dieser Universitätskomplex »der Schlüssel zum Verständnis von Falwells Plan ist, sein halbkirchliches Imperium und seinen Einfluß auf den Gang der amerikanischen Gesellschaft zu erweitern . . . Liberty ist weit mehr als ein simples Seminar für angehende Missionare . . . es ist eine Bildungsanstalt für Tausende von Akademikern, denen man eingetrichtert hat, die Welt aus der Perspektive der religiösen Überzeugungen und sozioökonomischen Anschauungen Falwells zu betrachten. Die Absolventen dieser Universität werden in alle Berufszweige eindringen.«[45]

Diese Hochschule gehört zu einem Netz von Einrichtungen, mit dem Falwell das Land in den letzten zwanzig Jahren überzogen hat und das die amerikanische Gesellschaft »von oben« rechristianisieren soll. Die Liberty University ist eine langfristig angelegte politische Investition, die die auf kurzfristige Einflußnahme angelegte Interessengruppe »The Moral Majority« ablöst und deren Ideale weiterverfolgt. Die Funktionsweise dieses Netzes versteht man nur, wenn man sich den umfassenden Kontext klarmacht, in dem es arbeitet.

Der strategische Kopf des Projekts, der 1933 geborene Jerry Falwell, entstammt einer Familie ländlicher Abkunft, die nicht durch einen besonderen Glaubenseifer aufgefallen war. Das Leben seines Vaters, eines erfolglosen Geschäftsmannes, stand unter einem ungünstigen Stern: Nachdem er 1931 in Notwehr seinen eigenen Bruder getötet hatte, wurde er zum Alkoholiker und starb schließlich an Leberzirrhose. Bis zu seinem achtzehnten Lebensjahr hat sich Falwell kaum für Religion interessiert; ab 1950 studiert er an einer technischen Lehranstalt Maschinenbau. Dort kommt es zu seiner »Erweckung«, worauf er sein Studium abbricht und sich auf den Beruf des Geistlichen vorbereitet. Schon 1956 gründet er seine eigene unabhängige Kirche, die er nach dem Namen der Straße, in der er – im leerstehenden Schuppen einer Limonadenfabrik – seine kleine

Glaubensgemeinde von 35 Personen versammelt, Thomas Road Baptist Church nennt. Seine Biographen glauben nicht, daß der Fundamentalismus schon damals eine besondere spirituelle Anziehungskraft auf ihn ausgeübt habe, und sind der Ansicht, es sei allein eine berufliche Entscheidung gewesen, die ihn dazu veranlaßt habe, seine eigene Kirche zu gründen.[46]

Aufgrund seines außergewöhnlichen Organisationstalentes und seiner großen Geschicklichkeit in der propagandistischen Ausnutzung der neuesten Medientechniken zählt seine Glaubensgemeinde schon nach einem Jahr 864 Mitglieder. Zur Anwerbung neuer Anhänger und zum Lockermachen von Spendengeldern benutzt er zunächst das Radio, das Telefon und sämtliche Methoden der Haustürwerbung; doch schon zu Beginn der sechziger Jahre interessiert er sich auch fürs Fernsehen. 1968 gründet er eine Fernsehproduktionsgesellschaft, die seine Predigten ausstrahlt. Diese werden mit großem Erfolg in einer Sendereihe unter dem Titel *The Old Time Gospel Hour* (Die Stunde des Evangeliums aus der guten alten Zeit) übertragen. Während der sechziger Jahre, als Falwell noch ein Prediger ist, den man außerhalb seines Wirkungsortes kaum kennt, versucht er in seinen Predigten auf die jeweils aktuellen soziokulturellen Veränderungen in Lynchburg einzugehen und Lösungen anzubieten.

Tatsächlich werden in dieser etwa 250 Kilometer von Washington entfernten, im Herzen Virginias gelegenen Kleinstadt mit 70 000 Einwohnern beispielhaft jene tiefgreifenden Veränderungen sichtbar, die den Süden der Vereinigten Staaten während der sechziger Jahre aus seiner zivilisatorischen Rückständigkeit herausreißen und in die postindustrielle Moderne katapultieren. Dazu schreibt die Essayistin Frances Fitzgerald: »Zu Beginn der fünfziger Jahre waren die Erwerbstätigen in Lynchburg größtenteils ungelernte Arbeiter, und dementsprechend besaß die Stadt nur eine sehr dünne Mittelschicht; heute (1981) sind die Arbeitskräfte hier hochqualifiziert, und es existiert eine sehr breite Mittelschicht. Die Anhängerschaft Falwells setzt sich aus typischen Vertretern dieser neuen Schicht zusammen: aus Angestellten, Ingenieuren, kleinen Geschäftsleuten und gut- bis hochqualifizierten Arbeitern, die in neuen Branchen tätig sind.«[47]

Wie Falwell selbst sind auch zahlreiche seiner engsten Vertrauten entweder fertige Ingenieure oder Leute, die ihr Ingenieurstudium abgebrochen haben.[48] Ihr Bezug zur Bibel und deren gezielte Ausnutzung für die Rechristianisierung der Gesellschaft ist demnach vom Geist der modernen, nach Effizienz strebenden Technik geprägt. Das wirft freilich zugleich das Problem auf, wie die Unfehlbarkeit der Bibel mit den Ergebnissen der modernen Naturwissenschaft und Technik in Einklang gebracht werden kann. Im Gegensatz zu den zwanziger Jahren, als der Fundamentalismus der Wissenschaft gleichgültig, ja ablehnend gegenüberstand (man denke nur an den Fall Scopes!), betonen seine Anhänger in den siebziger und achtziger Jahren immer wieder, daß Naturwissenschaft und – selbst ein noch so orthodoxer – Glaube völlig miteinander vereinbar seien. In der Oral Roberts University hatte dies sogar dazu geführt, daß man die Medizin als Spezialgebiet der Wunderheilungen betrachtete; dies blieb allerdings ein Einzelfall, und der Lehrbetrieb wurde im Herbst 1989 eingestellt. An der Liberty University hat man sich nicht auf ein derartiges Abenteuer eingelassen: Die Studenten können hier wählen zwischen der Fakultät für Religionswissenschaft, der Hochschule für Wirtschaft und politische Wissenschaft, der Hochschule für Kommunikationstechniken, der Fakultät für Pädagogik und der Fakultät für Geistes- und Naturwissenschaften.

In der Fakultät für Geistes- und Naturwissenschaften werden neben »neutralen« Disziplinen, wie Informatik, Chemie, Mathematik und Musik, auch Fächer wie Geschichte, Philosophie und Biologie unterrichtet, in denen die ideologischen Anschauungen Falwells und seine Absicht, die herrschenden Wertvorstellungen des »säkularen Humanismus« zu überwinden, deutlich zum Tragen kommen. Alle Studenten müssen die

Pflichtvorlesung »Geschichte des Lebens« besuchen, die »ihnen einen vertieften Einblick in die Auseinandersetzung zwischen dem Kreationismus und dem Evolutionismus verschaffen soll« – das heißt, ihnen die Lehre von der »Gottesgeschöpflichkeit« des Menschen als unbedingt wahr ausweisen und ihnen gleichzeitig Argumente gegen die darwinistische Evolutionslehre an die Hand geben soll.

Das Zentrum für »Schöpfungsstudien« und das Museum für Lebens- und Erdgeschichte »liefern konkretes Anschauungsmaterial zu den Begriffen der kreationistischen Lehre, stellen Forschungsprojekte auf diesem Gebiet vor und verherrlichen den Schöpfer der Erde und des Lebens«.[49] Die Lehrkräfte der Universität müssen vor ihrer Einstellung eidesstattlich versichern, die Wertvorstellungen der Institution zu teilen. Sie müssen Christus begegnet und »wiedergeboren« *(born again)* sein, an die Unfehlbarkeit der Bibel und an die Lehre von der Geschöpflichkeit des Menschen glauben. Auch die Studenten müssen bezeugen, daß sie »wiedergeboren« sind. Der Unterricht an der Liberty University soll nicht die Fähigkeit der Studenten fördern, überkommene Ansichten zu hinterfragen, sondern ihnen die eine unerschütterliche Wahrheit in all ihren Aspekten vermitteln.

Die spätere Universität war aus bescheidenen Anfängen hervorgegangen: dem 1971 gegründeten Liberty Baptist College, wo damals vor allem junge Prediger ausgebildet werden sollten, die das Credo Falwells teilten und im ganzen Land Kirchen gründen wollten, welche der Thomas Road Baptist Church angegliedert sein sollten. Außerdem waren mit einem »materiellen« Projekt (einem College, einem Krankenhaus, einer Kirche ...) den Zuschauern religiöser Sendungen leichter Spenden zu entlocken als mit einer Geldsammlung für die Missionierung von Nichtgläubigen. Erst 1985, nachdem das andere Großprojekt Falwells, die »Moral Majority«, schon an seine Grenzen gestoßen und auf dem absteigenden Ast war, wurde das College in eine Universität umgewandelt.

Doch gerade in dieser Bewegung, die die Hoffnungen ihrer Anhänger ebenso heftig anstachelte, wie sie die Feindschaft der »Säkularisten« und der amerikanischen Linksliberalen auf sich zog, hatte die »neue christliche Rechte« den größten Anklang gefunden. In der amerikanischen Öffentlichkeit kam es gegenüber der »Moral Majority« zwischen deren Gründung 1979 und der Auflösung im Juni 1989 zu mehreren Stimmungsumschwüngen, und sie wurde schließlich Opfer ihres stark umstrittenen Erfolgs als politisch-religiöse Lobby bei den Wahlen 1980 und 1984. Ihre extreme Politisierung, die Radikalität ihrer in allen Medien breitgetretenen Ansichten zur Abtreibung, Homosexualität, Pornographie und zum Schulgebet hatten die Verbreitung ihrer ethischen und sozialen Botschaft außerhalb des Kreises ihrer Anhänger erschwert.

In der ersten Hälfte der achtziger Jahre durchgeführte Umfragen zeigen übereinstimmend, daß die Ansichten der Bewegung in der Bevölkerung nur auf geringe Zustimmung stießen: Bei der Gallup-Umfrage von 1981 gaben 40% der Befragten an, schon von der »Moral Majority« gehört zu haben, doch nur 8% hatten eine positive Meinung von ihr. 1982 gaben 55% an, die »Moral Majority« sei ihnen ein Begriff; 12% hatten eine positive Meinung von ihr. 1985 schließlich äußerten sich in einer weiteren Meinungsumfrage 3% der Befragten sehr positiv, 6% bezeichneten sich als Sympathisanten, doch 69% der Befragten standen ihr kritisch oder ablehnend gegenüber. Falwell reagierte auf diese Schwierigkeiten mit der Gründung einer neuen Bewegung, der »Liberty Federation«, im Januar 1986, die die »Moral Majority« ablösen und zugleich »ihren Horizont über die politische Sphäre im engeren Sinne hinaus erweitern« sollte: »(...) seit sechs Jahren zieht die Presse den Namen ›Moral Majority‹ in den Schmutz. Es gibt viele Leute, die insgeheim unsere Forderungen unterstützen, die sich aber aus Angst vor Verleumdungen nicht öffentlich zu uns bekennen ...«[50]

Äußere Zwänge, aber auch in der Bewegung selbst liegende strategische Gründe waren ausschlaggebend für die Ablösung der ersten Organisation durch die zweite. Es ist bezeichnend, daß der Begriff »Moral« mit seinen ganz bestimmten Nebenbedeutungen durch den der »Freiheit« ersetzt wird, da dessen Vieldeutigkeit den Gegnern der »Moral Majority« keine Angriffsfläche für kritische Einlassungen mehr bietet. Aber zugleich wird die Strategie des totalen politischen Engagements abgelöst von einer Mobilisierung an der gesellschaftlichen Basis durch Sozial- und Bildungsarbeit. Das ist übrigens ein Phänomen, das man zur selben Zeit bei den politisch-religiösen Bewegungen im katholischen, muslimischen und jüdischen Kulturkreis beobachten kann. Denn wenn sich diese Bewegungen allzusehr auf das politische Spiel einlassen – ob auf legale Weise, wie in den demokratischen Staaten, oder auf illegale Weise, wie in der Dritten Welt –, verlieren sie ihr Profil und ihre Eigenart und müssen sich den Spielregeln des »Politgeschäfts« unterwerfen.

So wurde beispielsweise die italienische Laienbewegung »Comunione e Liberazione« nach ihrer Einmischung in die inneren Streitigkeiten der Democrazia Cristiana zur Zielscheibe heftiger Attacken, die sie einen Teil ihrer religiösen Glaubwürdigkeit kosteten und ihr nicht nur Konflikte mit dem Vatikan, sondern auch den Ruf einer allzu »reaktionären« Bewegung eintrugen (siehe Seite 115). Ihre Anführer traten daraufhin von der politischen Bühne ab, um sich über das soziale Engagement der »Compagnia delle Opere« wieder der Rechristianisierung »von unten« zuzuwenden. Ebenso mußte sich die Anhängerschaft der »neuen christlichen Rechten« in Amerika entscheiden, wie weit sie in ihrer Unterstützung der Republikanischen Partei gehen wollte: Sollte man sich bloß als »Stimmenfänger« unter den Mitgliedern evangelikaler Kirchen betätigen und sich dafür im Fall des Wahlsieges mit Pfründen und verschiedenen Vergünstigungen belohnen lassen? Oder konnte man gar als Gegenleistung für die Unterstützung der Partei die

Aufstellung eines evangelikalen Führers als republikanischen Präsidentschaftskandidaten erreichen?

Bei den Präsidentschaftswahlen 1988 verkörperten Jerry Falwell und Pat Robertson zwei entgegengesetzte Optionen: Während Falwell sich von der politischen Bühne im engeren Sinne zurückzog, um sich ganz auf den sozialen und den Bildungsbereich zu konzentrieren – was äußerlich in der Ablösung der »Moral Majority« durch die »Liberty Federation« zum Ausdruck kam –, bemühte sich Robertson um die republikanische Präsidentschaftskandidatur. Als Sohn eines Senators, Absolvent der Eliteuniversität Yale und Chef der Fernsehgesellschaft Christian Broadcasting Network ist dieser Fernsehprediger ein typischer Repräsentant der besseren Kreise der WASPs *(White Anglo-Saxon Protestants)* – ganz im Gegensatz zu den »aus dem Volk hervorgegangenen« Predigern Jimmy Bakker oder Jimmy Swaggart, die aufgrund ihrer ausgreifenden Gestik, ihrer sexuellen Skandale und ihres unverhohlenen Bereicherungsstrebens keine »präsidentiablen« Persönlichkeiten darstellten.

Zur Überraschung der Kommentatoren, für die sich sämtliche Fernsehprediger aufgrund ihrer moralischen Korruptheit von vornherein disqualifizierten, ging Robertson bei den ersten republikanischen Vorwahlen in einigen Bundesstaaten als Sieger hervor, und George Bush konnte nur dank seines besseren Rückhalts im Parteiapparat diesen Rivalen doch noch ausschalten. Daß Robertson jedoch trotz seiner Anfangserfolge schließlich scheiterte, ist bezeichnend für die Schwierigkeiten, mit denen eine politisch-religiöse Bewegung konfrontiert ist, wenn sie sich in eine politische Partei umwandeln will und damit ganz neuen Sachzwängen unterliegt. Und selbst der Konservativismus, der die ganzen achtziger Jahre hindurch die Grundlage des Bündnisses zwischen Evangelikalen und Republikanern gebildet hatte, wird von beiden Gruppen unterschiedlich akzentuiert. Der Konservativismus der Evangelikalen bezieht sich in erster Linie auf die Bereiche Gesellschaft,

Kultur und Moral, die »säkularen« Konservativen hingegen, die das Establishment der republikanischen Partei darstellen, interessieren sich vor allem für die Wirtschaftsordnung der Gesellschaft.[51] Daher konnten die Evangelikalen auch in den Fragen, die ihnen am meisten am Herzen liegen, wie etwa Abtreibung, Wiedereinführung des Schulgebets, Homosexualität und Pornographie, ihre Positionen nicht durchsetzen – nicht einmal während der achtjährigen Amtszeit des ihnen doch sehr nahestehenden Präsidenten Reagan.

So gesehen zielen die langfristigen Investitionen Jerry Falwells in den Sozial- und Bildungsbereich, die Liberty University und die »Liberty Federation«, auf eine viel tiefgreifendere gesellschaftliche Umgestaltung, als sie je durch ein vorübergehendes Zweckbündnis mit der Regierungspartei oder eine wenig wahrscheinliche Eroberung der Regierungsmacht erreicht werden könnte. Der Kampf muß auf dem Feld der Wertvorstellungen und ihrer Vermittlung ausgefochten werden. Der »atheistische Humanismus« ist schuld an allen Mißständen, die die Evangelikalen und Fundamentalisten anprangern, und gegen ihn muß sich die eigene Botschaft richten.

Die Politik spielt dabei eine untergeordnete Rolle, sie ist ein Mittel, kein Selbstzweck. Falwell glaubt, daß die »Moral Majority« nur deshalb einen so schlechten Ruf hatte, weil die »atheistischen Humanisten«, die die Medien kontrollieren – diese »lärmende Minderheit gottloser Männer und Frauen« –, die Öffentlichkeit manipulierten. Die wirkliche Macht liegt nicht oder doch nicht nur bei der Regierung oder irgendwelchen Interessengruppen – um sie zu erringen, muß man vielmehr die »liberalen« Intellektuellen mit ihren eigenen Waffen schlagen.

Dazu muß man sämtliche von ihnen benutzten semantischen Vermittlungsebenen besetzen – von der Massenkultur der Vergnügungsparks über breitenwirksame Fernsehsendungen bis hin zu anspruchsvollsten geistigen Schöpfungen – und zugleich öffentliche Meinungsbildungskampagnen starten, die die gesellschaftlichen Probleme in den spezifisch evangelikalen Kategorien und Worten zum Ausdruck bringen. Auch dies ein Phänomen, dem man in ähnlicher Form im katholischen, jüdischen und muslimischen Kulturraum begegnet: So möchte etwa »Comunione e Liberazione« die »ungläubigen« italienischen Intellektuellen aus ihrer dominanten kulturellen Position verdrängen und das dadurch entstehende Vakuum mit der eigenen »christlichen« Alternative ausfüllen. Auch die Lubawitscher Chassidim und die Islamisten setzen der Kultur der »assimilierten« jüdischen Intellektuellen bzw. der »verwestlichten« Muslims ein Bündel von Wertvorstellungen entgegen, die der jeweiligen Glaubenslehre entstammen und aus denen eine alternative Kultur hervorgehen soll. Doch verfügen die amerikanischen Evangelikalen über weit effizientere Mittel – von Fernsehsendern bis zu Universitäten –, um ihr Vorhaben erfolgreich in die Tat umzusetzen.

Gegen den »atheistischen Humanismus«

Nach James Hunter ist der Hauptgegner der Evangelikalen »die neue Klasse elitärer Intellektueller, die ständig neues Wissen produzieren«[52]. Gemeint ist damit das intellektuelle Establishment im Amerika der siebziger und achtziger Jahre, das teilweise an die Tradition der Intelligenzija der dreißiger Jahre anknüpft, wie sie von kulturellen Kosmopoliten wie Sinclair Lewis und Mencken verkörpert wurde, die die »rückständige« Subkultur der Fundamentalisten zutiefst verachteten. Wichtige Anregungen verdankt dieses Establishment aber auch den liberalen und anarchistischen Strömungen der Gegenkultur der sechziger Jahre, so wie sie in abgeschwächter Form von den Drehbuchautoren Hollywoods oder den Werbefachleuten der Madison Avenue aufgegriffen wurden. Das sind die wichtigsten Eckpfeiler des verabscheuten »atheistischen Humanismus«, der die Todsünde begangen hat, den Menschen von Gott zu trennen, die Emanzipation der Vernunft, der Begierden und der Triebe von den göttlichen Geboten zu predigen.

Für die Fundamentalisten hat der »atheistische Humanismus« zwei Gesichter: Auf sozialer Ebene erstickt er die individuelle Handlungsfreiheit in einem Wust juristischer und bürokratischer Hemmnisse, die nur die Macht des Staates erhöhen sollen; in ethischer Hinsicht hingegen macht er sich zum Anwalt einer totalen Freiheit, die sich sofort in Zügellosigkeit und Amoralität verwandelt. Nach Ansicht Jerry Falwells müssen beide Seiten gleichzeitig bekämpft werden.

Den Wohlfahrtsstaat attackiert er mit folgenden Worten: »Indem wir Freiheit gegen Sicherheit eintauschten, haben wir den Staat zu einem allmächtigen Gebilde gemacht. Schon viel zu lange erzieht man uns Amerikaner zu Hörigkeit, statt zu Freiheit . . . Bis zum Beginn dieses Jahrhunderts bestand allgemein Konsens darüber, daß für Aufgaben im Bereich der Erziehung, Gesundheitspflege und Sozialfürsorge zunächst einmal die Kirchen und andere private Institutionen zuständig waren. Wer möchte, daß in unserem Land wieder das Gesetz Gottes regiert, und wer den Wohlfahrtsstaat zerstören will, sollte seinen Zehnten solchen Organsiationen zukommen lassen, die der Regierung Aufgaben abnehmen, für die religiöse oder private Vereinigungen besser gerüstet sind. Schon unser System der sozialen Sicherheit allein droht unser Land in den finanziellen Ruin zu stürzen. Wir müssen allmählich begreifen, daß die arbeitende Bevölkerung Amerikas die Last der Staatsausgaben nicht unbegrenzt tragen kann.«[53]

Dieser erste Kernpunkt der fundamentalistischen Ideologie entspricht weitgehend dem Anliegen des klassischen sozialen Konservativismus, von dem sie sich nur durch ihre Forderung unterscheidet, die Lösung sozialer Probleme religiösen Organisationen zu übertragen. Auf dem Hintergrund der Situation Ende der siebziger Jahre, in denen die Vereinigten Staaten von einer schweren Wirtschafts- und Gesellschaftskrise, von Inflation und Arbeitslosigkeit heimgesucht worden waren, sehen die Fundamentalisten die Ursache allen Übels in dem von den Regierungen Kennedy und Johnson zu Beginn der sechziger Jahre initiierten Programm der Vermögensumverteilung, das die Zukurzgekommenen des »anderen Amerika« durch massive Geldzuwendungen am allgemeinen Wohlstand partizipieren lassen sollte.

Falwell wendet sich hier jedoch an ein anderes »anderes Amerika«, und zwar mit einer Rhetorik, die an den Tonfall der Initiatoren der Prohibition Ende 1910 gemahnt: Seine Adressaten sind nicht mehr die Schwarzen, Hispanoamerikaner und die Vierte Welt der Gettos in den amerikanischen Großstädten, sondern die »kleinen Leute« unter den Weißen, die nicht von den Sozialhilfeprogrammen profitieren, obwohl sie sie in Form von Steuern mitfinanzieren, und denen die politische, kulturelle und soziale Mitbestimmung versagt bleibt, während ihren Kindern mittlerweile der Weg in die Hochschulen offensteht. Schuld daran sind nach Meinung der Fundamentalisten die »Liberalen« im amerikanischen Sinne dieses Begriffs, deren politische Anschauungen sich weitgehend mit denen der europäischen Sozialdemokratie decken. Dazu schreibt Jeremy Rifkin: »In den sechziger und siebziger Jahren hatten die Liberalen versprochen, durch Ausbesserungen am Gesellschaftssystem Armut, Kriminalität und viele weitere Mißstände zu beseitigen – doch sie sind dabei gescheitert. Eine Flut neuer Gesetze, neuer staatlicher Behörden und bürokratischer Gängeleien war die Folge. Daraufhin wurde den Leuten klar, daß die Politiker ihre unrealistischen und viel zu vagen Versprechungen nicht erfüllten. Daher war für die Amerikaner fortan ›Liberalismus‹ gleichbedeutend mit Inkompetenz, Naivität und Verschwendung öffentlicher Gelder bei der Lösung gesellschaftlicher Probleme.«[54]

Die zweite – in den Augen der Fundamentalisten nicht weniger verabscheuungswürdige – Seite des Liberalismus besteht darin, daß er zur Sittenlosigkeit verleitet oder sie doch zumindest toleriert. Die freie Entfaltung der Persönlichkeit, die im Wirtschaftsleben so unverzichtbar ist, führe im Bereich der Moral zwangsläufig zu Abtreibung, Homosexualität und Pornographie, in denen man die größten Gefahren für den Fortbestand der Familie erkennt. Sei die Familie erst einmal zerstört, seien die Menschen schutzlos dem Getriebe des gottlosen Staates ausgeliefert, der sie zermalme. Folglich wollen die Fundamentalisten vor allem die Nahtstellen zwischen Individuum und Staat festigen, das heißt zunächst einmal die Familie, dann aber auch Gemeinschaftsstrukturen, die die Familien untereinander verbinden oder die deren Funktion übernehmen, wenn die Familie ihre Aufgaben nicht mehr erfüllen kann. Das ist vor allem in kritischen sozialen Situationen der Fall, wie etwa in der Adoleszenz, wenn der Jugendliche den Kreis der Familie verläßt und ein eigenständiges Glied der Gesellschaft wird. In dieser Lebensphase ist der Jugendliche zahlreichen Versuchungen ausgesetzt, die nicht zuletzt seine Einbindung in die fundamentalistische Weltanschauung gefährden.

So hat Falwell beispielsweise ein Heim für alleinstehende schwangere Frauen und Frauen, die ihr Kind abtreiben wollen, gegründet. Wenn sie auf die Abtreibung verzichten, werden sie während der Schwangerschaft intensiv betreut und bekommen jede erdenkliche Hilfe bei der Suche nach Adoptiveltern für ihr Baby. Die Liberty University ihrerseits soll aus evangelikalen Familien stammende Jugendliche in einem geschlossenen und ideologisch homogenen Raum christlich sozialisieren und so auf ihre »Entlassung« in die Zivilgesellschaft vorbereiten. Dabei geht es nicht nur darum, sie zu bilden und innerlich zu festigen, bevor sie mit den weltlichen Versuchungen in Berührung kommen, sondern auch darum, Verlobungen zwischen Studenten und Studentinnen zu fördern, um so für die Vermehrung evangelikaler Familien zu sorgen.

Wer einige Zeit auf dem Campus der Liberty University verbracht hat, wird sich über die dortigen Verhaltensvorschriften wundern: Die Schlafsäle sind nach Geschlechtern getrennt, und eine strenge Überwachung – eine Mischung aus Zwang und Selbstdisziplin – garantiert die Einhaltung der einschlägigen Bestimmungen; der *french kiss* (Kuß auf den Mund) ist verboten, und jede sexuelle Beziehung zwischen nicht miteinander verheirateten Studenten (die Paare wohnen in der Stadt) wird mit sofortigem Ausschluß geahndet. Der Kuß auf die Wange hingegen ist erlaubt, und Paare dürfen unbehelligt Hand in Hand gehen – wehe dem aber, der es wagte, den Arm um die Hüfte seiner Partnerin/seines Partners zu legen! Von einem durchreisenden Ausländer nach ihrer Meinung zu dieser sexuellen Reglementierung befragt, geben sie ihr volles Einverständnis zu Protokoll: Ein generelles und absolutes Verbot führe zwangsläufig zu sexuellen Abirrungen, vor allem zu Homosexualität, die einer anderen – konkurrierenden – fundamentalistischen Universität zu schaffen machen, deren Verhaltenskodex jeglichen Flirt verbiete. Andererseits würde das offene Ausleben der Begierde gegen den erzieherischen Geist der Universität verstoßen.

Diese Kanalisierung der Sexualität durch die Heirat unter Studenten der Universität und Zeugung künftiger Evangelikaler ist ein bevorzugtes Thema des Unterrichts in der Sonntagsschule. In der Unterrichtsstunde, die wir im Oktober 1989 miterleben konnten, wurde gegen sämtliche Versuchungen im Fernsehen gewettert, und die Studenten mußten beichten, ob sie im letzten Jahr einen Film gesehen hatten, in dem Darsteller ihren Hintern *(their behinds)* entblößten. Zu Beginn der Stunde wurde ein kurzer Sketch gespielt, in der ein Mann, der sich einen Pornofilm anschaut, direkt von Gott ermahnt und wieder auf den rechten Weg gebracht wurde. Und den anwesenden Eltern erklärte man, daß alle in der Liberty University gezeigten Filme vor ihrer Aufführung »bearbeitet« *(edited)* würden, das heißt, die als »anzüglich« beurteilten Passagen wurden einfach herausgeschnitten.

Das Erziehungsprojekt Falwells lehnt sich jedoch keineswegs an die monastische Lebensform an, das heißt, man zieht sich nicht von der Welt zurück, sondern gestaltet sie um, antizipiert die Verwirklichung der fundamentalistischen Utopie. Kino, Fernsehen, Radio und andere Medien spielen im Unterricht eine große Rolle. So geben die Studenten etwa mit großer journalistischer Sachkunde eine Wochenschrift, *The Liberty Champion,* heraus, und sie produzieren auch Sendungen für das hausinterne Kabelprogramm. Als Journalisten, Produzenten oder Moderatoren werden sie in ihrem späteren Berufsleben den fundamentalistischen Anspruch verkörpern, die Beherrschung moderner Techniken strikt vom Prozeß der Säkularisierung zu trennen. Robertson hatte geglaubt, die Rechristianisierung der Gesellschaft erfordere die Wahl eines Fernsehpredigers zum Präsidenten der Vereinigten Staaten; Falwell hingegen ist der Ansicht, daß die Schlacht gegen den atheistischen Humanismus auf dem Feld der Kultur und ihrer audiovisuellen Massenprodukte gewonnen werden müsse. Die Fernsehprediger seiner Generation haben lokal ein gigantisches religiöses Fernsehnetz aufgebaut, doch die Studenten der Kommunikationswissenschaft an der Liberty University sollen schon morgen in den das gesamte Programmspektrum abdekkenden öffentlichen und privaten Fernsehsendern an den Schalthebeln der Macht sitzen. Das ist der Weg, den die Kinder der Evangelikalen aus den Südstaaten gehen müssen, um das Herz Amerikas durch die Christianisierung der modernen Medieninfrastruktur zu erobern.

Unter allen religiösen Erneuerungsbewegungen, die seit Mitte der siebziger Jahre weltweit die politische Bühne betreten haben, spielen die amerikanischen Evangelikalen und Fundamentalisten eine besondere und zugleich zentrale Rolle.

Ihre Einzigartigkeit beruht zunächst auf dem außerordentlich großen Geschick, mit dem sie die modernsten Informationsstrategien und -techniken für die Verbreitung ihrer Botschaft einzusetzen wissen: Selbst wenn Imame und Kardinäle mittlerweile den gezielten Einsatz des Fernsehens gelernt haben, bleiben die amerikanischen Fernsehprediger auf diesem Feld doch einsame Spitze. Doch in Amerika ist dieses Phänomen das Resultat einer »autochthonen« Tradition, die mit den Wanderpredigern in der großen Zeit der *revivals,* noch vor dem Zweiten Weltkrieg, begann. Zugleich knüpfen die Fernsehprediger an die Tradition der Rundfunkpredigten an, deren Symbolfigur in der Nachkriegszeit Billy Graham war. Stärker als alle anderen religiösen Erneuerungsbewegungen ist der Fernseh-Evangelikalismus in einen Markt von Gütern und Dienstleistungen eingebunden, der ihm sogar die Form seiner Botschaft diktiert. Und anders als in den Ländern katholischer Tradition, in denen die Kirche über eine starke institutionelle Position verfügt, tummeln sich auf dem protestantischen Markt Amerikas zahllose kleine, unabhängige Unternehmer, die getreu den Gesetzen des Kapitalismus in scharfer Konkurrenz zueinander stehen. Die meisten Erbauer religiöser »Imperien« sind *self-made men,* die häufig ihre eigene Kirche oder Sekte gegründet haben. Dieser erbarmungslose Wettbewerb, der an den »Kampf ums Dasein« ihres Todfeindes Charles Darwin erinnert, hat mitunter Auswüchse gezeitigt, die ans Possenhafte grenzen. Jene Prediger, deren mahnendes Gewissen – ganz zu schweigen von ihrem Glauben – der Faszination durch den Mammon nicht lange standhielt und die ihre Goldkühe kräftig molken, haben ihre Karriere hinter schwedischen Gardinen beschlossen. Nirgendwo im zeitgenössischen Katholizismus, Islam und Judentum findet sich jene Wahlverwandtschaft zwischen einer religiösen Bewegung und dem – mitunter bis zum äußersten getriebenen – Geist des Kapitalismus.

Doch die Rechristianisierungsbewegungen des amerikanischen Protestantismus zeigen einige Gemeinsamkeiten mit dem europäischen Katholizismus und den Reislamisierungsbewegungen. Da wäre zunächst einmal die Tatsache, daß sie vor allem unter jungen Leuten mit Hochschulbildung große Resonanz finden, deren Eltern einen weitaus geringeren Bildungsstand besitzen und die, ihrer angestammten ländlichen Lebensform entrissen, plötzlich mit der Wirklichkeit einer modernen Großstadt konfrontiert waren. Seltsamerweise scheinen hier zwischen dem Islam und dem amerikanischen Evangelikalismus die größten Übereinstimmungen zu bestehen. Die islamistischen Aktivisten sind die Kinder jener Fellachen, die durch die Landflucht in die unterentwickelten Randbezirke der arabischen Megapolen gespült wurden. Die jungen Aktivisten in den amerikanischen fundamentalistischen Bewegungen von heute stammen, anders als ein Großteil ihrer Eltern, nicht mehr aus Marktflecken im tiefen Süden der USA, sondern sie haben häufig – wenngleich nicht an den besten Universitäten – ein Studium absolviert, und zwar, wie die islamistischen Aktivisten, vorzugsweise in den angewandten Wissenschaften. In beiden Fällen bilden sie eine »Gegenelite« zu den wirklichen kulturellen Machthabern, die ihrerseits die herrschenden Wertvorstellungen und ethischen Normen des Establishments bestimmen: In den moslemischen Ländern ist dies die westlich orientierte Intellektuellenschicht; in Amerika die Ende der sechziger Jahre entstandene und von einem *atheistischen Humanismus* geprägte »neue Klasse« von Kulturträgern.

Gewiß findet sich die allgemeine soziale Distanz, die die Dritte Welt von der Weltmacht Nummer eins trennt, auch in diesen beiden Bewegungen wieder, und die jungen amerikanischen Fundamentalisten leiden nicht unter den im allgemeinen miserablen Lebensbedingungen der islamistischen Studenten. Doch wenn man einmal den Blick von den Universitäten weg auf die Klientel eines Wunderheilers wie Oral Roberts oder auf die Fernsehzuschauer eines Jim Bakker richtet, entdeckt man auch in Amerika ein Elend, das dem der unterentwickelten muslimischen Länder mitunter in nichts nachsteht. Die Rechristianisierung »von unten« nimmt in den Vereinigten Staaten die Gestalt einer kollektiven Gesellschaftstherapie und einer kulturellen Forderung an. Auch hier begegnet man wieder der Ablehnung einer Moderne, deren Funktionsgesetze als bedrohlich und entfremdend empfunden werden, weil sie die Identität des einzelnen und der Familie zerstören. Daher der beharrliche Versuch, strenge ethische Normen durchzusetzen, die das Privatleben reglementieren, die Abtreibung verbieten, sexuelle Aktivitäten nur im Rahmen der Ehe erlauben und die Erziehung der Kinder in Einrichtungen regeln, die vor den Einflüssen der »Welt« abgeschottet sind.

Die Sozialutopie der Rechristianisierung und die Sozialutopie der Reislamisierung möchten beide die technischen Errungenschaften der Moderne von den herrschenden kulturellen Normen der Zivilisation abtrennen, aus der jene hervorgegangen sind. In der Handhabung dieser Techniken zeigen sie ein bemerkenswertes Geschick; ob sie freilich selbst neue Techniken entwickeln können, ist bislang noch nicht erwiesen.

Einen ganz eigenen Weg hingegen haben die amerikanischen Rechristianisierungsbewegungen bei ihrem Wechsel auf die politische Bühne eingeschlagen: Die in der Nachkriegszeit vollzogene Trennung zwischen Evangelikalen, die eine Rechristianisierung »von unten« betreiben, und den Fundamentalisten, die sich »von oben« in die Auseinandersetzungen des Kalten Krieges einmischen, findet sich in diesem Ausmaß nirgendwo sonst. Es ist eine Ironie des Schicksals, daß ausgerechnet der erste dem Evangelismus nahestehende amerikanische Präsident, Jimmy Carter, das Image eines »Liberalen« hat – was für die Fundamentalisten ein rotes Tuch ist.

Diese werden bereits Mitte der siebziger Jahre dafür sorgen, daß sich die evangelikale Strömung im weiteren Sinne auf die Seite der »konservativsten« Parteien schlägt, wodurch sie die Wahl Ronald Reagans 1980 und 1984 begünstigen. 1988 jedoch scheitert der Versuch eines Fundamentalisten, sich als republikanischer Präsidentschaftskandidat aufstellen zu lassen. In dieser Zeit lassen sich wieder Parallelen zu der Situation im Katholizismus und im Islam feststellen. »Comunione e Liberazione« in Italien und dem Episkopat in Polen gelingt es, die für eine Rechristianisierung »von unten« eintretenden, gesellschaftlich fest verankerten Bewegungen bis vor die Tore der Macht zu führen. Das Überschreiten der Schwelle bleibt ihnen jedoch versagt, und sie sind gezwungen, sich wieder auf die Seelsorge zu beschränken, die vor allem in aktiver Sozialpflege besteht. Dadurch sollen rechristianisierte Räume geschaffen werden, wobei besonders die Schule anvisiert wird. In der muslimischen Welt kommt es zu einer ähnlichen Entwicklung; die islamische Revolution gelingt nur im schiitischen Iran, und in der zweiten Hälfte der achtziger Jahre greifen die eine Reislamisierung »von unten« anstrebenden Bewegungen immer offener nach der politischen Macht, indem sie immer weitere Bereiche der Gesellschaft zu islamisieren versuchen. Auch in ihrer Strategie spielt die Schule eine ganz zentrale Rolle. Da diese Bewegungen jedoch nicht mit den demokratischen Spielregeln vertraut sind – aufgrund fehlender Einbindung in die Demokratie –, kommt es zu Auseinandersetzungen mit dem gesellschaftlichen Umfeld, denen in der christlichen Welt nichts Vergleichbares gegenübersteht.

Um die Bedeutung dieser Demokratievariablen und ihre Auswirkung auf die politische Erscheinungsform religiöser Erneuerungsbestrebungen zu verstehen, müssen wir uns nun einem Phänomen außerhalb des Christentums und des Islam zuwenden: den Rejudaisierungsbewegungen.

Kapitel 4

Die Erlösung Israels

Im April 1984 verhaftet die israelische Polizei Mitglieder einer jüdischen Terrorgruppe; sie werden verdächtigt, mehrere Studenten der islamischen Universität von Hebron ermordet und Attentate gegen palästinensische Bürgermeister verübt zu haben. Die Organisation wird in dem Augenblick zerschlagen, wo einige dieser rechtsextremen Terroristen die letzten Vorbereitungen für Bombenanschläge auf vollbesetzte arabische Busse treffen. Andere hatten einen Plan ausgearbeitet, um den an dem Platz vor dem Jerusalemer Tempel,[1] dem höchsten Heiligtum der Juden, gelegenen Felsendom und die Al-Aqsa-Moschee – die drittheiligste Kultstätte des Islam – in die Luft zu sprengen.

Die Aufdeckung dieser jüdischen »Untergrundorganisation« schockiert weite Teile der israelischen Öffentlichkeit. Vor allem, als man erfährt, daß zahlreiche Beschuldigte dem engeren Führungskreis der »Gush-Emunim« (Block der Gläubigen) angehören, einer politisch-religiösen Bewegung, die kurz nach dem israelisch-arabischen Krieg im Oktober 1973, der für den hebräischen Staat mit einer psychologischen Niederlage endete, gegründet worden war. Inmitten der allgemeinen Ratlosigkeit nach dem Krieg, die sich in einer Wertekrise und der Infragestellung von Überzeugungen manifestierte, über die seit 1948 ein stillschweigender Konsens unter den meisten Israelis bestand, verbreitete die »Gush-Emunim«-Bewegung eine neue »Frohe Botschaft«. Gegen einen Staat und eine Gesellschaft, die bis dahin kulturell von einem laizistischen und zum Sozialismus tendierenden Zionismus geprägt waren, machte sie sich zur Vorkämpferin der Rejudaisierung Israels.

Die »Gush-Emunim« errichtete in den besetzten Gebieten zahlreiche neue, staatlich nicht autorisierte Siedlungen, leistete erbitterten Widerstand gegen den im Abkommen von Camp David vereinbarten israelischen Rückzug von der Halbinsel Sinai und ersetzte den Rechtsbegriff *Staat Israel* durch den biblischen Begriff *Land Israel (Eretz Yisrael)*, der die Besetzung der Gebiete im Namen eines besonderen Bundes zwischen Gott und dem auserwählten Volk rechtfertigte. Wenn die Bewegung auch nie mehr als 20 000 aktive Mitglieder zählte, so wirkten die von ihr vertretenen Ideen und das Charisma einiger ihrer Führer doch als Schrittmacher der tiefgreifenden Veränderungen, die sich in Israel seit Mitte der siebziger Jahre vollzogen haben. Als im Frühjahr 1987 einer repräsentativen Stichprobe von Israelis die Frage vorgelegt wurde, welches ihrer Meinung nach die bedeutendsten Persönlichkeiten ihres Landes seit 1967 (dem Jahr des Sechstagekrieges) seien, landeten Menachem Begin und Rabbi Mosche Levinger, die Galionsfigur der »Gush-Emunim«, gemeinsam auf dem ersten Platz.[2]

Doch die »Gush-Emunim« war nur eine Erscheinungsform der viel umfassenderen Rejudaisierungsbewegung, die sich in diesem Zeitraum sowohl in Israel wie in der jüdischen Diaspora in der ganzen Welt unaufhörlich ausweitete. Sie war indes die mit Abstand politisch aktivste dieser Gruppierungen; und da sie Druck auf den Staat ausüben wollte und dabei auch vor Gewalttätigkeiten nicht zurückschreckte – ja manche ihrer Mitglieder nicht einmal vor Terroranschlägen –, zog sie die Aufmerksamkeit der Medien, der israelischen und amerikanischen Regierung und zahlreicher Universitäten in diesen beiden Ländern auf sich. Viele Beobachter, die die Bewegung genauer untersuchten, haben darauf einfach den protestantischen Begriff des »Fundamentalismus« in seiner banalsten Bedeutung angewandt und die »Gush-Emunim« als Ausdruck eines »jüdischen Fundamentalismus« gedeutet, der irgendwo zwischen den christlichen und islamischen Varianten des Phänomens einzuordnen sei.

Doch zur gleichen Zeit, als die »Gush-Emunim« ihren Aufschwung erlebte, entstanden noch weitere Formen der jüdischen Erneuerung. So verzeichneten unbegreiflicherweise etwa die »ultraorthodoxen« Gruppen, deren Anhänger selbst für Laien an ihrem schwarzen, sich von der litauischen Kleidermode des 17. Jahrhunderts herleitendem Gewand sogleich zu erkennen sind, einen beträchtlichen Zulauf. Sie warben zahlreiche neue Mitglieder unter Studenten und sephardischen Juden, die aus arabischen Ländern eingewandert waren und bei denen sie bislang unbekannt waren. Im israelischen Parlament nahm das Gewicht der die *Haredim* (wörtlich »die Zitternden« bzw. »die Gottesfürchtigen«) vertretenden politischen Parteien so weit zu, daß man sie bei keiner Regierungsbildung mehr übergehen kann – und sie lassen sich ihre Unterstützung von den anderen Parteien sehr teuer bezahlen.

Allgemein betrachtet, kann man sagen, daß die ganze jüdische Welt in den siebziger Jahren eine Bewegung der *Teschuwa* (was soviel bedeutet wie »Rückkehr zum Judentum« und »Reue«, das heißt Rückkehr zur strikten Einhaltung des jüdischen Gesetzes, der *Halacha*) erlebte. Die »Reumütig Zurückgekehrten« *(Baalei Teschuwa)* verschließen sich den Versuchungen der säkularen Gesellschaft, um ihr Dasein ausschließlich auf die Gebote und Verbote zu gründen, die sie heiligen jüdischen Texen entnehmen. Dieser Bruch fordert eine strenge Trennung von Juden und *Gojim* (Nichtjuden, Heiden), um so die größte Gefahr für den Fortbestand des auserwählten Volkes, die Assimilation, zu bekämpfen. *Teschuwa* bedeutet aber auch eine Neudefinition der eigenen Identität innerhalb des jüdischen Volkes selbst. Diese Identität soll nicht länger auf der bloßen Zugehörigkeit beruhen, sondern auf der Einhaltung der 613 Verbote und Gebote *(Mizvot)*, die die jüdische Existenz religiös regeln – angefangen von den einfachsten körperlichen Verrichtungen bis hin zur Organisation des gesellschaftlichen Zusammenlebens.

Die »Rückkehr-Bewegung« hat sich in unterschiedlichem

Ausmaß in so verschiedenen Ländern wie den Vereinigten Staaten, der Sowjetunion, Frankreich und Israel entfaltet und unter Juden der verschiedensten Strömungen Resonanz gefunden: unter »Assimilierten« ebenso wie unter Kommunisten und Zionisten, unter denen, die sich dem Judentum bereits stark entfremdet hatten, wie unter jenen, die sich aktiv für die Ziele des weltlichen Zionismus einsetzten und am Aufbau des Staates Israel mitwirkten.

Ab Mitte der siebziger Jahre beginnt dieses Phänomen in seinen verschiedenen Ausgestaltungen sichtbar zu werden – gleich an welchem Ereignis man nun den Beginn genau festmachen will, ob an der Gründung von Bewegungen wie der »Gush-Emunim« (1974), der Eröffnung von großen *Jeschiwot* (Thora- und Talmud-Lehranstalten) für »Reumütig Zurückgekehrte«, wie Machon Meir oder Ohr Hahayim (1974)[3], der Regierungsübernahme durch eine Koalition konservativ-religiöser Parteien unter Führung von Menachem Begin (1977) oder der Bekehrung zur Orthodoxie früherer Aktivisten, die sich in den 68ern als Wortführer der Gegenkultur und des Linksradikalismus profiliert hatten.

Von der Umkehr zur Proselytenmacherei: Geschichten, die das Leben schreibt

Damals tauchen auch zum erstenmal autobiographische Bücher auf, in denen vormals laizistisch gesinnte, areligiöse, ja atheistische Juden ihre religiöse Erleuchtung beschreiben und ihren Lesern einschärfen, das Gesetz zu befolgen. Sie erörtern ihren Schritt auf dem Hintergrund der zeitgenössischen »Postmoderne«, da sie ihrer Meinung nach von einer Wertekrise gekennzeichnet ist, die die Säkularisation endgültig als eine Sackgasse ausweist. Wie die amerikanischen protestantischen Fundamentalisten, die Islamisten und die Anhänger von »Comunione e Liberazione« werden auch diese religiösen Aktivisten, wenn sie ihre Erlebnisse der Öffentlichkeit mitteilen, nicht müde zu betonen, daß zwischen ihrem strengen Glauben, ihrer religiösen Gesetzestreue und ihrer Vertrautheit mit den neuesten und anspruchsvollsten Wissenschaften und Techniken keinerlei Widerspruch bestehe.

Als 1978 die ersten beiden Bücher von zwei »reumütig zurückgekehrten« Amerikanern erscheinen, ist dies der Grundstein für eine neue literarische Gattung, die in der Folge einen regelrechten Boom erleben wird. In *Being Jewish* (Jude-Sein) stellt sich der Autor, Shimon Hurwitz, gleich zu Anfang als einen Juden vor, »der das reine Produkt der amerikanischen Kultur in der Mitte des 20. Jahrhunderts war und der nicht wußte, was es heißt, ein wirklicher Jude zu sein . . .«. Diese Einsicht gewinnt er erst in einer *Jeschiwa* (Thora- und Talmud-Lehranstalt), die ihm die Sackgassen der westlichen Gesellschaft und ihres Wertesystems zum Bewußtsein bringt und ihn erkennen läßt, daß »die authentische jüdische Kultur einerseits und die westliche Gesellschaft und Kultur andererseits einander diametral entgegengesetzt sind«. Die westliche Gesellschaft zeichne sich durch eine völlige Sinnentleertheit und Willkür aus, und ihr Zweck sei einzig die Befriedigung der Begierden des einzelnen im Rahmen eines grenzenlosen Materialismus. Weil der assimilierte Jude vor Gott die Augen verschließe, könne er ohne Rücksicht auf ethische Normen schalten und walten, wie es ihm beliebe. Nur durch die Befolgung der Thora und die Einhaltung der Gebote könne der einzelne seinem Leben wieder einen Sinn geben.[4]

Das im selben Jahr erschienene Buch von Mayer Schiller, *The Road Back* (Der Weg zurück) geht von einer ähnlichen Feststellung aus: Die Moderne sei eine »Epoche der *Anomie*«, meint der Autor in Anlehnung an Durkheim. Die Wurzeln dieser Epoche reichten bis in die Aufklärung zurück, als »der Mensch sich aus seiner festen Verankerung in einem theozentrischen Universum löste, um von der Strömung der säkularen

Ideologie erbarmungslos mitgerissen und in das abgründige Meer des Zweifels getragen zu werden, auf dem er fortan orientierungslos dahintreibt«.[5] Die Aufklärung wird hier als höchster Ausdruck des menschlichen Hochmuts aufgefaßt, der die Vernunft aus ihrer Bindung an den Glauben herauslösen möchte. Die sich selbst überlassene Vernunft führe zwangsläufig zum Totalitarismus, wie er sich erstmals in bedeutenderem Maße in der Französischen Revolution zeige und im Nazismus gipfele.[6]

Man findet hier Spuren einer Argumentation, die auf Hannah Arendt zurückgeht, den Nachklang von Überlegungen, die sich wie ein roter Faden durch die Werke der Kardinäle Ratzinger und Lustiger ziehen und nach denen der Ursprung eines als »heidnisch« qualifizierten Totalitarismus nazistischer oder stalinistischer Prägung in der Aufklärung und der aus ihr hervorgegangenen Französischen Revolution liegt. Ganz ähnliche Gedankengänge finden sich bei den italienischen Katholiken von »Comunione e Liberazione«, die das Weltbild der Aufklärung für die Entstehung des Laizismus – ihres Hauptfeindes – verantwortlich machen.

Auch im Judentum gab es eine Aufklärungsbewegung – die *Haskalah* –, in der sich zahlreiche Intellektuelle von der Bevormundung durch die Rabbiner befreiten und die Juden aus ihrem gesellschaftlichen Gettodasein herausführen wollten. Diese Ideologie war von den orthodoxen Juden aufs schärfste verurteilt worden, da sie darin einen schuldhaften Abfall vom Gesetz sahen. Doch mit dem Aufblühen des Zionismus, eines geistigen Erbes der *Haskalah*, hatte diese Polemik nachgelassen. Erst mit der *Teschuwa*, der reumütigen Rückkehr, sollte sie wieder an Schärfe und Aktualität gewinnen.

Mayer Schiller ist ein Vertreter dieser orthodoxen Strömung, allerdings in ihrer modernsten Erscheinungsform, denn sein Buch versteht sich als religiöse *und* profane Kritik an der säkularisierten Gesellschaft. Im Gegensatz zu den traditionellen *Haredim* (Ultraorthodoxen), die sich in frommer Einfalt vor jedem weltlichen Wissen verschließen, hat sich der Autor dieses Wissen gezielt angeeignet, um mit den daraus gewonnenen Argumenten seine Adressaten, die assimilierten Juden, zur *Teschuwa* zu bewegen. Schon im Vorwort zu Schillers Buch, das der Präsident der Yeshiva University in New York verfaßt hat, wird sein Lebensweg zur Erbauung des Lesers ausführlich geschildert: »Mayer Schiller entstammt einer Familie aus Brooklyn, die das jüdische Gesetz nicht befolgte. Unter seinen Verwandten und Vorfahren findet man Sozialisten, Agnostiker und Atheisten . . .«

Nachdem er plötzlich, im Alter von elf Jahren, den Sinn der göttlichen Offenbarung begreift, hält er sich fortan an die Gebote. Später erlaubt ihm seine Familie, das Gymnasium zu verlassen und in eine Schule einzutreten, die auf das Studium der Thora spezialisiert ist – mit der er sich in seinen Arbeitsstunden beschäftigt, während er sich in seiner Freizeit eigenständig weltliches Wissen aneignet. Nach Abschluß dieser Lehrzeit hat »der junge Autodidakt begonnen, an der Yeshiva High School in Queens (einem Armenviertel von New York) zu unterrichten und Bücher zu schreiben . . .«[7]

Für Schiller wie für Hurwitz zeichnet sich die moderne, säkularisierte Welt nach der Abwendung von Gott, wie sie von der Aufklärung vollzogen wird, durch »Angst, Depression und vielfältige andere neurotische Symptome« aus, »Selbstmord, Kriminalität, Scheidung und zahlreiche weitere gesellschaftlichen Mißstände scheinen heute weitaus häufiger zu sein als im ›Zeitalter des Glaubens‹«[8]. Der »junge Autodidakt« bedient sich hier des Jargons der Humanwissenschaften (»Anomie«, »neurotische Symptome«, »gesellschaftliche Mißstände«), um ein Anliegen auf den Begriff zu bringen, das ganz der Sphäre des Glaubens und der religiösen Observanz entstammt und es zum Prinzip erhebt, daß »*die wichtigste Entscheidung* im Leben eines Juden darin besteht, die Gültigkeit der Thora anzuerkennen oder abzulehnen. Und wenn der Glaube Israels wahr ist, ist der Jude automatisch gezwungen, die Gebote der göttlichen

Offenbarung zu befolgen«.[9] Der »reumütig Zurückgekehrte« muß sich von der Gesamtgesellschaft abwenden, wenn er dem Verderben entgehen und wirklich sämtliche Gebote beherzigen will: »Da der gläubige Jude die Geltung des von Mose stellvertretend für uns alle auf dem Berge Sinai geschlossenen Bundes mit Gott anerkennt, muß er dem ›säkularen Staat‹, in dem so viele *realistische* ›Toren‹[10] ihre verdienten Früchte ernten, seine Gefolgschaft versagen. Der Jude, der zu dem Glauben zurückfinden will, für den seine Vorfahren so sehr gelitten haben, muß sich einer Gemeinschaft von Juden anschließen, die die Gebote ihres Glaubens einhalten, und diese Gemeinschaft aktiv unterstützen.«[11] Die *Teschuwa* von Mayer Schiller setzt die Wiederherstellung geschlossener Gemeinschaftsstrukturen voraus, die vor der materialistischen und korrupten amerikanischen Gesellschaft schützen.

Mit Herman Branover, dem Verfasser des Buches *Return* (Rückkehr), hat sich der Rückkehrbewegung eine besonders illustre Persönlichkeit angeschlossen, gehört Branover doch »zu den größten Kapazitäten auf dem äußerst komplizierten Gebiet der Magnetohydrodynamik«. Zudem hat er sich nicht nur von den gewöhnlichen Versuchungen einer materialistischen, konsumorientierten Gesellschaft abgekehrt, sondern, was unvergleichlich viel schwerer wiegt, er hat sich in der Sowjetunion selbst von der marxistisch-leninistischen Ideologie und Utopie befreit. Das 1976 auf russisch geschriebene und sechs Jahre später auf englisch erschienene Buch *Return* ist die autobiographische Schilderung einer in der lettischen Stadt Riga beginnenden *Teschuwa*, die sich nach Aussage des Autors ohne weiteres mit einer brillanten wissenschaftlichen Karriere vereinbaren ließ. Branover beschreibt sich als einen »gottesfürchtigen Juden, der die leichtesten wie die schwersten *Mizvot* befolgt und zugleich ein leidenschaftlicher Wissenschaftler ist«, jedoch nicht in dem Sinne, daß er »zunächst Wissenschaftler und dann erst gläubiger Jude wäre, der gemäß den Vorschriften *(Mizvot)* der Thora lebte«[12]. Doch gerade die Aufklärung dieses Paradoxes, nach dem auch ein »leidenschaftlicher Wissenschaftler« seine *Teschuwa* erleben kann, verleiht dem Buch seinen erbaulichen Charakter.

Als erstes nimmt er die marxistische Ideologie aufs Korn. Zu Beginn der fünfziger Jahre nimmt Branover – damals Mitglied der kommunistischen Jugendorganisation »Komsomol« – an einer Auswahlprüfung am Leningrader Polytechnikum teil. Trotz seiner ausgezeichneten Prüfungsergebnisse versagt man ihm die Zulassung in dem gewünschten Studienfach mit der Begründung, er sei Jude. Daraufhin stellt er die herrschende Ideologie des universalistischen Marxismus-Leninismus in Frage, nach der es in der UdSSR kein jüdisches Problem geben dürfte, wie Ilya Ehrenburg damals in der *Prawda* beteuert. Denn der Sonderstatus des Judentums beruhe auf den gegen es gerichteten Unterdrückungsmaßnahmen, die es im sozialistischen Staat nicht gebe.

Das Erlebnis des Antisemitismus erweckt in Branover Zweifel am marxistischen Credo. Als er sich dann nach dem Wesen seiner jüdischen Identität fragt, entdeckt er deren religiöse Dimension, die er aufgrund seiner atheistischen Erziehung und seiner naturwissenschaftlichen Ausbildung nich wahrgenommen hatte: »Ich war lange Zeit ein atheistischer Materialist, der glaubte, daß die Wissenschaft und die Neuzeit die Haltlosigkeit der Religion bewiesen hätten.«[13] Doch weder aus seinen eigenen Forschungsarbeiten noch aus den neuesten naturwissenschaftlichen Theorien konnte er Argumente gegen die Religion ableiten. Ganz im Gegenteil: »Ich begriff, daß es einen Unterschied gibt zwischen den Wissenschaften, die sich ausschließlich mit Wechselbeziehungen zwischen materiellen Objekten befassen, und der Religion, die das Wesen der Dinge und deren Zweck offenbart.«[14]

Branovers religiöser Weg beginnt damit, daß er sich seiner jüdischen Identität vergewissert, was durch den Antisemitismus seiner Umgebung noch gefördert wird; er verwirft zunächst den Marxismus, dann dessen atheistische, szientistische und säkulare Grundlage, deren Entstehungsgeschichte er noch einmal bis zur jüdischen Aufklärung im 18. Jahrhundert, der *Haskalah*, zurückverfolgt – »jenem grauenvollen Experiment, in dem man den unerschöpflichen Reichtum der jüdischen Seele durch den ›universellen Humanismus‹ ersetzen wollte«.[15] Am Ende seines Weges schließlich erhebt er die religiöse Dimension zum Prinzip der jüdischen Identität. So verwundert es nicht, daß Branover den Zionismus, weil dieser auf einer säkularen Auffassung des Judentums basiert, als eine schuldhafte Abirrung betrachtet, wenngleich er selbst schon sehr früh den Entschluß faßte, nach Israel auszuwandern (den er 1972 in die Tat umsetzt). Bis zu seiner Ausreise aus der Sowjetunion setzt er sich aktiv für die Gründung orthodoxer Glaubensgemeinschaften ein – in Rußland wie in den nichtrussischen Republiken, vor allem im Kaukasus –, die die *Kascherut* (Koscher-Gesetze) einhalten, den *Sabbat* heiligen, die *Kippa* tragen und so fort. Und nachdem er sich tagsüber mit Magnetohydrodynamik befaßt, widmet er sich in den Nächten dem Studium der Thora.

Nachdem er in Israel eingetroffen ist und die anfängliche Begeisterung sich gelegt hat, verurteilt er die säkularisierte israelische Gesellschaft aufs schärfste – diese »Nachfahren des auserwählten Volkes, die über dreitausend Jahre lang Träger und Hüter der Heiligkeit, Gerechtigkeit und menschlichen Freiheit waren und sich nun in ein Volk von Philistern verwandelt haben, deren heidnischer Körper-, Lust- und Erfolgskult von dem Feigenblatt des ›Fortschritts‹ und des ›Dienstes an den Idealen der ganzen Menschheit‹ nur notdürftig bedeckt wird«.[16]

Auf seinen Reisen zu wissenschaftlichen Kongressen in aller Welt versäumt er es nie, in Brooklyn einen Zwischenstopp einzulegen, um dort den Rabbi Lubawitsch aufzusuchen,[17] der ihm in moralischen und religiösen Fragen wertvolle Ratschläge gibt. Frischen Mutes setzt er sie sogleich in die Tat um, auf daß das auserwählte Volk auf den Weg der Erlösung zurückfinde.

Diese Bewegung der »reuevollen Rückkehr« hat mit dazu beigetragen, daß sich das Erscheinungsbild des Judentums in der ganzen Welt nach 1975 verändert hat. Bis dahin hatten sich die orthodoxen und ultraorthodoxen Strömungen – die *Haredim* – nur noch in wenigen Familien halten können, die sich gegenüber dem gesellschaftlichen Umfeld weitgehend abschotteten. Die Jugendlichen befreiten sich immer mehr aus diesen Fesseln und praktizierten einen zwangloseren Glauben, der die verschiedensten Gestalten annehmen konnte. So zeigt etwa eine Ende der fünfziger Jahre unter jüdischen Gymnasiasten in Amerika durchgeführte Umfrage, daß lediglich einer von fünf aus einer orthodoxen Familie stammenden Jugendlichen diese Tradition fortführen mochte. Das genügte den damaligen Sozialwissenschaftlern schon, um das nahe Ende der *Haredim* zu verkünden.[18]

Die meisten amerikanischen Juden bekannten sich zu einer von zwei Ausprägungsformen der religiösen jüdischen Identität: zum »Reformjudentum«, das wie die protestantischen und katholischen Modernismen Ende des 19. Jahrhunderts seinen Aufschwung erlebte, sich der Bibelkritik widmete und rituelle Gesetze ablehnte. Das ging sogar so weit, daß man bei der Vergabe der Preise an die ersten Absolventen des Hebrew Union College im Jahre 1883 *nichtkoscheres* Essen auftrug.

Als Reaktion auf diese radikale Zurückweisung der Riten und der Gesetzestreue entstand die Strömung des »konservativen Judentums«, die, ausgehend von einer weitestmöglichen Befolgung der *Mizvot,* dadurch, daß sie konkrete Möglichkeiten aufzeigt, wie man als ein in der Welt der Heiden lebender und arbeitender Jude doch die *Kascherut*-Gesetze und die *Sabbat*-Vorschriften befolgen kann, die *Mizvot* mit den Lebensregeln in dem nichtjüdischen, säkularen Staat in Einklang bringen will. Dieser Mittelweg, diese Suche nach einem Modus vivendi ermöglichte es, dem Dilemma zwischen Orthodoxie und Assimilation zu entgehen und damit außerhalb des Gettos eine Identität zu bewahren, die auf der Befolgung religiöser

Vorschriften gründete. Diese Strömung verfolgte keineswegs eine Strategie des Bruchs mit der umgebenden Gesellschaft – ganz im Gegenteil. Sie erkämpfte sich Räume der gemeinschaftlichen Integration, die in den Vereinigten Staaten vom Ende des Ersten Weltkrieges bis Ende der fünfziger Jahre die meisten der aus Mitteleuropa stammenden jüdischen Einwanderer und deren erste Nachfahren anlockten.

In anderen Ländern mit einer starken republikanischen und assimilativen Tradition, wie etwa Frankreich, setzte sich das »Judentum der Abstammung« im allgemeinen gegen die verschiedenen Formen des gesetzestreuen Judentums durch, und die »Israeliten« stachen die »Juden«[19] aus, wenigstens bis Ende der fünfziger Jahre der massive Zustrom nordafrikanischer Juden einsetzte. Das bedeutete nicht, daß es keine Orthodoxie gab, doch sie beschränkte sich auf eine geringe Zahl von Familien.

Wandlungen des Judentums in den sechziger Jahren

In den sechziger Jahren kommt es in Ländern mit starken jüdischen Minderheiten zu tiefgreifenden sozialen, kulturellen und politischen Umgestaltungen, so daß die Ideale des Kulturjudentums, das die Besonderheit des auserwählten Volkes auf einen universalistischen Humanismus reduziert, in Frage gestellt werden. Dies werden die ersten Angriffspunkte für die vielgestaltige Bewegung der »Rückkehr« und der Rejudaisierung sein, die erst im folgenden Jahrzehnt ihren großen Aufschwung erlebt.

Zwei große Probleme prägen in den Sechzigern das Selbstverständnis der Juden in den Vereinigten Staaten: die Konflikte mit den Schwarzen und die Entstehung der Gegenkultur.

Bis etwa 1965 galten Juden und Schwarze häufig als Verbündete gegen das Establishment der weißen angelsächsischen

Protestanten; sie kämpften Seite an Seite mit anderen »ethnischen« Gruppen um die rechtliche Gleichstellung mit den Weißen und gegen die Rassendiskriminierung. Beide Bevölkerungsgruppen waren in denselben Großstädten vertreten, und die im allgemeinen gebildeteren Juden machten sich häufig zum Sprachrohr für die Forderungen der Schwarzen. Doch der Machtzuwachs der Black Power, die die spezifische Eigenart der Schwarzen in den Vordergrund stellte und vor allem von den Black Muslims getragen wurde – zum Islam übergetretenen schwarzen Amerikanern –, führte dazu, daß »die Führungsriege der schwarzen Bürgerrechtsbewegung von Weißen – unter ihnen zahlreiche Juden – gesäubert wurde... Zum erstenmal trieben durch sozioökonomische Unterschiede verschärfte ideologische Divergenzen einen Keil zwischen Juden und Schwarze. Juden arbeiteten als Lehrer in Schulen, die von schwarzen Kindern besucht wurden, als Sozialarbeiter betreuten sie Bevölkerungsgruppen, die überwiegend aus Schwarzen bestanden, und sie besaßen kleine Läden, die in den Wohnvierteln der Schwarzen lagen.«[20]

Die gewalttätigen Ausschreitungen der Schwarzen Mitte der sechziger Jahre richten sich gezielt auch gegen jüdische Geschäfte und Einrichtungen, wobei mancher Beobachter sich an die Pogrome des russischen und deutschen Mobs erinnert fühlt. Eine ganze Philosophie des Universalismus, des Zusammenhalts der Gesamtgesellschaft zerbricht hier unter der Gewalt eines stark ritualisierten, den anderen gezielt ausgrenzenden Partikularismus. In dieser Situation verschärfter ethnischer, rassischer und religiöser Abgrenzungen sehen jene ihre Chance gekommen, die die äußerliche Gesetzestreue und die Trennung von den *Gojim* zum obersten Prinzip der jüdischen Identität erklären. Wie die Black Muslims sind daher auch die ultraorthodoxen Juden auf der Höhe der Zeit.

Auf noch paradoxere Weise wird auch die »Gegenkultur«, deren Woge Ende der sechziger Jahre die Studenten in der ganzen Welt ergreift, der Rejudaisierung den Boden bereiten.

Allen Erscheinungsformen dieser Gegenkultur, die 1968 ihren Höhepunkt erreicht und sich in den Vereinigten Staaten als Hippie-Bewegung und in Europa und der Dritten Welt als linke Protestbewegung artikuliert, ist gemeinsam, daß sie die moralischen Grundlagen der bestehenden Gesellschaftsordnung in Frage stellen und der demokratischen Ideologie – die sie als Deckmantel für die Ausbeutung des Volkes durch die Bourgeoisie oder als repressiven und entfremdenden, die Selbstverwirklichung des einzelnen hemmenden Konformismus ansehen –, jegliche Legitimation absprechen. Die »Umwertung aller Werte«, an der sich die »rebellierenden« Studenten versuchen, macht die breite Öffentlichkeit mit sozialen Experimenten und Utopien eines radikalen Neuanfangs vertraut. Kollektive Lebensformen – mitunter verbunden mit Drogenkonsum – und politischer Aktivismus in revolutionären Organisationen, die die bestehende Gesellschaftsordnung zerstören und auf deren Ruinen eine neue, unterschiedlich konzipierte Gesellschaft errichten wollen, stoßen bei den jüdischen Jugendlichen auf große Resonanz; ihre Studienquote in den Vereinigten Staaten ist dreimal so hoch wie die des Bevölkerungsdurchschnitts, und sie stellen folglich einen wesentlichen Faktor der Gegenkultur dar.

Selbst als diese Bewegungen aus der Mode gekommen sind, behält die Ablehnung der bestehenden Gesellschaftsordnung und von deren Werten, die die Grundlage der Revolte gebildet hatte, etwas von ihrer früheren Geltung. In vielen Fällen vollzieht sich eine Art nahtloser Übergang zwischen diesen Bewegungen der ausgehenden Sechziger und der Rückkehr zum Judentum; die sichtbarste Verbindung zwischen den beiden Welten stellten Hippies jüdischen Glaubens her, die ihre ausgefransten Jeans ausziehen, ihr Haarband ablegen und dem LSD Lebewohl sagen, um in *Jeschiwot* in den Vereinigten Staaten oder Israel einzutreten, sich schwarz zu kleiden, sich Schläfenlocken drehen zu lassen und die *Kascherut*-Gesetze zu befolgen.[21] Als zu Beginn der siebziger Jahre in Jerusalem die ersten speziell auf diesen Personenkreis zugeschnittenen Talmudseminare entstanden, konnte man beobachten, wie Rabbiner auf ihrer Suche nach neuen Schülern tagtäglich mit einem Pulk »bärtiger und langhaariger« junger amerikanischer Juden zurückkamen, die »mit der Gitarre in der Hand und ihrem Rucksack auf dem Rücken in eine *Jeschiwa* eintraten . . .«[22]

In Frankreich wird das Gesicht des Judentums in den sechziger Jahren von einem Linksradikalismus mit indes spezifisch europäischen Zügen geprägt, die ihn von der amerikanischen Gegenkultur abheben. Auch macht sich hier die Verschiebung des Gleichgewichts innerhalb der Judenschaft zugunsten der Sephardim und auf Kosten der Aschkenasim bemerkbar.

Anläßlich des zwanzigsten Jahrestages des Mai 68 haben sich verschiedene Kommentatoren gefragt, ob die damaligen Geschehnisse in Frankreich einen »typisch jüdischen Charakter« gehabt hätten – womit sie ein heißes Eisen anpackten, das noch wenige Jahre zuvor als antisemitische Propaganda der extremen Rechten betrachtet worden wäre. Daß derartige Fragen überhaupt aufgeworfen wurden, ist bezeichnend für die Tatsache, daß viele ehemalige 68er sich erst im Rückblick ihrer jüdischen Identität bewußt wurden. Es war ein offenes Geheimnis, daß zahlreiche führende Linksradikale Juden waren – was man etwa an folgendem Witz ablesen kann, der hier stellvertretend für viele andere zitiert wird: Warum spricht man im Politbüro der größten trotzkistischen Organisation Frankreichs nicht Jiddisch? Antwort: Weil ein Mitglied des Politbüros ein sephardischer Jude ist! Und wenn auch einige Untersuchungen das revolutionäre Engagement der jüdischen Akteure des Mai 68 mit der Teilnahme ihrer Eltern an der immigrierten kommunistischen Bewegung, an der Résistance und an den Kämpfen gegen das Hitler-Regime verglichen haben,[23] so wurde der »jüdische Charakter« dieses Engagements doch durch den streng atheistischen revolutionären Messianismus überdeckt, der damals die linken Aktivisten beseelte.

So gesehen, war der Staat Israel nur der Brückenkopf des

Imperialismus im Nahen Osten, den man zerstören mußte, um an seiner Stelle ein weltanschaulich neutrales Palästina zu errichten, in dem Juden und Araber in bestem sozialistischem Einvernehmen leben sollten. Zwischen Rufen wie »FNL (Front National de Libération) nach Saigon« und »CRS-SS« [Vergleich zwischen der für ihr brutales Vorgehen bei den Mai-Demonstrationen berüchtigten französischen Bereitschaftspolizei (Compagnie républicaine de sécurité) mit der SS. A. d. Ü.] skandierten die jüdischen Linken im Chor mit ihren »heidnischen« Gesinnungsgenossen: »Palästina wird siegen« – bis das Blutbad, das Palästinenser bei der Olympiade in München 1972 unter israelischen Sportlern anrichten, eine tiefe Verstörung auslöst. Das ist der Anstoß für eine Distanzierung vom linken Aktivismus und, für viele, für eine Wiederentdekkung ihrer jüdischen Identität. Dieses Ereignis war eine der Ursachen für die Selbstauflösung der proletarischen Linken, die die »Sponti«-Fraktion der französischen Maoisten darstellten. Ihr wichtigster Führer sollte einige Jahre später mit der gleichen Intensität, mit der er sich für den Marxismus-Leninismus engagiert hatte, seine Rückkehr zum Judentum vollziehen und in Straßburg eine ultraorthodoxe *Jeschiwa* gründen, in der sich neben einigen jüdischen Konvertiten zahlreiche seiner ehemaligen politischen Weggefährten einfanden.

Das zweite Phänomen, das das Gesicht des französischen Judentums in den sechziger Jahren veränderte, war der massive Zustrom von Juden aus Algerien, Tunesien und Marokko. Diese verkörperten eine andere Tradition, wurden von vielen ihrer aschkenasischen Glaubensbrüder geringschätzig behandelt und waren in der Mehrzahl den verschiedenen Formen der religiösen Observanz treu geblieben – auch wenn es unter ihnen säkularisierte Eliten gab, für die die jüdische Identität im wesentlichen eine Frage der bloßen Abstammung war. Von den siebziger Jahren an geraten nacheinander alle gesellschaftlichen und religiösen Vertretungsinstanzen des französischen Judentums unter die Kontrolle der Sepharden. Diese vertreten die Interessen der neueingewanderten Juden und versuchen sich durch die Stärkung des Gemeinschaftszusammenhalts und die Pflege der Gesetzestreue einen Freiraum innerhalb der Gesamtgesellschaft zu verschaffen und eine Identität zu bekräftigen, die der Entwurzelung aus dem nordafrikanischen Lebensraum und der Übersiedlung nach Frankreich standhält.

Für die überwiegende Mehrheit der Aschkenasim hingegen, die bereits seit mehreren Jahrzehnten in Frankreich leben, stellt sich das Problem der Identität nicht mehr in dieser Weise: Im Mai 68 beteiligen sich jüdische Studenten (damals überwiegend europäischer Herkunft) nicht als geschlossene Gemeinschaft an der Protestbewegung (oder führen sie an), sondern als einzelne kämpfen sie Seite an Seite mit Gesinnungsgenossen der verschiedensten Konfessionen um die Verwirklichung der großen Utopie vom revolutionären Umsturz. In den siebziger und achtziger Jahren engagiert sich vor allem die sephardische Jugend in den Rejudaisierungsbewegungen, auch wenn einige wenige rejudaisierte aschkenasische Intellektuelle im Visier der Medien stehen.

Auch in Israel kommt es in den sechziger Jahren zu tiefgreifenden Strukturwandlungen, die die Voraussetzungen schaffen für den Aufschwung der religiösen Bewegungen im folgenden Jahrzehnt. Das zunehmende Gewicht der sephardischen Bevölkerung verschiebt, wie in Frankreich, die gesellschaftlichen Gleichgewichte; andererseits bereitet der »Sechstagekrieg« von 1967, in dem die Israelis die bedeutendsten biblischen Stätten unter ihre Kontrolle bringen, der für die Entfaltung der religiösen Gruppen und Parteien förderlichen Neudefinition der ideologischen Grenzen zwischen dem Konzept »Staat Israel« und »Land Israel« den Boden.

Die Juden aus den arabischen Ländern, vor allem aus Marokko, dem Jemen und dem Irak, sind insgesamt an die säkulare Moderne der zweiten Hälfte des 20. Jahrhunderts weitaus weniger akkulturiert als ihre in Europa oder Amerika geborenen Glaubensbrüder. Diese Kluft zeigt sich deutlich bei den marokkanischen Juden, deren Eliten sich hauptsächlich in Frankreich und Kanada niedergelassen haben, während die Auswanderer nach Israel vor allem aus ländlichen Marktflekken und den kaum französisierten Kreisen der *Mellahs* kommen, also den traditionellen jüdischen Vierteln in den Medinas, in denen die mittellosen Juden leben mußten.

Bei ihrer Ankunft in Israel werden diese Einwanderer hauptsächlich »Entwicklungsstädten« zugewiesen, das sind dezentrale Siedlungen mit preiswertem Wohnraum, die der Staat in Regionen angelegt hat, wo er aus Gründen der nationalen Sicherheit, der gleichmäßigen Verteilung der Bevölkerung auf das gesamte Staatsgebiet und der Entlastung von Großstädten wie Jerusalem, Tel Aviv und Haifa für eine jüdische Präsenz sorgen wollte. In diesen wenig anziehenden Städten blieben nur die Israelis, die sich sonstwo keine Wohnung leisten konnten; und schon zu Beginn der sechziger Jahre zeichnen sie sich durch »einen hohen Prozentsatz von arabischstämmigen Juden und durch ein niedriges sozioökonomisches Niveau«[24] aus.

Die Diskrepanz zwischen den Bewohnern dieser Siedlungen und der aschkenasischen Mehrheit der Bevölkerung spiegelte sich auch in den Wertvorstellungen und dem Weltbild beider Gruppen wider. Da gab es einerseits ein traditionsverhaftetes Judentum des schlichten Gesetzesgehorsams, das in den Augen der aschkenasischen Glaubenslehrer, der Erben und Hüter schriftlicher Überlieferungen und ausgefeilter Lehrgebäude, mit zahlreichen »abergläubischen« Elementen und fragwürdigen, heterodoxen Überzeugungen durchsetzt war; andererseits eine kulturell stark säkularisierte Gesellschaft, in der sich einzelne orthodoxe Zellen – *Haredim* – hielten, die zwar keinen größeren Einfluß auf die Gesamtgesellschaft ausübten, aber ein weitverzweigtes Netz von Religionsschulen unterhielten.

Das Jahr eins der Erlösung

Dieses kulturelle Gleichgewicht wird durch den Sechstagekrieg vom Juni 1967 zutiefst erschüttert – auch wenn die Folgen erst im nächsten Jahrzehnt zu spüren sind. Während noch wenige Tage vor Ausbruch des Krieges die Lage in Israel von Instabilität und großer Besorgnis geprägt ist – die arabischen Staaten und die PLO sagen dem jüdischen Staat seine baldige Vernichtung voraus, und die Blauhelme der UNO werden von den Grenzen Israels abgezogen –, schlägt die Stimmung nach dem in nur sechs Tagen erfochtenen triumphalen militärischen Erfolg in sprachlose Euphorie um: Das Westjordanland, die Sinai-Halbinsel und die Golan-Höhen werden besetzt und die arabischen Armeen aufgerieben. Auch wenn dieser Sieg von den Streitkräften eines säkularen Staates errungen wird, führt er zur Rückbesinnung auf eine Reihe religiöser Wertvorstellungen, die der zionistische Nationalismus unter den Teppich gekehrt hatte.

Da wäre zunächst einmal die Tatsache, daß sich die Grenzen der von Israel besetzten Gebiete nunmehr ungefähr mit denen des Gelobten Landes in der Bibel decken. »Die greifbare, konkrete Rückkehr in die geliebten Stätten des Angedenkens und die sehnsüchtig begehrten Landschaften der Vorfahren symbolisierte die Heimkehr in das ›LAND‹. Ideologisch gesehen, führte diese Rückkehr zu einer Reaktualisierung der religiösen und begrifflichen Bedeutungskomponenten von ›LAND‹ [. . .] Der Sechstagekrieg scheint der Moment zu sein, wo das säkulare Konzept eines Staates Israel durch das religiöse Konzept eines Landes für die Juden ersetzt wurde . . .«[25] Die Beobachter begriffen die volle Tragweite dieses Überganges nicht sofort, auch wenn zahlreiche symbolische Gesten ihnen die Augen hätten öffnen müssen – wie etwa die Fotografien von uniformierten israelischen Fallschirmjägern, die vor der kurz zuvor von ihnen eroberten Klagemauer weinten, oder von Ben Gurion, der, eine *Kippa* tragend, vor derselben Kulisse auftritt, oder auch die Äußerung von Mosche Dayan, dem damaligen Verteidigungsminister: »Wer nicht religiös war, der ist es heute geworden.«[26] Die Anhänger des Rabbi Kook waren die ersten, die dieses Schockerlebnis, das eine Neubestimmung des Judentums in Israel wie in der Diaspora nach sich zog, schon 1967 ausdrücklich formulierten und zu einem ideologischen Modell ausarbeiteten.

Rav Avraham Yitzhak Hacohen Kook (1865–1935) war der erste aschkenasische Großrabbiner in Palästina zur Zeit des britischen Mandats und der erste »von der orthodoxesten Tradition der mitteleuropäischen *Jeschiwot* geprägte Lehrer, der den Widerstand dieser Tradition gegen den politischen Zionismus aufgab«[27]. Im Gegensatz zu den Hauptrichtungen der Orthodoxie, die den Zionismus als jüdische Version eines aus dem Denken der Aufklärung und der Französischen Revolution hervorgegangenen säkularen Nationalismus verabscheuten, bemühte sich Rav Kook in seinem originellen Werk um die Synthese von »Gottesidee und Nationalgefühl«, mit »dem Plan, diese Verbindung nicht nur als ›Eingebung in der Wüste‹ zu betrachten, sondern in realen politischen Strukturen und in der Geschichte zu verwirklichen«[28]. Die ideale Verkörperung dieser Synthese, die als »religiöser Zionismus« bezeichnet wurde, sollte der Staat Israel sein, dessen Gründung der Rav allerdings nicht mehr erlebte.

Sein Sohn, Rav Zvi Yehuda Kook, mußte sich daraufhin zum Dolmetscher der Ideen seines Vaters im neugegründeten Staat machen. Yehuda Kook war der Ansicht, daß die Zionisten, so areligiös sie auch sein mochten, ohne es zu wissen, einen Messianismus der Erlösung vertraten, nach dem der Staat Israel das unbewußte Instrument des göttlichen Willens sei. Diese sehr eigenwillige politische Eschatologie hatte vor dem Sechstagekrieg nur einen geringen Einfluß. Doch sie bildet die Grundlage für eine »transzendente« Deutung des israelischen Sieges im Juni 1967 wie für die Ausweitung des Staatsgebietes, dessen neue Grenzen nunmehr mit denen des Gelobten Landes in der

Bibel übereinstimmen. Bei einer Predigt zum Jahrestag der israelischen Unabhängigkeit äußert Rav Zvi Yehuda Kook Mitte Mai 1967 einige Sätze, die sich später als prophetisch erweisen sollten: »›Sie haben mein LAND geteilt.‹ Fürwahr, das stimmt. Wo ist unser Hebron? Werden wir es einfach vergessen? Und wo ist unser Schechem [Nablus], wo unser Jericho? Wo sind sie? Das ganze Ostjordanland gehört uns! Jeder Zoll, jedes Ar [...] gehört zum Land Israel. Dürfen wir denn auch nur einen Millimeter davon preisgeben?«[29]

Drei Wochen später hatte die israelische Armee all diese Städte sowie die Jerusalemer Altstadt und den größten Teil des biblischen Israel erobert. Für Rav Zvi Yehuda Kook und seine Anhänger hatte die Armee des säkularen zionistischen Staates unwissentlich und im festen Glauben, rein militärische Ziele zu verfolgen, einen göttlichen Ratschluß ausgeführt, nach dem die Grenzen des Staates mit denen des Gelobten Landes zusammenfallen sollten. Die »Kookisten« erklärten 1967 zum Jahr eins des Zeitalters der Erlösung. Doch erst nach dem Trauma des Oktoberkrieges von 1973, das viele Israelis in eine tiefe Orientierungslosigkeit stürzte, verbreitete sich das Kooksche Weltbild über den engen Kreis der Anhänger des Rav hinaus und wurde durch die Gründung der Bewegung »Gush-Emunim« einer großen Öffentlichkeit bekannt.

Die List des Glaubens

Wie im Islam und im Christentum werden auch im Judentum in den sechziger Jahren zunächst einmal die ideologischen Grundlagen der religiösen Erneuerung geschaffen, die sich erst im folgenden Jahrzehnt als Bewegung formiert. Nur kurze Zeit bevor Rav Z. Y. Kook seine Prophezeiung abgibt, hat Sayyid Qutb in einem ägyptischen Konzentrationslager seine kritische Analyse der zeitgenössischen Gesellschaft abgeschlossen.

Diese stehe unter dem Bann der *Jahiliyya* – der Barbarei –, die die Islamisten zerstören sollten. In Italien bemühen sich die Anhänger Don Giussanis darum, die Konturen katholischer »Gemeinschaften« zu umreißen, die zur christlichen »Befreiung« führen sollen. Aber kaum formuliert, scheinen diese religiösen Konzeptionen durch die Protestbewegungen von 1968 und ihre mannigfachen Auswirkungen auf die Studenten in der ganzen Welt schon wieder zerschlagen zu werden. »Die Gesellschaft verändern« – lautet das Gebot der Stunde, doch nichts erscheint überholter und reaktionärer, als sich dabei an eine orthodoxe Auslegung der heiligen Schriften anzulehnen. Nach 1973 wird das ganz anders sein.

Der israelisch-arabische Krieg im Oktober dieses Jahres trägt entscheidend zum Zusammenbruch der »Fortschritts«-Utopien und zur Entfaltung der religiös-politischen Bewegungen bei. Gewiß sind die unmittelbaren Wirkungen des Krieges zunächst nur in den betroffenen Staaten zu spüren. Doch durch die kriegsbedingte Erhöhung des Rohölpreises wird später die Preisspirale bei den Rohstoffen in Gang gesetzt, die sich bis zum Ende des Jahrzehnts weiterdreht. Und die mit einem massiven Anstieg der Arbeitslosigkeit einhergehende allgemeine Inflation beschleunigt in der ganzen Welt Umstrukturierungen des Produktionsapparats, wodurch die während des Booms in den sechziger Jahren erreichten wirtschaftlichen Gleichgewichte empfindlich gestört werden.

Dabei kommt es zu sehr unerfreulichen und unvorhergesehenen sozialen Begleiterscheinungen, die die Systeme der sozialen Sicherung überlasten und die solidarische Verbundenheit in der Arbeitswelt zerstören. In Italien fördert diese Gesellschaftskrise die Ausbreitung einer Bewegung wie »Comunione e Liberazione«, die auf der Grundlage einer erneuerten katholischen Identität neue Wohltätigkeits- und Hilfssysteme aufbaut. In den muslimischen Staaten heizen die gewaltigen Einnahmen aus dem Rohölexport die Inflation an und begünstigen die Landflucht und die Überlastung der Stadtränder, die als Nährboden der Reislamisierungsbewegungen dienen. In Israel sind die gesellschaftlichen Auswirkungen der psychologischen Niederlage gegen die Araber viel eher zu spüren als die langfristigeren wirtschaftlichen Folgen und zeigen sich sehr rasch im öffentlichen Erscheinen der Rejudaisierungsbewegungen, die ihr Programm bereits Ende der sechziger Jahre erarbeitet bzw. umgearbeitet hatten.

Das Jahrzehnt der »Gush-Emunim« (1974–1984)

Am 6. Oktober 1973 überquert die ägyptische Armee in einem Überraschungsangriff den Suezkanal, überrennt die israelischen Verteidigungsstellungen auf der Linie Bar-Lev und dringt weit in die besetzte Halbinsel Sinai ein, während gleichzeitig die syrische Armee die Golan-Höhen besetzt. Mehrere Tage vergehen, bevor die Israelis, die gerade das Jom-Kippur-Fest feiern, zum Gegenschlag ausholen. Das ist die Strafe für den israelischen Hochmut, auch wenn die Gegenoffensive, militärisch gesehen, ein Erfolg ist: Die israelischen Truppen setzen über den Suezkanal und stoppen ihren Vormarsch erst 101 Kilometer vor Kairo. Nur auf energisches Drängen seiner westlichen Verbündeten hin ist Israel bereit, einer Feuereinstellung zuzustimmen.

In Israel führt die innere Krise im Gefolge des Krieges zu einer radikalen Infragestellung der seit Gründung des Staates, 1948, regierenden Arbeiterpartei, die von den Vereinigten Staaten ständig gedrängt wird, den Arabern als Gegenleistung für einen Friedensvertrag territoriale Zugeständnisse zu machen. In dieser allgemeinen Orientierungslosigkeit entsteht die »Gush-Emunim«: Sie entwirft ein Zukunftsbild des hebräischen Staates, das sich als Überwindung des säkularen Zionismus begreift und in dem der Begriff »Staat Israel« durch den biblischen Ausdruck »Land Israel« *(Eretz Yisrael)* ersetzt wird.

Daher ist die »Gush-Emunim« strikt dagegen, auch nur einen Fußbreit dieses unveräußerlichen Landes – das aufgrund des Bundes zwischen Gott und dem auserwählten Volk für immer und ewig jüdisch sein werde – für einen zwangsläufig wertlosen, weil mit Nichtjuden abgeschlossenen Friedensvertrag aufzugeben. Um ihre Ziele zu erreichen, verfolgt die »Gush-Emunim« eine voluntaristische Politik, indem sie durch die Anlegung illegaler Siedlungen in den besetzten Gebieten kurzerhand vollendete Tatsachen schafft. Damit will man die Regierung direkt unter Druck setzen und sie zwingen, eine Politik der Rejudaisierung »von oben« einzuleiten, die mit der Annexion der besetzten Gebiete beginnen und mit der Verwandlung Israels in einen von der *Halacha* (das jüdische Gesetz) regierten Staat enden soll, durch das nach und nach die Erlösung kommen wird.

Die Organisation wurde im Februar 1974, einige Monate nach Ende des Oktoberkrieges, gegründet. Eine Gruppe von Anhängern des Rav Zvi Yehuda Kook versammelte sich in dem südlich von Bethlehem, an der Landstraße zwischen Jerusalem und Hebron gelegenen Dorf Kfar Etzion. Als jüdische Siedlung aus der Zeit des *Jischuw* (Besiedlung) Palästinas, die nach ihrer Eroberung durch die arabische Legion 1948 von den Israelis 1967 wieder zurückerobert worden war, ist Kfar Etzion ein Ort von hoher symbolischer Bedeutung, der sowohl die ständige Bedrohung der jüdischen Präsenz durch die Araber als auch die Entschlossenheit verkörpert, dieser Gefahr zu trotzen. Für die Gründer der »Gush«, aber auch für den Durchschnittsisraeli ist Kfar Etzion »unveräußerlich«. Das gleiche gilt in den Augen der »Gush« für alle besetzten Gebiete.

Die Mitglieder dieser Organisation sind von der gleichen Kultur geprägt, die mit der Gründung der »Gush-Emunim« ihre radikale Verwirklichung erfährt. Diese Kultur bildet die Grundlage der Bewegung und verschafft ihr – insbesondere nach dem Sieg des Likud-Blocks von Menachem Begin bei den Wahlen 1977 – bei den verschiedenen Fraktionen innerhalb des politischen Staatsapparats und der höheren Verwaltungsorgane zahlreiche Sympathien, ja heimliche Unterstützung. Die ersten Aktivisten der »Gush-Emunim« sind fast ausnahmslos Aschkenasim und viele von ihnen auch *Sabras* [in Israel geborene Kinder von Einwanderern – humorvoll benannt nach einer stacheligen Kaktusfrucht, A. d. Ü.], die von der national-religiösen Partei kontrollierte Schulen besucht haben. Dieser Partei, dem Zünglein an der Waage jeder Regierungskoalition seit Staatsgründung, war es gelungen, ein eigenständiges Schulsystem zu erhalten, das »einem Viertel aller israelischen Schüler sehr strenge Lebens- und Verhaltensnormen vermittelte... Grundlage dieses Schulsystems war eine umfassende Lebensethik, deren Regeln sich nicht nur auf die Synagoge oder die Familie bezogen, sondern auch auf den Kindergarten und die *Ulpana* und *Jeschiwa* (Thora- und Talmud-Lehranstalten für Mädchen bzw. Jungen)«[30].

Für die regierenden säkularen Zionisten, deren Symbolfigur zwischen 1948 und 1977 jeweils der der Arbeiterpartei angehörende Premierminister war, war die Existenz eines unabhängigen religiösen Schulsystems der Preis, den sie für das Wahlbündnis mit der national-religiösen Partei zahlen mußten, obwohl diese im übrigen in ihren allgemeinen politischen Forderungen sehr zurückhaltend war. Diese Nachgiebigkeit und der Zwang zum politischen Ausgleich, denen jede Koalitionsregierung unterliegt, mußten zwangsläufig viele junge Absolventen dieses Schulsystems enttäuschen, die sich in einer Fraktion der national-religiösen Partei zusammenschließen und als *Tzeirim* (die Jungen) bezeichnen. Sie »treten für eine offenere Darstellung der religiös-zionistischen Identität [...] und eine stärkere Präsenz der Religion im gesellschaftlichen und politischen Leben ein«[31]. Die Gründer der »Gush-Emunim« sehen in Rav Kook jr. ein geistiges Vorbild, da er immer seine Distanz zum politischen Establishment gewahrt hat.

Um die von Rav Kook sen. gewünschte Synthese zwischen »Gottesidee und Nationalgefühl« zu verwirklichen, erhalten die Anhänger der »Gush-Emunim« nach dem Sechstagekrieg 1967 von der Armee die Erlaubnis, das System der *Jeschiwot Hesder* zu praktizieren, das es den jungen religiösen Zionisten ermöglicht, ihren Wehrdienst halb in der Kaserne und halb in der *Jeschiwa* abzuleisten. So erklärt sich das für das Israel der siebziger Jahre so typische Bild eines betenden Soldaten im Kampfanzug, mit einer *Kippa* auf dem Kopf und um die Arme gewickelten *Tefillin* (Gebetsriemen).

Das zivile Pendant zu dieser Art, sich zu kleiden, war die *knitted skullcap culture* (die »Kultur der gestrickten Kalotte«). Anders als die areligiösen Israelis, die keine Kopfbedeckung aufhaben, und als die Ultraorthodoxen, die einen schwarzen Anzug im litauischen Stil und einen schwarzen Hut, eine Pelzmütze oder eine *Jarmulke* aus schwarzem Stoff tragen, mischen sich bei den Anhängern dieser Kultur Pionier- und orthodoxe Kleidungsstücke. Sie tragen Sandalen, Blue-Jeans oder Shorts, ein T-Shirt oder einen weiten Pullover, unter dem deutlich sichtbar die *Zizith* (Quasten des Gebetstuches) hervorschauen, und auf dem Haupt eine gestrickte *Kippa* in verschiedenen Farben, so daß ihr Erscheinungsbild dem eines »Gammlers« der siebziger Jahre ähnelt.

Diese bunt zusammengewürfelte Kleidung (der eine an religiösen und vulgären Ausdrücken reiche Sprache entspricht) ist somit semantisch zweifach besetzt: Wer sie trägt, möchte damit zeigen, daß er in der Tradition der zionistischen Gründungsväter steht, die mittlerweile alt und bürgerlich geworden sind und deren Projekt man auf seine eigene Weise fortführt. Doch abgesehen von diesem rein israelischen Aspekt soll die Kombination von Jeans mit sakralen Kleidungsstücken auch zum Ausdruck bringen, daß die strikteste Einhaltung der religiösen Gebote sich ohne weiteres mit den Errungenschaften der Moderne vereinbaren lasse – ein Standpunkt, auf den sich ja auch die islamistischen Bewegungen im Iran und in den sunnitischen Ländern stellen.

Mit der Gründung der »Gush-Emunim« im Februar 1974

formiert sich die radikalste Fraktion dieser eigentümlichen Subkultur zu einer unabhängigen politischen Kraft. Einigen Führern dieser Bewegung, die nie eine politische Partei im eigentlichen Sinne oder auch nur eine strukturierte Organisation mit eingeschriebenen Mitgliedern sein will, gelingt es, über die Listen ideologisch nahestehender Parteien in die Knesset einzuziehen. Dabei benutzt die »Gush-Emunim« sehr geschickt israelische Politiker, ohne jedoch ihre »ideologische Reinheit« in Bündnissen und Kompromissen von Regierungskoalitionen in Gefahr zu bringen. Von Anfang an ist es ihr erklärtes Ziel, über das ganze Land Israel *(Eretz Yisrael)* die volle israelische Souveränität herzustellen. Das bedeutet zunächst einmal, sich jedem israelischen Rückzug aus den besetzten Gebieten zu widersetzen und dort Siedlungen zu errichten, um den Fortbestand der jüdischen Herrschaft über das Gelobte Land zu sichern.

Die »Gush-Emunim« betritt die politische Bühne in einem Augenblick, wo die israelische Gesellschaft in einer tiefen Orientierungskrise steckt. Die Führer der regierenden Arbeiterpartei wurden von der arabischen Offensive völlig überrascht und verloren dadurch die Legitimität, die sie seit 1948 an der Macht gehalten hatte. Sie können sich nicht mehr damit brüsten, die unfehlbaren Wegbereiter der Zukunft Israels zu sein. Diese Orientierungskrise und allgemeine Verwirrung fördern die Herausbildung von Alternativen zu den Projekten einer Regierung, der die Ideen ausgegangen zu sein scheinen und die von der internationalen Staatengemeinschaft immer energischer aufgefordert wird, territoriale Zugeständnisse an die Araber zu machen.

Gegen ein politisches Leben, das in den Augen der Gründer der »Gush-Emunim« von tiefen Selbstzweifeln gelähmt wird, setzen sie eine bewußt offensive Haltung. Sie erhöhen die Zahl ihrer Märsche und Kundgebungen in den besetzten Gebieten und können einen Teil der schulpflichtigen Jugendlichen für ihre religiös-zionistischen Lehranstalten gewinnen. Sie beteiligen sich aktiv an der jüdischen Kolonisierungsbewegung in »Judäa-Samaria«, zu deren wichtigsten Erfolgen die Gründung der Siedlung Elon Moreh in der Nähe von Nablus gehört, aus der sie achtmal von der Armee vertrieben werden, bevor sie sich ab Dezember 1976 dort legal niederlassen dürfen.

Die ersten jüdischen Siedlungsversuche in den besetzten Gebieten hatten nach dem Sechstagekrieg von 1967 in Hebron stattgefunden, wo radikale orthodoxe Juden unter Führung von Rabbi Mosche Levinger ein Hotel besetzten, um den jüdischen Anspruch auf diese Stadt zu demonstrieren, in der eine israelitische Gemeinde gelebt hatte, die 1929 niedergemetzelt worden war.[32] 1970 entstand dann in der Nähe von Hebron eine neue jüdische Stadt, Kyriat Arba', deren Bewohner die »Gush-Emunim« und andere ultranationalistische und annexionistische Parteien massiv unterstützten. Doch vor dem Sieg des Likud-Blocks von Menachem Begin bei den Parlamentswahlen im Mai 1977 wurden in den besetzten Gebieten nur wenige neue Siedlungen gegründet, und die regierende Arbeiterpartei versuchte dies auch so weit wie möglich zu verhindern. Danach freilich sorgte der Premierminister höchstpersönlich mit Nachdruck für die Legalisierung der Siedlungspolitik der »Gush-Emunim«. Kaum im Amt, erklärte Menachem Begin in der »Gush«-Siedlung Elon Moreh feierlich: »Es werden noch viele weitere Elon Morehs folgen.«

Obgleich die tatsächliche Politik des Likud-Blocks viel unbeständiger war, als es diese Erklärung erwarten läßt[33], war es der »Gush-Emunim« kaum drei Jahre nach ihrer Gründung bereits gelungen, eines der Ziele ihrer Strategie einer Rejudaisierung »von oben« zu verwirklichen. Der Druck auf die politischen Kräfte hatte den Staat dazu veranlaßt, die Besiedlung »Judäa-Samarias« für rechtsgültig zu erklären. Für die Anhänger des Rav Kook war dies eine wichtige Etappe auf dem Weg zu einer Einverleibung sämtlicher besetzter Gebiete, der Auftakt zur Erlösung Israels. Doch mit den engen Banden zwischen der »Gush-Emunim« und Menachem Begin sollte es bald vorbei sein, denn die Reise Sadats nach Jerusalem im Herbst 1977 sowie das Abkommen von Camp David und der Friedensvertrag von 1979 wurden von den radikalen Juden als Kapitulation vor den Forderungen der *Gojim* betrachtet.

Die im Friedensvertrag vorgesehene Rückgabe der Halbinsel Sinai an Ägypten verstieß in ihren Augen gegen den Plan, die jüdische Herrschaft auf ganz *Eretz Yisrael* auszudehnen, das sich nach ihrer Auslegung der Bibel bis zum »Fluß Ägyptens« erstrecken sollte – wobei freilich offen bleibt, ob sich diese Bezeichnung auf den Nil oder das küstennahe Wadi Al Arisch bezieht, das näher zu Israel gelegen ist. Die »Gush-Emunim« beteiligte sich an der Seite ultranationalistischer radikaler Gruppen an der »Bewegung gegen den Rückzug von der Halbinsel Sinai«. Der Widerstand gegen den israelischen Rückzug erlebte seinen Höhepunkt, als im April 1982 Tausende von »Gush«-Anhängern von israelischem Militär aus der Stadt Yamit vertrieben wurden, in der sie sich versammelt hatten, um gegen die Regierungspolitik zu protestieren. Der Druck auf den Staat und die Versuche, die israelische Öffentlichkeit gegen die Rückgabe der Sinai-Halbinsel zu mobilisieren, hatten keinen Erfolg, womit die Grenzen der Strategie einer Rejudaisierung »von oben« deutlich wurden. Und ausgerechnet in dieser Zeit, in der die »Gush-Emunim« schwere Rückschläge einstecken mußte und sich über ihre künftige Strategie unschlüssig war, starb auch noch ihr geistiger Lehrmeister, Rav Zvi Yehuda Kook.

Der Beginn terroristischer Aktivitäten

Diese Unschlüssigkeit war für den Fortbestand der »Gush-Emunim« um so gefährlicher, als sie nie über eine straffe Organisation verfügt hatte und als dadurch schlecht koordinierte Einzelaktionen begünstigt wurden. So ist es nicht verwunderlich, daß schon 1980 einige ihrer Anführer Gewalttaten begingen und sich an die Stelle des Staates setzten, den sie beschuldigten, in der Behandlung der Palästinenserfrage zu »weich« zu sein.

Tatsächlich empfanden zahlreiche Palästinenser die von der »Gush-Emunim« im Zentrum der arabischen Stadt Hebron errichteten jüdischen Wohnhäuser als blanke Provokation, und deren an ihrer schweren Bewaffnung leicht erkennbare Bewohner waren ein verlockendes Ziel für terroristische Aktionen. Am 2. Mai 1980 wurde eine Gruppe von Orthodoxen beim Verlassen der Synagoge mit Handgranaten und Maschinenpistolen angegriffen; sechs von ihnen kamen dabei ums Leben. Die Reaktion der Behörden, die drei angesehene arabische Persönlichkeiten in den Libanon verschleppten, wurde von einigen Aktivisten der »Gush-Emunim« als unzulänglich betrachtet. Sie beschlossen daraufhin, Sprengstoffanschläge auf die Autos palästinensischer Bürgermeister zu verüben, die sie für die antiisraelischen Unruhen verantwortlich machten. Einen Monat nach den Morden von Hebron wurden der Bürgermeister von Nablus, Bassam Schak'a, und sein Amtskollege aus Ramallah bei der Explosion ihres Autos schwer verletzt.

Die radikalsten Aktivisten der »Gush-Emunim« schwenkten auf eine Taktik des Gegenterrors ein, die an die Strategie der OAS in Algerien erinnert, und verstanden ihre Gewaltaktionen (durch die sie das Gewaltmonopol eines in ihren Augen versagenden Staates usurpierten) als Vollzug des israelischen Volkswillens – wie ein Mitglied dieser damals entstehenden »jüdischen Untergrundbewegung« in einer Verteidigungsschrift beteuert. Der Verfasser dieser Schrift weist immer wieder darauf hin, daß seiner Meinung nach der Gegenterror vom Durchschnittsisraeli und sogar der Regierung gebilligt werde. Als im Radio die Nachricht vom Attentat auf die arabischen Bürgermeister gesendet wird, erlebt er, wie eine einfache Fau spontan über die Bombenleger sagt: »Ich würde ihnen die

Hände dafür küssen.« Der Militärgouverneur der besetzten Gebiete habe sogar bedauert, daß die Opfer bei den Attentaten nur verletzt wurden. Und in Nablus sei die arabische Bevölkerung von Sprengstoffanschlägen in Angst und Schrekken versetzt worden – womit man das gesteckte Ziel erreicht habe. Dem steht das »Lavieren« von Premierminister Begin gegenüber, der die Gewaltanwendung bedauert und eine Untersuchung anordnet, die allerdings im Sande verläuft.[34]

Die Straffreiheit und der praktische Erfolg der Operation tragen dazu bei, das Tabu der bewaffneten Gewalt zu brechen. Einige Führer der »Gush-Emunim« zögern fortan nicht mehr, wenn es ihnen nötig scheint, Gewalt anzuwenden.

In der angespannten Situation nach dem israelischen Einmarsch im Südlibanon 1983 verschärfte sich der Gegenterror und griff mit der Ermordung von Emil Grünzweig, einem jungen Juden, der als Mitglied der linken Gruppierung »Frieden jetzt« gegen den Krieg demonstrierte und von einer Handgranate getötet wurde, nun sogar auf die israelische Gesellschaft selbst über. Dieses Blutvergießen unter Juden sollte zu einer heftigen Auseinandersetzung zwischen zwei bedeutenden Persönlichkeiten der »Gush-Emunim« führen: Yoeil Bin-Nun einerseits, der der Bewegung vorhielt, dem wahllosen politischen Mord Tür und Tor geöffnet zu haben, und Rabbi Mosche Levinger andererseits, dem Führer der Siedler in Hebron, der den Gegenterror befürwortete.

Anschließend richtete sich die bewaffnete Gewalt wieder ausschließlich gegen die Palästinenser. Als dann im Juli 1983 ein junger Siedler und *Jeschiwa*-Schüler auf dem Markt von Hebron von Arabern erstochen wurde, war dies eine willkommene Gelegenheit für neue Gewaltakte. Einige Tage nach dem Mord forderte ein von jüdischen Untergrundkämpfern verübter Anschlag auf die islamische Universität von Hebron drei Tote und eine große Zahl von Verletzten. Und zu Beginn des Jahres 1984 wurden nach mehreren bewaffneten Überfällen auf israelische Autobusse Sprengstoffanschläge auf fünf arabische Busse vorbereitet, die während der Hauptverkehrszeit in die Luft gejagt werden sollten. Nur das Einschreiten des israelischen Geheimdienstes, der in dem Moment zugriff, wo die jüdischen Terroristen den Sprengstoff deponierten, verhinderte ein Blutbad.

Die Sprengmeister des Herrn

Die Zerschlagung des »Untergrund«-Netzes und die Verhöre der Beschuldigten förderten ein Komplott ans Tageslicht, das manch einem einen eiskalten Schauer über den Rücken jagte: Die jüdischen Terroristen hatten geplant, die Moscheen am Jerusalemer Tempelplatz zu sprengen. Wäre der Plan ausgeführt worden, hätte dies nach Ansicht von Experten des Harvard Center for International Affairs zum Ausbruch des Dritten Weltkriegs führen können.

Tatsächlich spekulierten die Verschwörer ganz kaltblütig auf diese Möglichkeit, wie der israelische Hochschullehrer Gideon Aran, der beste Kenner der »Gush-Emunim«, betont: »Die Anführer der Untergrundbewegung glaubten, daß die Sprengung der ›Schandflecken‹ (des Felsendoms und der Al-Aqsa-Moschee) mehrere hundert Millionen Muslime zum *Jihad* veranlassen würde, was die ganze Menschheit in die letzte, entscheidende Schlacht zwingen würde: den Kampf zwischen Gog und Magog mit all seinen kosmischen Folgen. Der Sieg Israels am Ende dieser so sehnlich herbeigewünschten Feuerprobe könnte das Kommen des Messias vorbereiten.«[35]

Mit dieser Aktion wird das Stadium des Gegenterrors verlassen und eine ganz neue Stufe der Strategie einer Rejudaisierung »von oben« betreten. Es geht nicht mehr darum, an die Stelle eines Staates zu treten, dem man vorwirft, das Prinzip der jüdischen Herrschaft über ganz *Eretz Yisrael* nur halbherzig zu vertreten, sondern darum, die Umwandlung dieses weltlichen zionistischen Staates in das Reich Israel zu beschleunigen, dem die Erlösung der ganzen Menschheit aufgetragen ist.

Der Plan, die Moscheen am Tempelplatz zu sprengen, war in gewissen religiösen Kreisen schon nach der Eroberung der Jerusalemer Altstadt durch Israel im Juni 1967 formuliert worden. Der Oberrabbiner der israelischen Armee hatte die »Säuberung« der Orte verlangt, was jedoch der damalige Verteidigungsminister Mosche Dayan abgelehnt hatte.[36] In fast allen orthodoxen *Jeschiwot* und im israelischen Großrabbinat war man der Ansicht, daß die *Halacha,* das jüdische Gesetz, den Juden so lange den Zugang zum Tempelplatz verbiete, bis der Messias wiedergekommen sei. Die dort gebauten Moscheen zu zerstören war demnach für sie ganz und gar keine vordringliche Aufgabe. Ebensowenig wie für die Gründer der »Gush-Emunim«, die sich zunächst ganz auf die Besiedlung der besetzten Gebiete konzentrierten. Erst als 1977 Friedensverhandlungen mit Ägypten aufgenommen werden, macht sich in der Bewegung eine tiefe Enttäuschung über den israelischen Staat und die Regierung Begin breit. Nun erst erwägt man radikalere Maßnahmen, um den Prozeß der Rejudaisierung irreversibel zu machen.

Würde der säkulare zionistische Staat, der – nach Meinung des Rav Kook – ungeachtet seiner Gottlosigkeit unbewußt den Ratschluß Gottes ausführte, dies auch dann noch tun, wenn er mit Ägypten einen Friedensvertrag abschlösse, der den Rückzug von der Halbinsel Sinai vorsah, die doch zu dem Land gehörte, das dem auserwählten Volk verheißen war? Sollte man die Regierung nicht mit allen Mitteln davon abbringen, diesen Friedensvertrag zu unterzeichnen? Sollte man nicht eine vollendete Tatsache schaffen, die ungleich spektakulärer wäre als die mehr oder weniger illegalen Siedlungen im Westjordanland und die den Frieden mit den Arabern und territoriale Zugeständnisse für immer unmöglich machen würde?

Ganz auf sich gestellt hatte ein Mann derartige Gedankengänge entwickelt: Schabtai Ben-Dov. Als ehemaliger Kämpfer bei der Besiedlung Palästinas *(Jischuw)* hatte dieser Autodidakt seine sechsjährige Gefangenschaft in britischen Kerkern dazu genutzt, seinen brennenden Wissensdurst zu stillen und die wichtigsten europäischen Sprachen zu lernen. Er verschlang unzählige Bücher über Geschichte, Psychologie und politische Ökonomie, las die großen Klassiker und glaubte, »die gegensätzlichen Einflüsse von Freud, Nietzsche und Marx zu einem einheitlichen Weltbild zusammengefügt zu haben, das sich an seiner Vorstellung von der Erlösung Israels als einer absoluten Notwendigkeit orientierte«.

Nach seiner Freilassung studierte er Jura. Als er eines Tages auf dem Nachhauseweg einem achtjährigen Kind begegnete, das seinen Talmud von der Schule nach Hause trug, wurde er sich der Nichtigkeit allen weltlichen Wissens bewußt: »Ich, der ich mich doch für einen Gelehrten hielt, konnte keine einzige Zeile dieses Talmuds lesen. Da beschloß ich, etwas zu unternehmen, um den Wissensstand dieses Kindes zu erreichen.« Er »verschlang« die Thora und begann abends, nach seiner Arbeit als Angestellter in einem Ministerium, lange Texte zu verfassen, die er jedoch zunächst nur einem kleinen Kreis von Vertrauten zukommen ließ. Darin beschrieb er die Wege der Erlösung für das jüdische Volk konkret als Wiederherstellung eines souveränen Reiches Israel, das sich auf das gesamte Gelobte Land erstrecken sollte.

Von der Lehre des Rav A. Y. Kook, mit der er sich intensiv beschäftigt hatte, entfernte er sich in dem Maße, wie er die offene Konfrontation mit dem zionistischen Staat als Bedingung für dessen notwendige Überwindung betrachtete: »Nicht die Gesetze des Staates werden uns vorschreiben, was wir in unserem revolutionären Kampf tun bzw. nicht tun dürfen, sondern die Thora Israels und das Bewußtsein der Verantwortung, die wir für diese Nation tragen. Das allein bestimmt, bis zu welchem Punkt wir die Gesetze des Staates anerkennen . . .«[37]

Die israelisch-ägyptischen Friedensverhandlungen machten

es nach Ansicht Ben-Dovs notwendiger denn je, die Dynamik der Erlösung anzukurbeln, selbst wenn man dabei den zionistischen Staat offen angreifen mußte.

Zur gleichen Zeit suchten einige von den Verhandlungen überraschte Aktivisten der »Gush-Emunim« nach einer Aktionsform, die radikaler war als die bloße Fortsetzung der jüdischen Besiedlung der besetzten Gebiete. Einer von ihnen, Yehuda Etzion, stieß auf die Schrift von Ben-Dov. Er setzte sich mit dem Autor in Verbindung und gelangte in Gesprächen mit ihm zu der Überzeugung, daß die »Beseitigung der am Tempelplatz gelegenen Schandflecke« der so begehrte Katalysator der Erlösung sei. Noch kurz vor seinem Tod, 1979, soll Ben-Dov diese Initiative abgesegnet haben.

Schon bald schlossen sich Etzion ein Armeeoffizier und ein Maschinenbauingenieur an, die sich beide intensiv mit der Thora befaßt hatten. Bevor diese kleine Gruppe von Verschwörern jedoch zur Tat schritt, versuchte sie die Zustimmung eines angesehenen Rabbiners zu erhalten. Rav Zvi Yehuda Kook, den man um Rat fragte, gab keine eindeutige Antwort – was von den Verschwörern als »Nichtmißbilligung« aufgefaßt wurde. Doch fanden sie weder unter den Anhängern Kooks noch unter den Orthodoxen einen angesehenen Rabbi, der die Operation gebilligt hätte. Die meisten von diesen erklärten, die Errichtung des Dritten Tempels sei nicht Sache der Menschen, sondern werde sich von selbst mit der Erlösung des auserwählten Volkes und der Rückkehr des Messias ereignen. Es sei folglich unnötig, den Platz schon vorher zu »säubern«. Die Verschwörer teilten diese eschatologische Sichtweise der Rabbiner aber nicht, sie glaubten vielmehr, daß die Sprengung der Moscheen die Feindseligkeiten mit den Arabern wieder aufleben lassen und den Friedensprozeß zum Stillstand bringen würde. Damit wäre der Weg gebahnt für die nun unabwendbare Umwandlung des zionistischen Staates in das Reich Israel und damit für die Erlösung.

Das Projekt wurde vorübergehend aufgegeben, als zwei seiner Architekten am Attentat gegen die palästinensischen Bürgermeister teilnahmen. Dann erweiterte sich der Kreis der Verschwörer um einige neue Mitglieder, darunter auch ein zum Judentum konvertierter ursprünglich protestantischer französischer Intellektueller, Dan Be'eri. Sein Lebensweg veranschaulicht auf sehr eindringliche Weise, wie die Strategie der Rejudaisierung »von oben« zu immer radikaleren Konsequenzen führte.

Dan Be'eri entstammt einer Lehrerfamilie und pflegte in seiner Jugend regelmäßigen Umgang mit Pfarrern der reformierten Kirche, die einen großen Eindruck auf ihn machten. Schon damals wollte er Pfarrer werden, auch wenn sein Drang nach sozialer Gerechtigkeit ihn in der ersten Hälfte der sechziger Jahre dazu veranlaßte, dem Verband kommunistischer Studenten beizutreten. Da er die Ursprünge der Religion studieren wollte, besuchte er nach dem Abitur die »hypokhâgne« [Erste Klassenstufe, in der man sich nach dem französischen Abitur zur Aufnahmeprüfung für die École normale supérieure vorbereitet, A. d. Ü.] des Gymnasiums von Montpellier. Er vertritt diese Vorbereitungsklassen im französischen Studentenverband UNEF. Seine schulischen Leistungen sind so gut, daß er in die »khâgne« [Zweite Klassenstufe, s. o.] des Pariser Gymnasiums Louis-le-Grand »aufsteigt«, der Kaderschmiede der akademischen Elite Frankreichs und Königsweg für den Eintritt in die École normale supérieure.

In die »khâgne« wechselt er zu Beginn des Schuljahres 1964: Viele seiner damaligen Klassenkameraden werden im Mai 68 zu den Führern der maoistischen Fraktion gehören. Den jungen Protestanten bestürzt jedoch der gnadenlose Konkurrenzkampf unter seinen damaligen »streberhaften«, karrieresüchtigen Kameraden, von denen kein einziger seine geistige Wißbegier teilt. Er verläßt die »khâgne« nach einem halben Jahr und bucht bei der französischen Filiale der Jewish Agency eine Reise nach Israel, in der Absicht, über das moderne Hebräisch Zugang zum alten Hebräisch der Bibel zu finden. Nachdem er bei den Israelis, die nicht so recht begreifen, was er als Nichtjude eigentlich hier sucht, zunächst einiges Mißtrauen erregt, integriert er sich in das Leben in einem Kibbuz, lernt Hebräisch und fühlt sich im Heiligen Land wie zu Hause. Als er ein Jahr später nach Frankreich zurückkehrt, ist er ein Fremder im eigenen Land: Auch wenn er seinem christlichen Glauben zunächst treu bleibt, fühlt er sich von seinem Selbstverständnis her als Israeli. Doch auch in seiner Suche nach einem Urchristentum wird er enttäuscht: Von dem Moment an, wo Paulus den Begriff des auserwählten Volkes nicht mehr anerkennt und die Unterschiede zwischen Israel und den anderen Völkern beseitigen möchte, ist das Christentum nach Meinung Dan Be'eris nur noch eine antisemitische Ideologie. Er sagt sich daraufhin vom Christentum los und kehrt nach dem Ende des Sechstagekriegs nach Israel zurück.

1969, als er – 26 jahre alt – an der hebräischen Universität von Jerusalem studiert, beschließt er, zum Judentum überzutreten. Doch man erteilt ihm eine glatte Abfuhr, wodurch er in eine tiefe Krise gerät. Aber er gibt nicht auf und wird von Anhängern Léon Aschkénasis, auch »Manitu« genannt (der in Frankreich bei der Bekehrung von Radikal-Linken jüdischer Herkunft zum Judentum eine wichtige Rolle spielt), in die *Jeschiwa* des Rav Kook, Markaz Ha-Rav, eingeführt. Dort vertieft er sich in das Studium der Thora, während er seinen Lebensunterhalt mit dem Redigieren von Schriftrollen verdient. Er heiratet und zeugt neun Kinder. Abends studiert er mit einem Schriftgelehrten die Kabbala und den Zohar [Hauptwerk der mittelalterlichen Kabbala, A. d. Ü.] und beendet sein Studium an der *Jeschiwa* während des Oktoberkrieges 1973.

Von jetzt an arbeitet er als Lehrer; 1978 gründet er in Kyriat Arba', einer jüdischen Siedlung nahe Hebron, eine *Talmud-Thora*, eine religiöse Elementarschule (Vorstufe zu einer *Jeschiwa*). Er beteiligt sich schon an den ersten Siedlungsversuchen der »Gush-Emunim« in Elon Moreh, 1976. Als die kleine

Gruppe von Verschwörern, die die Moscheen am Tempelplatz sprengen will, Kontakt zu ihm aufnimmt, erweist er sich als einer der entschlossensten Befürworter des Planes. Nachdem er sich unter Heranziehung heiliger Schriften, in denen er sich hinlänglich auszukennen glaubt, sein eigenes Urteil gebildet hat, scheinen ihm die Bedenken derer, die sich – vergeblich – um die moralische Rückendeckung eines hochrangigen Rabbiners bemühen, jeder Grundlage zu entbehren.[38]

Die Mitglieder der Gruppen teilen sich die Vorarbeit, erstellen Verzeichnisse von Anschlagszielen, notieren die jeweiligen Besucherzahlen, versuchen Sicherheitsvorkehrungen auszukundschaften und legen Sprengstoffvorräte an, um für den Tag X gerüstet zu sein. Doch vor der Ausführung der Tat schrecken manche zurück: Die Räumung der Siedlung Yamit, die 1982 den Rückzug von der Halbinsel Sinai einleitet und von der Bevölkerung gleichgültig hingenommen wird, läßt sie zweifeln, ob ihr Plan wirklich über die erforderliche soziale Rückendekkung verfügt. Obgleich die Vorbereitungen schon weit gediehen sind, wird der Plan deshalb vorläufig auf Eis gelegt. Erst nachdem die Ermittlungen über die von einem Ring jüdischer Gegenterroristen begangenen Morde an Palästinensern abgeschlossen sind, werden die Tempelplatzverschwörer, von denen einige auch an den Mordanschlägen beteiligt waren, im April 1984 identifiziert und festgenommen.

Die Autodidakten und die heiligen Schriften

Zwischen diesen jüdischen Verschwörern und der Gruppe, die im Oktober 1981 den ägyptischen Präsidenten Sadat ermordete, gibt es einige bemerkenswerte ideologische und soziokulturelle Ähnlichkeiten. In beiden Fällen haben wir es mit einem auf die Spitze getriebenen Prozeß der Rejudaisierung bzw. Reislamisierung »von oben« zu tun, in dem der Einsatz von

Gewalt gegen ein symbolisches Ziel die religiöse Umgestaltung des Staates beschleunigen soll. Auf jüdischer Seite geht es darum, auf den Weg der Erlösung und der Heraufkunft des Reiches Israel zurückzufinden; auf muslimischer Seite darum, auf den Ruinen der gottlosen Gesellschaft bzw. *Jahiliyya* einen islamischen Staat zu errichten. In beiden Fällen sind die Anführer Intellektuelle, die zwei gegensätzliche Komponenten in sich vereinen: Zunächst haben sie eine weltliche, oftmals technische Ausbildung genossen, anschließend haben sie sich oberflächlich religiöses Wissen angeeignet, wobei sie jedoch das zuvor erworbene begriffliche Instrumentarium beibehielten. Die kleine Rechtfertigungsschrift der Mörder Sadats – eine Montage von Zitaten aus Werken mittelalterlicher muslimischer Autoren und aus heiligen Schriften des Islam –, in der die Gläubigen zur Hinrichtung des »abtrünnigen« Herrschers aufgerufen werden, hat ein Elektroingenieur verfaßt. Die Abhandlungen Schabtai Ben-Dovs, in denen dieser nach einem »Katalysator« der Erlösung sucht, stammen ebenfalls aus der Feder eines Autodidakten, der sich rühmt, eine persönliche Synthese der Autoren des 20. Jahrhunderts geschaffen zu haben, bevor er »sich in die Thora vertiefte«.

Diejenigen, die in den Sprengstoffanschlägen auf Moscheen den besagten Katalysator sehen, haben alle eine Ausbildung in weltlichen Wissenschaften absolviert, die ihnen die nötige Selbstsicherheit gibt, um die heiligen Schriften als Rechtfertigung ihres Aktivismus zu lesen, auch wenn gerade der ehemalige, zum Judentum konvertierte »khâgne«-Schüler Dan Be'eri glaubt, auf die Rabbiner verzichten zu können.

In Kairo wie in Jerusalem war die Reaktion der Geistlichen nach der Aufdeckung jedes Komplotts die gleiche: Man trennte strikt zwischen Rechtsgelehrten, anerkannten und ausgewiesenen Exegeten der heiligen Schriften einerseits und den Verschwörern andererseits. Man erklärte, diese hätten die Schriften und die überlieferten kanonischen Glossen vorsätzlich mißdeutet, um ihre Verbrechen zu rechtfertigen; und man betonte, daß sie nicht das Recht gehabt hätten, das Wort Gottes und die daraus abgeleitete Gesetzessammlung eigenmächtig zu interpretieren. In Kairo wettert der islamistische Ulema Scheich Kischk von der Kanzel gegen die »Halbstarken des Geistes«, die die heiligen Texte ohne Anleitung eines Lehrers oder Scheichs studieren und unwiderrufliche Urteile fällen, nachdem sie drei Seiten dieses oder jenes mittelalterlichen Autors gelesen haben.[39] Dem entspricht in Jerusalem die Erklärung des in der *Jeschiwa* des Rav Kook unterrichtenden Rabbis Yonatan Blass, der den Verschwörern Arroganz vorwirft, weil sie »glauben, die Wahrheit sei nur ihnen allein geoffenbart worden, und nicht auch den großen jüdischen Denkern und Rechtsgelehrten in Gegenwart und Vergangenheit«[40].

Die Aufdeckung der Tempelplatzverschwörung und deren Scheitern schadeten der gesamten Strömung, die im Umkreis der »Gush-Emunim« die Rejudaisierung »von oben« befürwortete, selbst wenn die Verschworenen der Untergrundbewegung im Vergleich zur gesamten Anhängerschaft der »Gush-Emunim« – die auf etwa 50 000 Personen geschätzt wurde, die hauptsächlich in den jüdischen Siedlungen der besetzten Gebiete lebten – eine verschwindend geringe Minderheit darstellten.[41] Als sich die Aktivisten der »Gush« heftigen Angriffen der radikalen Linken und weltlicher Kreise sowie der Mißbilligung orthodoxer Richtungen ausgesetzt sahen, beschränkten sie sich vorübergehend auf die jüdische »Umerziehung« ihrer Anhänger, wobei sie teilweise auf Taktiken der Rejudaisierung »von unten« zurückgriffen, die während der Phase des intensiven politischen Aktivismus in den Hintergrund getreten waren.

Die Vergrößerung der Familien, die viel mehr Kinder zählen als die der weltlichen Israelis, und die Erziehung der Kinder, die eine besonders starke neue Generation von »Gush-Emunimisten« bilden sollen, veranlaßten viele Aktivisten, sich intensiv um die Gründung neuer Schulen zu kümmern, um ihre besondere Kultur weiterzugeben.

In einem von Stacheldraht umgebenen und von Wachtposten mit Maschinenpistolen kontrollierten Häuserkomplex in Beit Hadassa, der »bewehrtesten« Siedlung der »Gush-Emunim« im Zentrum der arabischen Stadt Hebron, schallt 1990 das Geschrei einer Schar kleiner Jungen wider, die im Kindergarten spielen. In der Wohnung des Siedlungsleiters trocknen zwischen der Thorabibliothek und Fotos der beiden Rav Kook die Strampelanzüge des Letztgeborenen. Solange die »Gush« äußerlich geschwächt ist, versucht sie den inneren Zusammenhalt zu stärken – bis der geeignete Moment kommt, um den Wagen des zionistischen Staates wieder auf den Weg der Erlösung zu leiten.

Das Wiedererstarken des orthodoxen Judentums

Von der Gründung der »Gush« in Kfar Etzion 1974 bis zur Verhaftung der Verschwörer der Untergrundbewegung 1984 war die politisch-religiöse Programmatik der »Gush-Emunim« einer der wichtigsten Bezugspunkte für die perspektivlose israelische Gesellschaft. Nach der Aufdeckung der Tempelverschwörung, die sogar bei manchen Sympathisanten der »Gush« große Bestürzung auslöste, verschwand die Bewegung zunächst einmal in der Versenkung. Dadurch konnten andere Rejudaisierungsbewegungen in den Vordergrund treten: die orthodoxen Vereinigungen, Sekten und Parteien *(Haredim)*.

Anders als die »Gush« verfolgen sie zunächst eine Strategie der Rejudaisierung »von unten«, die ihre Anhänger dazu bringen soll, sich im Alltagsleben von der umgebenden Gesellschaft abzuwenden und in Israel wie in der Diaspora in gettoartigen Gemeinschaften zu leben. Doch einige von ihnen entdekken nach einem sehr wechselvollen Lebensweg schließlich ihre charismatische Wirkung auf andere und gehen daraufhin in die Politik. Indem sie die Regierungskoalitionen kontrollieren und diese zwingen, ihre Forderungen hinsichtlich der Anwendung des jüdischen Gesetzes im öffentlichen Leben (und die Finanzierung ihrer Tätigkeit) zu erfüllen, gehören sie 1990 zu einem der wichtigsten Machtfaktoren im Staat Israel.

Zu Beginn der achtziger Jahre erwachten die Orthodoxen aus einem langen Dornröschenschlaf – was für viele ihrer alten und neuen Anhänger einem Wunder gleichkam –, hatte die Vernichtung der europäischen Juden durch die Nazis doch auch zur Zerstörung der traditionellen Zentren des orthodoxen Judentums in Litauen und Polen sowie in Bessarabien geführt. Nach dem Zweiten Weltkrieg zeigten die Zionisten mit den Fingern auf die antizionistischen orthodoxen Rabbiner aus Mitteleuropa, die ihrer Ansicht nach am Ausmaß der Vernichtung mitschuldig waren: Da sie ihren Anhängern die Auswanderung nach Palästina verboten und es versäumt hätten, diese zum entschlossenen Widerstand gegen die Hitlersche »Endlösung« aufzurufen, hätten sie ihren Henkern die Arbeit erleichtert und sich »wie Schafe ins Schlachthaus« in die Gaskammern führen lassen.[42] Diese Willfährigkeit gegenüber den Nazis sei die logische Folge des Lebens in der Diaspora, wo die Juden keinen Stolz entwickeln könnten, sondern, im Gegenteil, zu den demütigendsten Kompromissen mit der nichtjüdischen umgebenden Gesellschaft bereit seien.

Der Inbegriff dieser Unterwürfigkeit war der *Mahyofis Yid,* das Klischee des »speichelleckerischen Juden«, der als Hofnarr eines polnischen Adligen zur Unterhaltung von dessen Gästen Sabbat-Hymnen singt. Gegen dieses Bild des gebeugten, duckmäuserischen Diasporajuden, der sich widerstandslos in die Gaskammer führen läßt, setzt der Zionismus das Bild des siegreichen Kämpfers für Israel.

In der zionistischen Ideologie nach dem Zweiten Weltkrieg dient die Vernichtung der europäischen Juden als Argument zur Diskreditierung der *Haredim* und zur Rechtfertigung der

Gründung eines eigenen Staates Israel. Unter den damaligen Umständen verfehlte dieses Argument seine Wirkung nicht und förderte in Israel wie in der Diaspora die Marginalisierung der Orthodoxen.

Der Holocaust als Strafe für den Zionismus

In orthodoxen Kreisen entwickelte man als Reaktion auf diese zionistische Argumentation jedoch schon in den fünfziger Jahren eine alternative Deutung der Judenvernichtung. So sei der Zionismus für die Katastrophe verantwortlich, weil er sich von der traditionellen Kompromißbereitschaft der Diasporajuden abgewandt habe. Daß diese Haltung häufig darauf hinausgelaufen sei, sich vor den *Gojim* zu erniedrigen bzw. ihr Wohlwollen zu erkaufen, könne nicht getadelt werden, habe man doch so den Fortbestand des Judentums in der Diaspora gesichert. Der nach der Aufklärung von den »emanzipierten« Juden gehegte Wunsch, Einfluß auf die Gesamtgesellschaft zu gewinnen, die dabei von ihren offensichtlichen Erfolgen hervorgerufenen Ressentiments und schließlich die heftige Kritik der Zionisten am Nationalsozialismus hätten im Gegenzug die »Endlösung« beschleunigt.

Einer der radikalsten ultraorthodoxen Rabbiner meint: »Die Thora hat die Juden eindringlich gemahnt, sich in allen Aspekten ihres Lebens von der umgebenden Gesellschaft fernzuhalten ... Doch die Juden der Aufklärung wollten ihren eigenen Überzeugungen folgen und sich den Nichtjuden angleichen ... Nun hat die Geschichte aber gezeigt, daß die Juden dort, wo sie sich am meisten assimilierten (sc. in Deutschland), den schlimmsten Verfolgungen durch die Nichtjuden ausgesetzt waren.«[43] In dieser Sichtweise ist die Vernichtung der Juden die Strafe Gottes für diejenigen, die die Gebote der Thora mißachtet und versucht haben, sich zunächst durch Assimilierung und später durch die Gründung eines den anderen modernen Staaten ähnlichen jüdischen Staates den »Nationen« anzugleichen.

Die orthodoxe Ideologie kehrt auf diese Weise die zionistische Argumentation um und macht Auschwitz zum Menetekel jedes politischen Vorhabens der Juden, das sich nicht aufs strengste an die Gebote der Thora hält.

Solange die zionistische Ideologie tonangebend war (bis Ende der sechziger Jahre) und die religiösen Strömungen nur einen relativ bescheidenen Einfluß ausübten, war die antiorthodoxe Deutung die maßgebliche; von den siebziger Jahren an setzt sich dann die antizionistische Auslegung in dem Maß durch, wie sich die Zahl der *Jeschiwot* erhöht und der Einfluß der *Haredim* in Israel und der Diaspora zunimmt.

Indem die *Haredim* die Vernichtung der Juden durch die Nazis auf ihre eigene Weise deuten, melden sie sich selbst wieder als ein Faktor der weltlichen Geschichte zu Wort, während sie zugleich die Zukunft der zeitgenössischen Juden in eine heilige Geschichte einschreiben, die von Gott gelenkt wird und in der er erbarmungslos alle bestraft, die es wagen sollten, sein Gesetz zu übertreten. Mit dieser Deutung der Geschichte erreichen sie die von einer säkularisierten Kultur geprägte jüngere Generation, die sich seit den siebziger Jahren über die *Teschuwa* – »die Reue« – wieder verstärkt den Orthodoxen zuwenden.

Von der Sekte zur Massenbewegung

Das orthodoxe Judentum ist ein vielschichtiges Gebilde mit zahlreichen inneren Spaltungen, die zu Richtungskämpfen zwischen den Rabbinern führen und diese daran hindern, gegenüber den verschiedenen säkularen Erscheinungsformen des zeitgenössischen Judentums als geschlossene Front aufzutreten. Diese Gegensätze spiegeln sich in den verschiedenen »ultrareligiösen« politischen Parteien wider, die in Israel seit Beginn der achtziger Jahre entstanden sind, und in deren unterschiedlichen Ansichten über zentrale Fragen, wie etwa der Zukunft der besetzten Gebiete.

Doch das ursprüngliche Anliegen all dieser Bewegungen ist dasselbe: Sie möchten dafür sorgen, daß die Juden in ihrem Alltagsleben die den heiligen Schriften entnommenen Gebote einhalten, die den Fortbestand einer eigenen jüdischen Identität garantieren, und die Zeichen der Abgrenzung von dem nichtjüdischen bzw. nichtgläubigen gesellschaftlichen Umfeld vermehren. In den fünfziger Jahren war diese Form der basisnahen gesellschaftlichen Kontrolle, die sich an den einzelnen richtet, wirkungslos geworden. Hinter dem Bemühen der Orthodoxen, diese Kontrolle wiederzuerlangen, steht der Wunsch, eine historische Klammer zu schließen, um besser gewappnet in den Kampf um die Zukunft des Judentums zu gehen.

Tatsächlich begann im 18. Jahrhundert unter dem Einfluß zweier gegensätzlicher Kräfte der Zerfall des überkommenen Systems der *Kehillot* (der traditionellen jüdischen Gemeinden in der Diaspora), in denen der Rabbi die sozioreligiöse Kontrolle ausübte. Einerseits führte die *Haskalah* – die jüdische Version der Aufklärung – dazu, daß im ganzen 19. Jahrhundert zahlreiche europäische Juden das Getto verließen und sich in die umgebende nichtjüdische Gesellschaft integrierten, ja assimilierten. Zur selben Zeit aber verbreitete sich vom polnischen Judentum aus eine mächtige Frömmigkeitsbewegung: der *Chassidismus*.

Der von Israel Baal Schem Tov (1698–1740) begründete Chassidismus möchte in einer Zeit, da vereinzelte Phänomene eines heterodoxen jüdischen Messianismus die Einheit der Lehre bedrohen, die Beziehung des einfachen Juden zum Gesetz und zur Glaubenslehre stärken. Die Bewegung des Baal Schem Tov wendet sich an fromme, aber wenig gebildete Juden, die durch intensives emotionales Erleben, und nicht durch theoretische Gelehrsamkeit Zugang zu Gott finden sollen. Der Chassidismus aktualisiert und vereinfacht zentrale Themen der Kabbala und fordert die totale Selbsthingabe an Gott durch mystische Versenkung, in der Manifestationen der Freude – wie Gesänge und Tänze – eine wichtige Rolle spielen.

Anders als der Gemeinderabbiner, der von bevollmächtigten Vertretern gewählt wird, seine Gelehrsamkeit nachweisen muß und für ein bestimmtes Gebiet zuständig ist, ist der chassidische *Rebbe* (»Meister«) der charismatische Führer einer emotional verbundenen Gemeinschaft von Gläubigen, die – unabhängig von ihrer geographischen Lage – durch die besondere Form ihrer Religiosität zusammengehalten wird.[44] Der *Rebbe* ist der Mittler zwischen den Gläubigen und Gott, er leitet Segenswünsche weiter, kümmert sich um Krankheiten der Seele und des Körpers und gibt den Gläubigen von Gott inspirierte Ratschläge.

Der Verfasser einer apologetischen Geschichte des Chassidismus schreibt hierzu: »Es gibt keinen Beweis dafür, daß der Baal Schem Tov jemals als Rabbi ordiniert worden wäre. Dennoch hatte die Natur ihn mit Vorzügen ausgestattet, die das Fehlen formeller Qualifikationen mehr als aufwogen. Er kannte sich auch in der Heilkraft der Pflanzen aus, und so suchten viele Kranke seinen Rat, um wieder gesund zu werden.«[45]

Die Hagiographien der großen Meister des Chassidismus oder, allgemeiner gesprochen, der zeitgenössischen jüdischen Frömmigkeitsbewegung bestehen aus einer einzigen Aufzählung von Wundertaten, die durch die Fürsprache des *Rebbe* zustande gekommen sind und die vielen vom rationalen Wissenschaftler schon längst als hoffnungslos abgeschriebenen Fällen doch noch einen guten Ausgang bescheren. Ob es um Gesundheit, Arbeit oder Geld geht – die Ratschläge des Meisters sind für seine Anhänger bei strikter Einhaltung der Thoragebote immer von großem Nutzen.[46]

In der zeitgenössischen Orthodoxie hat der Chassidismus

noch immer eine große Bedeutung, auch wenn sein übersteigerter Frömmigkeitskult, sein uneingeschränkter Glaube an den wunderbaren Charakter der Vermittlung, die der charismatische *Rebbe* zu Gott herstellt, Widerstand hervorgerufen haben. Dabei tat sich besonders die »Mitnaggedim«-Bewegung hervor, die für eine strengere, stärker an der jüdischen Gelehrsamkeit orientierte Interpretation der heiligen Schriften eintrat. Sie teilt sich heute mit den Chassidim das Feld der Orthodoxie und der Opposition zu den verschiedenen Erben der jüdischen Aufklärung.

Zu Beginn des 20. Jahrhunderts gründeten einige orthodoxe Gruppen eine überparteiliche, föderative Vereinigung, die es ihnen ermöglichte, in allen großen politischen Fragen, die die Zukunft der Juden betrafen, mit einer Stimme zu sprechen. Man nannte sie »Agudat Jisrael«. Ausgestattet mit einem »Rabbinischen Rat«, war sie die erste »moderne« Instanz, in der chassidische *Rebben* und *Jeschiwa*-Lehrer gemeinsam arbeiteten, um unter Einsatz der damals vorhandenen Kommunikationsmöglichkeiten (Presse, internationale Konferenzen usw.) die nationalistischen und sozialistischen jüdischen Ideologien zu bekämpfen. Man wollte zwar weiterhin die überlieferten religiösen Vorschriften strikt einhalten, doch zugleich aus dem engen Rahmen ausbrechen, in dem alle Sekten Mitteleuropas eingeschlossen waren, und die orthodoxe Tradition allgemein – auch bei den Jugendlichen, die sich bisher größtenteils dem Einfluß der *Haredim* entzogen hatten – verbreiten. Obgleich die meisten orthodoxen Rabbiner die Auswanderung nach Palästina eigentlich ablehnten, weil sie befürchteten, dort dem dominierenden und gut organisierten Zionismus zu unterliegen, ließen sich einige von ihnen dort nieder, und zwar entweder in Jerusalem, im Stadtviertel Mea Shearim, oder in eigens gegründeten, nach außen abgeschotteten Siedlungen, in denen uneingeschränkt die Thora gelten sollte. Das war insbesondere der Fall für das 1924 unweit Tel Aviv von Rabbinern aus Polen gegründet Bné Brak. Zunächst als Landwirtschaftssiedlung geplant, in der die Erde gemäß der mosaischen Weisung alle sieben Jahre brachliegen sollte *(Schemati)*, wurde Bné Brak sehr schnell zu einer Keimzelle der Orthodoxie.

Schon vor dem Krieg fanden sich dort angesehene Rabbiner aus Mitteleuropa ein, etwa Avraham Karelitz, genannt »Der Hazon Ish«, der sich 1934 dort niederließ; später kamen auch Leiter von durch die Nazis aufgelösten *Jeschiwot* dazu, die im Gegensatz zum Gros ihrer Schüler der Vernichtung entgingen. So wurde in Bné Brak die berühmte *Jeschiwa* von Poniewitz (in Litauen) wieder errichtet, die größte der zahllosen religiösen Seminare in einer Stadt, in der 1990 Zehntausende ihren Tag damit verbringen, die Thora zu studieren. Schlüsselfigur dieser *Jeschiwa* ist der 1898 in Litauen geborene und 1940 nach Palästina ausgewanderte Rabbi Eliezer Chakh, der zu Beginn der fünfziger Jahre in diese *Jeschiwa* eintrat und später ihr Leiter wurde. An ihn als die bedeutendste geistliche Autorität der Orthodoxie wenden sich Ratsuchende aus aller Welt, um seine Ansicht über wichtige öffentliche und private Angelegenheiten einzuholen. Nach Meinung seiner Anhänger »wird die Autorität des Rabbi Chakh immer mehr anerkannt: als letzter Zeuge einer untergegangenen Generation, letztes Glied und Bewahrer einer antiken Tradition in bezug auf das Geschick des jüdischen Volkes obliegt es ihm, angesichts der großen Probleme unserer Zeit die authentische Botschaft der Thora zum Ausdruck zu bringen...«[47]

An der Entwicklung von Bné Brak lassen sich beispielhaft die Strategie der *Haredim* seit dem Ende des Zweiten Weltkriegs und deren Fähigkeiten ablesen, sich an den Wandel des politischen Umfeldes anzupassen. Während der ersten beiden Jahrzehnte der Existenz Israels, von 1948 bis zum Sechstagekrieg im Juni 1967, als der säkulare Zionismus sich uneingeschränkt durchzusetzen schien, waren die orthodoxen Rabbiner in die Defensive gedrängt und beschränkten sich darauf, ihr Schulsystem und ihre Gemeinschaft vor Übergriffen des areligiösen Staates zu schützen. So gehörte die »Agudat Jisrael«

zwischen 1948 und 1953 zu der Parlamentsmehrheit, die die Regierung von Ben Gurion unterstützte, um so zu retten, was zu retten war. Als der Ministerpräsident die für alle obligatorische staatliche Einheitsschule (die das Aus für die *Talmud-Thora* und die *Jeschiwa* bedeutet hätte) bzw. die allgemeine Wehrpflicht (auch für die Mädchen und die *Jeschiwa*-Schüler) einführen wollte, kämpfte der »Hazon Ish« verbissen gegen dieses Vorhaben. Sein Zorn legte sich vorübergehend, als Ben Gurion ihm 1952 in Bné Brak einen Versöhnungsbesuch abstattete. Doch im folgenden trat die »Agudat« aus der Regierungskoalition aus, weil sie die Wehrpflicht für Mädchen nicht mittragen wollte.

Dreißig Jahre lang blieb ihr Einfluß in der Knesset sehr gering. Von den durchschnittlich 12 bis 15 % der Stimmen, die die religiösen Parteien bei den ersten elf Wahlen zwischen 1949 und 1984 auf sich vereinen konnten, entfiel der Löwenanteil auf die religiösen Zionisten der national-religiösen Partei, so daß für die Antizionisten der »Agudat« nur etwa ein Drittel dieses Gesamtanteils übrigblieb. Die Orthodoxen kämpften all diese Zeit vor allem um ihr Überleben. Sie bemühten sich, ihre Position zu halten und – symbolische wie reale – Schranken zwischen sich und der Außenwelt zu errichten.

So hat etwa die »Neturei Karta«, eine der radikalsten orthodoxen Gruppierungen, die sich immer geweigert hat, an den Wahlen teilzunehmen, ihre Zeitschrift bezeichnenderweise *Die Mauer* genannt. Viel handgreiflichere Schranken werden Freitag abends an den Grenzen des Jerusalemer Stadtviertels Mea Shearim errichtet, um so jeden Autoverkehr zu unterbinden, der gegen die Gebote des *Sabbat* verstoßen würde. Hinter diesen Bollwerken kann sich der Prozeß der Rejudaisierung »von unten«, des Bruches mit den Lebensgewohnheiten des säkularisierten gesellschaftlichen Umfeldes und der strikten Einhaltung der *Halacha*, des jüdischen Gesetzes, ungehindert entfalten. Das orthodoxe Lager hatte um so weniger Eile, diese Mauern niederzureißen, als die in den Jahrhunderten der Diaspora (in denen die Juden keinen eigenen Staat besaßen) entstandene *Halacha* zahlreiche Fragen des modernen Staatsaufbaus kaum beantworten konnte.[48]

Die Metastasen des Haredismus

Mitte der achtziger Jahre beginnt der triumphale Einzug der Orthodoxen auf die politische Bühne Israels. Da die Rejudaisierung »von unten« so große Bevölkerungskreise ergriffen hat, verfügen die orthodoxen Parteien nunmehr über ein so beträchtliches Wählerpotential, daß ohne sie keine Regierungskoalition zustande kommt. Dabei stößt die Rejudaisierung besonders unter den sephardischen Juden Israels auf große Resonanz, weil die Orthodoxen als erste ihre Interessen vertreten und es ihnen ermöglicht haben, sich innerhalb des institutionellen politischen Systems Gehör zu verschaffen.

Hat sich in der Zeit zwischen 1974 und 1984 vor allem die »Gush-Emunim« als Vorkämpferin einer Rejudaisierung Israels hervorgetan, sind es danach die *Haredim*, die sich in diesem Bereich besonders engagieren. Während die Hochburgen der »Gush-Emunim« in den Siedlungen der besetzten Gebiete liegen und die meisten ihrer Anhänger Aschkenasim oder Sabra sind, die in den Jugendbewegungen der national-religiösen Partei aktiv waren, stammt die (ein beachtliches sephardisches Kontingent umfassende) Gefolgschaft der Orthodoxen hauptsächlich aus dem israelischen Kernland in den Grenzen vor 1967.

Ihren Erfolg bei den Wahlen 1988 verdanken die drei orthodoxen Parteien nicht nur den Wählern sozial schwacher sephardischer Entwicklungsstädte, wie Netivot. Dieses Phänomen hat eine demographische Grundlage, denn durch den Kinderreichtum der orthodoxen Familien und die strenge jüdische Sozialisierung in den eigenen Schulen vergrößert sich der Anteil der orthodoxen Juden an der Gesamtbevölkerung ständig: 1990 hatte Bné Brak etwa 120 000 ausschließlich orthodoxe Einwohner, darunter 40 000 Kinder, die die *Talmud-Thora* besuchten, und über 10 000 Studenten an *Jeschiwot* und *Kolellim* (Seminare für verheiratete Männer).[49]

In Jerusalem nahm der Einfluß der »schwarzen« Juden fortwährend zu, und zwar sowohl in den alten Stadtvierteln als auch in den neuen am Stadtrand gelegenen Trabantenstädten: Jeder vierte hier lebende Jude ist ein Orthodoxer, und bei den Wahlen 1988 haben die religiösen Parteien hier über 30% der Stimmen erhalten. Der Historiker Zeev Sternhell meint dazu: »Diese Bevölkerungsgruppe wird ständig größer. Hier in Jerusalem ist das im Alltagsleben deutlich zu spüren. Damit meine ich, daß die Orthodoxen mehr Dienstleistungen, Wohnungen, Schulen und öffentliche Bäder brauchen. Wenn sie sich in einem Stadtviertel niederlassen, verändern sie dessen Physiognomie völlig. Einige noch vor zwanzig Jahren weltliche Viertel sind mittlerweile zu religiösen Gettos geworden.«[50]

Der Erfolg der *Haredim* hat auch eine soziopolitische Bedeutung, denn er ermöglicht gesellschaftlichen Schichten, die bis dahin von der Mitwirkung am politischen Entscheidungsprozeß ausgeschlossen waren, sich politisch Gehör zu verschaffen – auch auf die Gefahr hin, das politische System zu verzerren und seine Regeln ausschließlich zum eigenen Vorteil zu nutzen.

In den Ergebnissen der Wahlen zur zwölften Knesset, die am 1. November 1988 stattfanden, spiegelt sich der zunehmende Einfluß der Orthodoxen in der bürgerlichen Gesellschaft wider. Es wäre indes verfehlt, von einem Erdrutsch zu sprechen: 15,3% der Stimmen und 18 von 120 Sitzen sind ein Ergebnis, das schon in den sechziger Jahren mehrfach erreicht wurde. Doch hinter diesen Zahlen verbirgt sich ein grundlegender Wandel der religiösen Landschaft: Die Zionisten der nationalreligiösen Partei, auf die bis Anfang der achtziger Jahre zwei Drittel dieser Stimmen entfielen, können nur noch 26,8% auf sich vereinen, wohingegen der Stimmenanteil der orthodoxen Parteien von 33% auf 73,2% hochschnellte.[51] Und da die beiden großen Parteienbündnisse – einmal der linke Block unter Führung der Arbeiterpartei, dann die Rechtskoalition mit dem Likud an der Spitze – nicht über die absolute Mehrheit verfügen, sind die orthodoxen Parteien jeweils das Zünglein an der Waage. Dabei lassen sie sich ihre Unterstützung teuer bezahlen. Ohne die Legitimität des zionistischen Staates Israel anzuerkennen, fordern sie als Gegenleistung für ihre Unterstützung sehr weitgehende Maßnahmen der Regierung, um zunächst einmal ihren Einfluß auf die ständig steigende Zahl ihrer Anhänger zu verstärken: etwa durch verschiedene Beihilfen für die Religionsschulen, Sondervergünstigungen für »religiöse Mieter« usw. Doch indem die Orthodoxen die weltliche, zionistische Regierung dazu zwingen, für alle jüdischen Israelis Maßnahmen einer schleichenden Rejudaisierung einzuleiten, kann sich dieser Prozeß der Rejudaisierung »von unten« nun auf die gesamte Gesellschaft ausdehnen. Der Entwurf der Vereinbarungen, die der Likud am 4. Dezember in Bné Brak dem »Rabbinischen Rat« unterbreitet hat, schreibt zum Beispiel fest, daß der Likud bereit ist, »gegen antireligiöse Aufwiegelung in den Medien vorzugehen«, sich der Definition der jüdischen Identität »gemäß der *Halacha*« anzuschließen, um die Staatsangehörigkeit eingewanderter, konvertierter Juden festzulegen.[52]

Die orthodoxen Parteien wollen nicht direkt die Macht in einem Staat ausüben, dessen Legitimität sie nicht anerkennen: Durch die Kontrolle parlamentarischer Ausschüsse und des Kabinetts und durch die Entsendung einzelner Mitglieder in die Regierung steht ihnen zur Durchsetzung der Judaisierung »von unten« nunmehr ein viel größeres Arsenal von Mitteln zur Verfügung. Diesen Prozeß lassen sie vom israelischen Steuerzahler finanzieren und sichern ihn gesetzlich immer stärker ab, um ihn so unumkehrbar zu machen.

Damit hören die Gemeinsamkeiten zwischen den drei orthodoxen Parteien auch schon auf. Ihre Begriffe von Orthodoxie klaffen ebenso weit auseinander wie ihre Einstellungen zum Friedensprozeß mit den Arabern oder ihre Auffassungen zur Ausbildung und Herkunft der an ihrer Spitze stehenden Rabbiner. Im November 1988 konnten sie die Stimmen relativ heterogener Wählergruppen auf sich vereinen und so von ihrer Uneinigkeit maximal profitieren. Am besten schnitt die ultraorthodoxe sephardische Partei »Shas« ab (sechs Sitze), gefolgt von der hauptsächlich aschkenasischen und chassidischen »Agudat Jisrael« (fünf Sitze) und der »Degel HaThora« (zwei Sitze), die in der Tradition der »Mitnaggedim« die übersteigerte Frömmigkeit der Chassidim bekämpft.

Die »Shas« – Akronym für »Sephardische Hüter der Thora«, das gleichzeitig auf hebräisch die sechs Ordnungen der *Mischna* bezeichnet – hatte schon 1984 vier Sitze errungen. Ihrer Gründung waren ein langer Kampf der Sepharden um gesellschaftliche Anerkennung und mehrere gescheiterte Versuche vorausgegangen, sich politisch Gehör zu verschaffen, ohne dabei systematisch auf religiöse Mittel zurückzugreifen. Auf die Geringschätzung des aus Arbeiterpartei und Aschkenasim bestehenden Establishments, das den Zionismus auf seine eigenen Interessen abgestimmt hatte, reagierten die Sepharden häufig mit Wahlenthaltung. Hinzu kam die offene Auflehnung gegen das System, wie sie sich bei den Ausschreitungen in den Elendsquartieren von Haifa 1959 oder in der Gründung der »Schwarzen Panther« 1971 manifestierte, die auf die Ähnlichkeit ihrer Situation mit der Unterdrückung der Schwarzen in den USA aufmerksam machen wollten. Schließlich setzten viele von ihnen große Hoffnungen in Menachem Begin, der seinen Erfolg bei den Wahlen 1977 den Stimmen der Sepharden verdankte. Auch bei den Wahlen 1981 und 1984 drückten sie den rechten Parteien wieder ihr Vertrauen aus.[53]

Zugleich entwickelten diese Schattenkinder des sozialistischen und weltlichen Zionismus in ihrem überschwenglichen religiösen Empfinden neue Formen der sozialen Vernetzung, der Solidarität, des gesellschaftlichen Aufstiegs und der Verteidigung ihrer verspotteten Identität. Diese religiöse Inbrunst nahm im wesentlichen zwei Formen an: Zum einen bestand sie in der symbolischen Verlegung von Gräbern von (hauptsächlich marokkanischen) Heiligen nach Israel, deren neue Ruhestätten zu regelrechten Wallfahrtsorten wurden; zum anderen in der Wiedereinführung der Verehrung von Weisen (*Hakham*) – wie man sie schon in der Diaspora praktiziert hatte –, die bei Gott Fürbitte für die israelischen Sepharden einlegen sollten, die sich manchmal von Ihm verlassen fühlten. Der einflußreichste dieser »Meister« war Rabbi Israel Abuhatzera, genannt Baba Salé. 1890 in Rissani, einem Ort im marokkanischen Tafilalet[54], geboren, war er seit der Zeit des französischen Protektorats Großrabbiner von Erfud. Er stand in seinem Heimatland in großem Ansehen und soll nach Aussagen seiner Jünger zahllose Wunder vollbracht haben, sowohl in den alltäglichsten Dingen als auch bei den hoffnungslosesten Fällen, die die Ärzte schon aufgegeben hatten. Als er 1964 per Schiff nach Israel reiste, drohte das tobende Meer das Gefährt mit Mann und Maus in den Abgrund zu reißen; Baba Salé hatte in seiner Kabine »von all dem nichts gemerkt. Ja, er hatte nicht einmal das heftige Schaukeln des Schiffes wahrgenommen. Der Kapitän flehte ihn an, doch irgend etwas zu tun ... Da nahm unser Meister seinen Kelch [...], füllte ihn mit Wein und segnete ihn. Dann ersuchte er seinen Gehilfen, an Deck zu gehen und den Wein unter dreifachem Absetzen des Kelches ins Meer zu schütten und dabei jedesmal zu sagen: ›Um der Verdienste des heiligen Rabbi Yaakov willen.‹ Der Gehilfe des Rabbi tat genau, wie er geheißen war. Und das Wunder geschah: Der Sturm legte sich völlig.«[55]

Obgleich seine Ankunft im Heiligen Land unter solch günstigen Vorzeichen stand, dauerte es eine Weile, bis er seinen charismatischen Kreis aufgebaut hatte; 1970 ließ er sich endgültig in der von zahlreichen marokkanischen Einwanderern bewohnten Entwicklungsstadt Netivot nieder, wo er eine bescheidene Sozialwohnung bezog. Sein Ruf als Wundertäter verwandelte Netivot in einen regelrechten Wallfahrtsort der frommen Juden. Das ging sogar soweit, daß die bedeutenden aschkenasischen *Rebbe* dorthin reisten, um Baba Salé ihre Aufwartung zu machen, wobei sie es nicht einmal verschmähten, sich am Tisch eines sephardischen Kollegen fotografieren zu lassen, dessen wunderwirkende Arznei aus nichts anderem als aus Phiolen mit geweihtem Wasser bestand.[56]

Während Baba Salé sich weiterhin wie ein Heiliger aus dem Atlas kleidete: in eine weite weiße Gandura eingehüllt und mit Babuschen an den Füßen, hatten die jüngeren marokkanischen Juden seines Kreises, die die von aschkenasischen Rabbinern geleiteten israelischen Religionsschulen absolviert hatten, deren schwarze Kleidung übernommen. Abgesehen davon, daß es recht seltsam anmutet, wenn sich Leute aus Casablanca oder Tunis plötzlich nach Art der litauischen Einwanderer kleiden, ist es bemerkenswert, daß ausgerechnet die mitteleuropäische Orthodoxie das Leitbild für die moderne religiöse Würde und für die Universalität im Judentum abgibt – das geht sogar soweit, daß die sephardischen Juden Jiddisch lernen und lieber gefüllten Karpfen als Kuskus essen. Doch die Übernahme des litauischen Kleidungsstils machte die orthodoxen Sepharden in den Augen ihrer aschkenasischen Studienkollegen noch lange nicht zu ihresgleichen. Es hätte für eine aus Polen stammende gläubige Familie einen tiefen Abstieg bedeutet, wenn sie ihre Tochter im Rahmen einer für die *Jeschiwa*-Studenten obligatorischen Heirat irgend so einem (mit dem Spottnamen *Frenk* bedachten) Bensoussan oder Abitbol zur Frau gegeben hätte – und sei er auch ein noch so großer Kenner der Thora.

Die von den religiösen Sepharden empfundene Diskriminierung, ihre Enttäuschung über eine Partei wie die »Agudat Jisrael«, die die staatlichen Beihilfen fast ausschließlich zur

Unterstützung der Aschkenasim verwendete, beschleunigten die Gründung der Shas, der orthodoxen Partei der orientalischen Juden, im Jahre 1984. Als Gegenstück zum »Rabbinischen Rat« – in den ausschließlich Litauer und Polen aufgenommen wurden – wurde der Shas ein »Rat der Weisen der Thora« zugeordnet. Und sie unterstellte sich der geistlichen Autorität des sephardischen Großrabbiners von Israel, Ovadia Yossef. Nach einem an gezielten symbolischen Manipulationen nicht gerade armen Wahlkampf, in dem der Rabbi Yossef zu Wahlveranstaltungen im Hubschrauber einschwebte (gleichsam als ein Abgesandter des Himmels) und jedem, der die Shas wählte, seinen Segen versprach, konnte diese in einer so symbolträchtigen Stadt wie Netivot immerhin über ein Viertel der Stimmen auf sich vereinen.

Doch noch ein anderer charismatischer Rabbi ging mit ganzer Kraft in diesen Wahlkampf und versprach seinerseits jedem Wähler der »Agudat Jisrael« seinen besonderen Segen: Menachem Mendel Schneerson, auch Rabbi Chlita genannt, der große Lehrer der Lubawitscher Chassidim. Trotz der bewußten Zurückhaltung von Rabbi Eliezer Chakh, der die Degel HaThora unterstützte und diesen Hagel von Segnungen und Wundern als das Wiederaufleben eines heterodoxen Messianismus geißelte, erhielt die »Agudat« fünf Sitze – drei mehr als 1984.

Der Eingriff des Lubawitscher *Rebbe* in die Politik Israels ist in mehr als einer Hinsicht paradox. Sein Antizionismus beispielsweise ist so unerbittlich, daß er nie den Boden Israels betreten hat, und es sah zunächst danach aus, als sollte der Prozeß der Rejudaisierung »von unten«, der seinen Anhängern in der ganzen Welt ein so großes Ansehen eingebracht hat, nicht durch politisches Engagement erschwert werden. Doch die jüngste Entwicklung der dynamischsten Rejudaisierungsbewegung des ausgehenden 20. Jahrhunderts ist bezeichnend für die Macht, die die Orthodoxie mittlerweile errungen hat, und die Mittel, mit denen sie ihre Ziele erreichen will.

Die Lubawitscher Chassidim leiten ihren Namen von einer kleinen russischen Stadt nahe Smolensk ab, in der sich 1813, während der Napoleonischen Kriege, Rabbi Dov Ber niederließ, der Sohn und Nachfolger von Rabbi Chnéor Zalman (1745–1812). Wie andere *Rebbe* der damaligen Zeit verstand er sich als geistiger und charismatischer Erbe des Baal Schem Tov, des Begründers des Chassidismus, doch tat er sich durch eine eigenwillige Interpretation von dessen Lehre hervor. Dieser den Lubawitscher Chassidim eigentümliche Chassidismus HaBaD (ein Akronym der hebräischen Worte für »Weisheit, Klugheit, Wissen«: *Hokhma, Bina Daat*) zeichnet sich nach den Aussagen seiner Anhänger dadurch aus, daß er religiöse Inbrunst und Frömmigkeit mit der geistigen Anspornung jedes einzelnen verbindet. Der gewöhnliche Chassidismus geht davon aus, daß »nur der eine Gerechte *(Rebbe)*, der bei seinem Studium nicht nur für sich, sondern auch für all seine Anhänger geistige Kraft sammelt, zu einem tieferen Verstehen der Thora gelangen kann. Der HaBaD-Chassidismus hingegen vertritt den Standpunkt, daß jeder einzelne sich dieses tiefere Verständnis erwerben muß. Rabbi Chnéor Zalman hat gezeigt, daß geistige Analyse und Gefühl sich gegenseitig nicht ausschließen.«[57]

Obgleich die Lubawitscher Chassidim, entsprechend ihrer Lehre, auch ihre geistigen Fähigkeiten einsetzen, sind sie voller Verehrung für ihren *Admor* (Akronym von *Adonénu, Morénu, Rabbinu*: »unser Herr, Meister und Rabbiner«), dessen unmittelbar von Gott eingegebenen Entscheidungen unwiderruflich sind und von einer geistigen Klarheit zeugen, die für den gewöhnlichen Gläubigen unerreichbar ist. Die *Admor* jeder chassidischen Sekte bilden eine Art Dynastie, die von einem »Hof« umgeben ist, wie ihn die baltischen und polnischen Kleinadligen des 18. Jahrhunderts pflegten.

Rabbi Yossef Itzhak (1880–1950), der in direkter Linie von

Chnéor Zalman abstammte, übernahm 1921 die Führung der Lubawitscher Sekte. Selbst wenn sein Vater, Rabbi Rachab (1860–1920), sich politisch bereits hatte zu Wort melden müssen und sich schon 1899 dem Zionismus widersetzt hatte, war doch die wirkliche Bewährungsprobe Yossef Itzhak vorbehalten, der die Sekte durch die bolschewistische und nationalsozialistische Verfolgung führen und ihr Zentrum auf den amerikanischen Kontinent verlagern mußte. Seine Konflikte mit den sowjetischen Behörden wurden verschärft durch die jüdische Sektion der KPdSU, der »Yevsektsya«, in der Itzhak den Inbegriff der »bösen Juden« sah, da sie vom Geist der Aufklärung so sehr durchdrungen waren, daß sie sich noch für dessen Vollendung, den Kommunismus, einsetzten. Nachdem er mehrfach verurteilt und eingesperrt worden war, konnte er 1927 nach Litauen ausreisen, von wo er 1934 nach Warschau übersiedelte. Auf der Flucht vor den Nazis kam er 1940 schließlich nach New York und ließ sich im Stadtteil Brooklyn nieder. Von hier aus sollte diese chassidische Sekte (die zunächst nur eine von vielen war) immer mehr an Einfluß gewinnen und ist heute die bedeutendste Rejudaisierungsbewegung der Welt.

Das ist vor allem das Verdienst des 1902 geborenen Menachem Mendel Schneerson, genannt Rabbi Chlita, der seit 1950 die Geschicke der Lubawitscher Sekte lenkt. Er war der Schwiegersohn seines Vorgängers und hat sich nicht nur eingehend mit dem Chassidismus beschäftigt, sondern auch eine weltliche Ausbildung erhalten, die er 1940 mit einem Diplom der Pariser Hochschule für Elektrotechnik abschloß. Nachdem er 1941, dem Beispiel seines Schwiegervaters folgend, nach Brooklyn übergesiedelt war, setzte er seine ganze Energie daran, die Bewegung zunächst in den Vereinigten Staaten und später auch in Israel und der Diaspora zu einer festen Einrichtung zu machen.

Rabbi Chlita führte einen erbitterten Kampf gegen das reformierte wie gegen das konservative Judentum[58], die in den Vereinigten Staaten in der Mehrheit sind und seiner Meinung nach unannehmbare Kompromisse mit den Wertvorstellungen der nichtjüdischen umgebenden Gesellschaft eingehen. Zugleich machte er die strikte, ausnahmslose Befolgung der *Mizvot* (religiöse Vorschriften) zum Grundsatz seines Unternehmens einer Rejudaisierung »von unten«. Er bemühte sich um die Wiederbelebung veralteter Bräuche und gründete ein ganzes Netz von Schulen und religiösen Erziehungsanstalten für Kinder, um diese von dem nichtjüdischen und nichtgesetzestreuen Umfeld abzuschirmen. Das Anzünden von Kerzen zum *Chanukka*-Fest, das Tragen von *Tefillin* (um den Arm gewikkelte Gebetsriemen) usw. – der Fülle der Gebote, die jeder Lubawitscher verbreiten kann, sind keine Grenzen gesetzt. Bei jeder Gelegenheit besingen sie (auf englisch) das nahe Kommen des Messias und wiederholen dabei den Slogan *»We want Mashiah now«,* dem sie das hebräische Wort *Mamasch* folgen lassen. Es bedeutet »jetzt«, doch zudem – welch glückliche Koinzidenz – ist es das Akronym von Menachem Mendel Schneerson, den noch immer viele seiner Anhänger für den wiedergekehrten Messias halten. Womit sie den Zorn von Rabbi Eliezer Chakh auf sich ziehen, der darin den Keim einer gefährlichen heterodoxen Abgötterei erkennt.

Alljährlich startet der Rabbi eine Rejudaisierungs-»Kampagne« mit einer speziellen Zielsetzung. So gründete er etwa 1972 »den Ausschuß für die einundsiebzig Institutionen, der schnellstmöglich einundsiebzig neue Thoraschulen gründen sollte«. 1980 »startete er eine Kampagne, die Kinder aufforderte, getreu dem Vers ›Und durch die Söhne gewinnt er die Herzen der Väter zurück‹... ihre Eltern auf den Weg des Judentums zurückzubringen. Er ordnete an, am *Lag-Baomer*-Tag in der ganzen Welt Kindermärsche zu organisieren... Gemäß dem Vers ›Seid fruchtbar und mehret euch‹ predigte er Kinderreichtum und verurteilte Familienplanung...«[59]

Diese Art von Kampagnen erinnert an die Verkündigungsmethoden der evangelikalen Bewegungen des amerikanischen Protestantismus – man denke nur an die »Kreuzzüge für Christus« eines Oral Roberts, die jährlich »eine Million Seelen retten sollten«.[60] Auch Rabbi Chlita macht intensiv Gebrauch von audiovisuellen Medien, von Telefon und Telefax, die es ermöglichen, daß die Initiativen der Bewegung weitgehend zentral vom Hauptquartier in Brooklyn aus gesteuert werden, das am Eastern Parkway 770 gelegen ist und von den Anhängern nur kurz mit der magischen Zahl »770« bezeichnet wird. Der Rabbi, der ja (wie eine Reihe anderer Führer zeitgenössischer religiöser Bewegungen auch) selbst ein ausgebildeter Elektroingenieur ist, konnte zahlreiche Ingenieure, Informatiker, Zahnärzte und junge Absolventen anderer technischer oder naturwissenschaftlicher Studiengänge – mit dem Schwerpunkt auf den angewandten Wissenschaften –, die im Schoß der Lubawitscher Sekte ihre *Teschuwa* (reuevolle Rückkehr zum Judenum) erlebten, für sich gewinnen.

Herman Branover – der Magnetohydrodynamiker, dessen reuevolle Umkehr zu Beginn dieses Kapitels geschildert worden ist, ist ein aufschlußreiches Beispiel dafür. In seinem Fall geht es wie bei den evangelikalen und islamistischen Ingenieuren darum zu zeigen, daß Wissenschaft und Glaube ganz und gar miteinander vereinbar sind und daß die Entwicklung von Softwareprogrammen oder die Verwaltung von Datenbanken dem Glauben an die besondere Hellsichtigkeit von Menachem Mendel Schneerson keinerlei Abbruch tun. Ganz im Gegenteil, sie bestärken diesen Glauben noch, indem sie die Mittel für seine allgemeine Verbreitung zur Verfügung stellen.

Diese soll die Proselytenmacherei unter den Juden verstärken, sie in die Gemeinde der Lubawitscher locken, wo man sie dann von der Masse all derer trennt, die den Wertvorstellungen und Versuchungen der umgebenden Gesellschaft nicht widerstehen können. Diese Unterscheidung von »gesetzestreuem Juden« und »Jude nach Abstammung« »reproduziert« die Trennungslinie zwischen Israel und allen anderen Völkern, die spezifischen Gebote, die den Juden in der Gemeinschaft der Nationen auszeichnen.[61] Dieses Gefühl der Herausgehobenheit vor dem Rest der Welt ist bei den Anhängern des Rabbi Chlita sehr ausgeprägt. Die Zeitschrift der *Jeunesse loubavitch de France* erklärt in diesem Sinne ihren Lesern: »Gott hat das ganze Weltall geschaffen, entsprechend der grundlegenden Unterscheidung in die vier Reiche des Mineralischen, Pflanzlichen, Tierischen und Menschlichen [. . .] es steht geschrieben, daß es in Wahrheit noch eine fünfte Gattung gibt: Am Israel, das jüdische Volk. [Und] der Abstand, der das jüdische Volk von der vierten Gattung trennt – der Gesamtheit des ›sprechenden‹ Geschlechts, der Menschen –, ist nicht geringer als die Kluft zwischen Mensch und Tier.«[62] Eine radikalere Ablehnung jeglichen gemeinsamen universalen Wertes ist wohl kaum vorstellbar.

Ebenso wie die *Kascherut*-Gesetze dazu dienen, die Juden von »der Gesamtheit des sprechenden Geschlechts« zu unterscheiden, errichtet der *Glat-Kascher* – ein strengeres und einschränkenderes *Kascherut,* das die Lubawitscher Chassidim befolgen – ein unüberwindliches Hindernis zwischen diesen und den übrigen Juden. Unter dem Einfluß dieser Essensvorschriften entfremden sich die neu Konvertierten, die *Baalei Teschuwa,* sehr rasch von ihrem früheren Lebensumfeld. Laurence Podselver schreibt dazu: »Durch die Ablehnung des gemeinsamen Essens im Kreis der Familie löst sich der Novize von der verwandtschaftlichen Bindung und geht eine rein religiöse Bindung ein.«[63] Dieser Prozeß setzt sich darin fort, daß nur Partner geheiratet werden dürfen, die selbst Mitglied der Lubawitscher Sekte sind. Diese auf der Ebene der gesamten Bewegung praktizierte Endogamie verstärkt den inneren emotionalen Zusammenhalt der Gemeinschaft, die sich durch Riten der totalen sozialen Abgrenzung definiert.

Eine solche Definition der Identität durch einen übersteigerten Ritualismus, durch die systematische Suche nach Abgrenzungssymbolen erinnert an eine pietistische islamische Gruppe wie die »Tabligh«.[64] Da sie sich vor der Assimilation durch die umgebende Gesellschaft schützen wollte, vermehrte die 1927 im mehrheitlich hinduistischen Indien gegründete »Tabligh« im Alltagsleben die Zeichen ihrer islamischen Identität. Um das Verhalten des Propheten Muhammad während seines irdischen Daseins peinlich genau nachzuahmen, ließen sich die Anhänger der »Tabligh« einen Bart wachsen, trugen eine weiße *Djellaba* und hielten sich aufs strengste an die nebensächlichsten rituellen Vorschriften wie an die sexuellen und Ernährungsver- und -gebote. Sogar ihre strenge Auffassung von vorschriftsmäßig geschlachteten *(halal)* Tieren, die von einem tiefen Mißtrauen gegen Fleisch geprägt ist, das sie nicht selbst kontrolliert haben, zeigt frappierende Ähnlichkeiten mit der Praktik des *Glat-Kascher.*

Diese Reislamisierung »von unten« stempelt alle nicht zur eigenen Gruppe gehörenden Muslims zu »Verirrten« (die man durch die intensive Praxis des Gemeinschaftsgebets wieder auf den rechten Weg bringen muß) und alle übrigen Menschen zu korrupten und moralisch verkommenen »Gottlosen«.

Ein entscheidender Unterschied zwischen der »Tabligh« und den Lubawitscher Chassidim besteht jedoch in ihrem Verhältnis zur Politik. Jede der beiden Organisationen verfolgt eine Strategie der Reislamisierung bzw. Rejudaisierung »von unten«, deren Endziel die Beherrschung sämtlicher muslimischer bzw. jüdischer Länder und Bevölkerungsgruppen ist. Und in dem Maße, wie ihre Gemeinschaften immer mehr Mitglieder bekommen, müssen sie ihre Einstellung zum jeweiligen politischen System definieren, das die Gesellschaft, in der sich ihre Entwicklung vollzieht, strukturiert. Jedenfalls interessieren sich die politischen Parteien für sie. Die Lubawitscher Chassidim sind als Bürger demokratischer Staaten ja auch Wähler, und die verschiedenen Wahlkandidaten in den Vereinigten Staaten und in Israel bemühen sich um ihre Stimme. Die Tablighis hingegen sind gewöhnlich Bürger autoritärer muslimischer Staaten oder in westlichen Ländern lebende Einwanderer. Sie gehen gar nicht oder kaum zur Wahl, doch ihre apolitische Frömmigkeit macht sie in den Augen der Regierungen zu einer Alternative zu denjenigen revolutionären Bewegungen, die eine Reislamisierung »von oben« und eine direkte Machtübernahme anstreben.

Tablighis wie Lubawitscher Chassidim haben zunächst eine »Minimal«-Strategie der Nichtkonfrontation mit den Behörden eingeschlagen und dabei ihre Funktion als Sozialisationsinstanz für die Jugend hervorgehoben, die dank ihrer Betreuung keine sozialen Probleme mehr verursachen (und insbesondere vor dem Abdriften in die Kriminalität bewahrt) werde, da man sie quasi von der Gesellschaft absondere. Das hat ihnen im allgemeinen gewisse Statusvorteile eingebracht und Erleichterungen bei der Gründung ihrer Vereinigungen und der Einreise ausländischer Anhänger verschafft. Doch während die Tablighis selten über dieses Stadium hinausgelangt sind, haben die Lubawitscher Chassidim erkannt, daß sie in der Diaspora zumindest auf lokaler Ebene eine wichtige Wählergruppe darstellen und daß sie in Israel über die nötigen Mittel verfügen, um den Kurs der nationalen Politik mitzubestimmen.

In dem Pariser Vorort Sarcelles, wo eine große, von den Lubawitscher Chassidim beeinflußte sephardische Bevölkerungsgruppe lebt, ließen sich diese bei knappen Kommunalwahlergebnissen ihre Unterstützung teuer erkaufen. So haben die Chassidim etwa entgegen den Hoffnungen des sozialistischen Kandidaten, der seine jüdische Abkunft herausstrich, um so die Stimmen der sephardischen Gemeinde auf sich zu ziehen, ausdrücklich ihre Sympathie für seinen Gegner, den bisherigen Bürgermeister, bekundet – mochte er auch ein *Goj* sein –, der die nach den Prinzipien des HaBaD-Chassidismus organisierte Kinderkrippe großzügig bezuschußt hatte.[65] Daß einige bedeutende Lubawitscher Chassidim dem Pariser Bürgermeister Jacques Chirac wohlgesonnen sind, ist in der Hauptstadt allgemein bekannt, und dieser revanchiert sich dafür mit Erleichterungen bei der Gründung jüdischer Religionsschulen oder bei der Organisation von Umzügen und Demonstrationen.[66]

Doch am meisten beachtet und am erfolgreichsten war das politische Engagement der Lubawitscher Sekte in Israel. In der »offiziellen« Biographie von Rabbi Chlita liest man, daß dieser schon 1967 »seine Kampagne begonnen hatte, um die Rückgabe der von Israel im Sechstagekrieg eroberten Gebiete zu verhindern«. 1970 mischt er sich erneut ins politische Leben Israels ein und »beginnt seinen Kampf gegen das furchtbare Dekret mit dem Titel ›Wer ist ein Jude?‹, das einen Nichtjuden, der bloß zum Schein zum Judentum konvertiert ist, in Israel mit einem vollwertigen Juden gleichsetzt.« »[1978] verurteilte er scharf die fatalen Vereinbarungen von Camp David.«[67] Obwohl der Rabbi der Lubawitscher Chassidim dem zionistischen Staat Israel jegliche Legitimität abspricht, meint er doch, daß die jüdische Herrschaft über das gesamte Gebiet *Eretz Yisraels* eine unerläßliche Vorbedingung für das Kommen des Messias sei und daß man alles unterstützen müsse, was Israel von seiner zionistischen Schale befreien und in eine »Thora-Kratie« verwandeln könne. In diesem Sinne setzte er sich beim Wahlkampf 1988 entschlossen für die »Agudat Jisrael« ein, die dank seiner Unterstützung einen ansehnlichen Wahlerfolg erringen konnte.

In der jüdischen Welt konnten die Bewegungen für eine religiöse Erneuerung »von unten« Ende der achtziger Jahre in größerem Umfang im politischen Leben Fuß fassen. Das liegt hauptsächlich an der besonderen Situation in Israel, wo ein reines Verhältniswahlsystem den ultraorthodoxen Parteien, die 15% der Bürger vertreten, ermöglicht, mehrere Ministerien zu besetzen und beträchtliche Staatszuschüsse für den ständigen Ausbau ihrer Gemeinschafts-Infrastruktur zu kassieren. Doch abgesehen vom israelischen Staat hat dieses Beispiel des politischen Engagements der Bewegungen zur Rejudaisierung »von unten« auch in der Diaspora – zunächst in den Vereinigten Staaten, später auch in Frankreich – kräftig Schule gemacht. Es läßt ein altes Gemeinschaftsmodell wiederaufleben, das eine der wesentlichen Grundlagen demokratischer Gesellschaften negiert: die Gleichheit aller Bürger vor Staat und Gesetz. Dieser universalistische Gleichheitsgrundsatz wird abgelehnt als ein Produkt des verabscheuten Geistes der Aufklärung, da er die Befreiung der Vernunft aus ihrer Abhängigkeit vom Glauben und das Ende der dem auserwählten Volke eigentümlichen religiösen Gesetzestreue fordert.

Die in der jüdischen Welt von der zeitgenössischen religiösen Gemeinschaftsbewegung erzielten Erfolge beruhen zum großen Teil darauf, daß man eine Tradition wieder aufgreift, deren Gipfelpunkt das autonome Leben im Getto war, das heute von den orthodoxesten Verfechtern der Rejudaisierung erklärtermaßen glorifiziert wird. In den christlichen und muslimischen Ländern, in denen es diese Tradition nicht gab, bedeutet das Gemeinschaftsmodell die effizienteste Form des Kampfes gegen eine säkularisierte Gesellschaft und einen weltanschaulich neutralen Staat, auf die die zwischen 1975 und 1985 aufgetretenen Bewegungen für eine Rechristianisierung bzw. Reislamisierung »von oben« keinen bestimmenden Einfluß gewinnen konnten. Doch in solchen Kulturen, die darauf abzielen, Proselyten zu machen, und die deshalb ihre Lehre allgemein verbreiten müssen, ist – im Gegensatz zum Judaismus – die Bezugnahme auf die Gemeinschaft, die sich ja ständig erweitern soll, sehr viel schwieriger in eine konkrete politische Mobilisierung umzusetzen als im Falle eines Volkes, das seine Einzigartigkeit durch Abschottung nach außen zu erhalten sucht.

Schluß

Die Rückeroberung der Welt

In der Epoche zwischen 1975 und 1990 haben sich die religiösen Erneuerungsbewegungen tiefgreifend verändert.

Sie haben es verstanden, in nur fünfzehn Jahren die Ratlosigkeit ihrer Anhänger gegenüber der Krise der Moderne in die entschlossene Bereitschaft umzuwandeln, auf der Grundlage der heiligen Texte eine neue Gesellschaft aufzubauen.

Hintergrund für die Entstehung dieser Bewegungen war die Erschütterung von Gewißheiten, bewirkt durch den seit den fünfziger Jahren erzielten Fortschritt in Wissenschaft und Technik. Wiegten wir uns zunächst in der Hoffnung, die Schranken von Armut, Krankheit und Entfremdung durch Arbeit immer weiter zurückdrängen zu können, so haben uns Probleme wie die Bevölkerungsexplosion, die AIDS-Pandemie, die Umweltverschmutzung und die Energiekrisen ein böses Erwachen beschert. Plagen allesamt, die sich ohne weiteres in eine Weltuntergangsvision einfügen ließen.

Zugleich begann der Todeskampf des großen atheistischen Messianismus des 20. Jahrhunderts, des Kommunismus, der die meisten Gesellschaftsutopien beeinflußt hatte und dessen Ende im Herbst 1989 mit dem Fall der Berliner Mauer – Symbol des Kommunismus schlechthin – endgültig besiegelt wurde.

Die christlichen, jüdischen und muslimischen Bewegungen, die wir hier genauer unter die Lupe genommen haben, machen sich beide Entwicklungen zunutze: Zunächst bemühen sie sich darum, durch die Wiederbelebung eines religiösen Vokabulars und religiöser Kategorien auf die zeitgenössische Wirklichkeit das Chaos und die Anarchie zu benennen, durch die sich die moderne Welt in den Augen ihrer Anhänger auszeichnet. Sodann erarbeiten sie Pläne für die Umwandlung der Gesellschaftsordnung entsprechend den Geboten und Werten der Bibel, des Koran oder der vier Evangelien, da allein diese heiligen Schriften die Errichtung einer Welt der Gerechtigkeit und der Wahrheit gewährleisten können.

Abgesehen davon, daß diese Bewegungen zeitlich parallel entstanden sind, weisen sie zahlreiche gemeinsame Merkmale auf: Sie alle lehnen den Grundsatz der Trennung von Kirche und Staat ab, den man der Philosophie der Aufklärung zu verdanken habe. Sie sehen in der hochmütigen Emanzipation der Vernunft vom Glauben die Hauptursache aller Übel des 20. Jahrhunderts und den Beginn eines Prozesses, der geradewegs in den nationalsozialistischen und stalinistischen Totalitarismus geführt habe.

Es sind die eigenen Kinder dieser modernen, säkularisierten Gesellschaft, die deren Grundlagen radikal in Frage stellen. Sie sehen keinen Widerspruch zwischen ihrer wissenschaftlich-technischen Ausbildung und ihrer Unterwerfung unter einen Glauben, der sich den Gesetzen der Vernunft entzieht. Ganz im Gegenteil: Ein Mann wie Herman Branover gibt mit seinem Leben ein Beispiel dafür, daß ein »gottesfürchtiger Jude« durchaus ein »großer Wissenschaftler« sein kann. Und das Bild, in dem die islamistischen Aktivisten ihre Identität am besten getroffen sehen, zeigt eine Studentin, deren Schleier nur einen schmalen Spalt für die Augen freiläßt und die sich, über ein Mikroskop gebeugt, einem biologischen Forschungsproblem widmet.

All diese Bewegungen sind überzeugt, daß dem säkularen Gemeinwesen die Legitimationsgrundlage fehlt. Doch obgleich sie übereinstimmend der Ansicht sind, nur eine grundlegende Veränderung des Gesellschaftssystems könne die heiligen Schriften wieder zur wichtigsten Inspirationsquelle des künftigen Staates machen, gehen die Meinungen der Christen, Juden und Muslime über die konkrete Ausgestaltung dieses Staates weit auseinander. Jede dieser religiösen Kulturen hat ganz bestimmte unveräußerliche Grundsätze aufgestellt, die sich gegenseitig ausschließen, wenn daraus eine nachdrückliche Bekräftigung der eigenen Identität abgeleitet wird. Die Gemeinsamkeiten erschöpfen sich darin, daß man den Grundsatz der Trennung von Kirche und Staat verwirft; die Gesellschaftsentwürfe selbst weichen stark voneinander ab, ja stehen sich unversöhnlich gegenüber und könnten zum Anlaß für erbarmungslose Kämpfe werden, in denen keine dieser Wahrheitslehren Kompromisse eingehen könnte – es sei denn, sie nähme es in Kauf, den Einfluß auf ihre Anhänger zu verlieren.

Aus der unterschiedlichen Gewichtung von sozialem Anliegen und politischen Zielen kann man die künftige Entwicklung all dieser Bewegungen ablesen. Denn abgesehen von ihrer parallelen Entwicklung seit Mitte der siebziger Jahre haben Reislamisierung, Rejudaisierung und Rechristianisierung in den von ihnen betroffenen Gesellschaften nicht die gleichen Auswirkungen und nicht die gleiche Prägnanz. Betrachtet man die jeweiligen Erfolge und Mißerfolge der Bewegungen »von oben« bzw. »von unten«, die bevorzugten Vorgehensweisen, die Bereitschaft zur Anerkennung eines unabhängigen demokratischen Raumes, dann kann man ihre Stärke miteinander vergleichen und ihre künftige Entwicklung abschätzen.

Die Ausbreitung des Jihad

Zum jetzigen Zeitpunkt haben die Reislamisierungsbewegungen das größte Entwicklungspotential. In den muslimischen Ländern des Mittelmeerraumes gibt es Anzeichen für eine Destrukturierung der Gesellschaft, die vor allem unter der großen Masse der Jugendlichen eine allgemeine Orientierungslosigkeit auslöst, in völlig anderen Ausmaßen als ähnliche Phänomene im katholischen Europa, den Vereinigten Staaten oder der jüdischen Welt. Das Auftreten der islamistischen Bewegungen koinzidiert hier häufig sehr genau mit dem Erwachsenwerden von Generationen, die nach der Entlassung des Landes in die Unabhängigkeit und der Machtergreifung durch einheimische Eliten geboren wurden. In Ägypten beträgt die Zeitspanne zwischen dem Regierungsantritt Nassers und dem Triumph der »Jama'at islamiyya« an der Universität von Kairo fünfundzwanzig Jahre. In Algerien, das 1962 in die Unabhängigkeit entlassen worden war, erringt die »Front Islamique du Salut« (islamische Heilsfront) ihre ersten Erfolge erst Ende der achtziger Jahre mit einem überragenden Sieg bei den Kommunalwahlen im Juni 1990. In dem seit 1967 von Israel besetzten Palästina beginnt die islamische Widerstandsbewegung erst nach Ausbruch der Intifada, den – zwanzig Jahre lang relativ unangefochtenen – Führungsanspruch der PLO in Frage zu stellen.

Die Erfolge der Islamisten sind die deutlichste Quittung für das politische, wirtschaftliche und gesellschaftliche Versagen der seit der Unabhängigkeit regierenden Eliten. Diese im Namen heiliger Schriften des Islam zu kritisieren heißt zunächst, das fremdbestimmte, aus dem Westen importierte Gesellschaftsmodell in Frage zu stellen, das diese Regierungen ihren Ländern überstülpen wollten. Heißt, dieses einer radikalen Kritik zu unterziehen, die nichts von dem durch und durch schlechten politischen System übrig läßt. Die »Demokratie« selbst ist verwerflich, wie der Tribun der islamistischen Bewegung im heutigen Algerien, Imam Ali Belhaj, bei jeder Gelegenheit betont, denn der Begriff des *Demos*, des souveränen Volkes, kann sich nicht auf den Koran stützen. Ganz im Gegenteil, er widerspricht der einzig legitimen Souveränität: derjenigen, die Allah durch einen weltlichen Herrscher, der die göttlichen Gebote entsprechend ihrer Formulierung in den heiligen Texten des Islam in Kraft setzen muß, über die *Umma* – die Gemeinschaft der Gläubigen – ausübt.

Die absolute Verwerfung des demokratischen Systems durch die Islamisten hat zwei Dimensionen. Einerseits war die »Demokratie«, auf die sich die Machthaber in Algerien und anderen arabischen Staaten beriefen, nur eine Leerformel, denn die Militärregime und Einheitsparteien regierten nach dem Muster von Diktaturen und wurden von der Bevölkerung auch als solche erlebt. Da die Demokratie in den muslimischen Staaten praktisch nirgends politische Wirklichkeit war, fällt es heute leicht, sie zum Buhmann zu stilisieren. Andererseits ist die Ablehnung dieses Begriffs der Demokratie – auch wenn die Wirklichkeit sehr weit davon entfernt ist – die logische Folge einer islamischen Glaubenslehre, die – in ihrer derzeitigen militanten Ausprägung – entschieden monistisch ist (nach dieser Vorstellung gibt es nur *ein* Strukturprinzip der Welt, Gott, und so etwas wie menschliche Freiheit gibt es quasi nicht). Nach Überzeugung der Islamisten kann es keinen unabhängigen Bereich des Politischen geben, für den die *Schari'a*, das von den islamischen Gelehrten auf der Grundlage geoffenbarter Schriften kodifizierte Recht, keine Geltung besäße. Die Demokratie einführen hieße demnach, gegen die Grundsätze der Reislamisierungsbewegungen verstoßen.

Es ist allerdings recht unwahrscheinlich, daß in den von tiefen Ungleichheiten geprägten Gesellschaften der zeitgenössischen muslimischen Welt eine demokratische Alternative entsteht, die den wachsenden Erfolg der Reislamisierungsbewegungen ernsthaft gefährden könnte. Wenn Arbeitslosigkeit die einzige Zukunftsperspektive der meisten Jugendlichen ist, interessieren sie sich mehr für den *Jihad* als für bürgerliche Grundrechte.

Zusammen mit den spezifischen Merkmalen der religiösen Kultur im Islam erklärt die soziale Variable auch das Ausmaß der Reislamisierung »von oben«. Die Gruppen, die auf den Staat einwirken wollten, um ihn zu reislamisieren, haben ab 1975 in verschiedenster Weise politischen Druck ausgeübt – bis hin zum bewaffneten Kampf. Das Vorbild der iranischen Revolution hat vielfach Schule gemacht, und die Gleichschaltung der politischen Systeme zwang die Menschen dazu, mit

Gewaltaktionen auf ihr Anliegen aufmerksam zu machen. Daraufhin hat der Staat diese Gruppen mit allen Mitteln bekämpft – die Bombardierung der syrischen Stadt Hama (in der es 1982 zu Ausschreitungen gekommen war, deren Drahtzieher die Muslimbrüder waren) ist das radikalste Beispiel dieser Repression. Offene Gewalt gegen die »gottlosen« Staaten, aber auch gegen »verwestlichte« Muslims und Nichtmuslims (etwa ägyptische Kopten, die im Libanon als Geiseln festgehalten werden) ist mittlerweile eine Standardmethode der islamistischen Aktivisten.

Das Reich Israel

So wie zahlreiche islamistische Bewegungen fünfundzwanzig Jahre nach der Entlassung der muslimischen Länder in die Unabhängigkeit entstanden sind, wurde auch die »Gush-Emunim« – die bedeutendste Bewegung für eine Rejudaisierung »von oben« – 1974 von jungen Aktivisten gegründet (sechsundzwanzig Jahre nach Gründung des Staates Israel), die in ihrem ganzen Leben noch keine Regierung gesehen hatten, die nicht von der zionistischen Arbeiterpartei gestellt wurde. Ihre Bitterkeit nach der psychologischen Niederlage im Oktoberkrieg von 1973 gleicht dem Ressentiment der Islamisten vor dem Versagen der arabischen Regimes. Doch die gesellschaftlichen Rahmenbedingungen für die beiden Gruppen unterscheiden sich deutlich. Auch wenn die israelische Wirtschaft damals nicht florierte, hatten die jungen »Emunisten« doch weitaus bessere Aussichten auf Arbeit und Wohlstand als die islamistischen Studenten, die zur selben Zeit in den Vororten von Kairo ihre Untergrundgruppen bildeten.

Ihre geistigen Väter, Rabbi Kook und Sayyid Qutb, wollen beide auf den Trümmern des säkularen Staates ein Gesellschaftssystem errichten, das für den ersten auf der *Halacha* –

dem jüdischen Gesetz – und für den zweiten auf der *Schari'a* – dem islamischen Gesetz – beruhen soll. Der eine möchte das Reich Israel, der andere den islamischen Staat verwirklichen. *Wie* dies aber zu bewerkstelligen sei, darüber gehen ihre Ansichten auseinander. Für Rabbi Kook ist der säkulare Staat Israel unbewußt das Werkzeug des göttlichen Willens; es gilt, seine Umgestaltung zu beschleunigen, nicht, ihn zu zerstören, wie es Sayyid Qutb und seine Anhänger ihrerseits fordern, für die der Nassersche Staat und dessen Nachfolger keinerlei islamische Legitimation besitzen.

Die »Gush-Emunim« hat sich aktiv in die israelische Politik eingemischt, ohne sich jemals als Partei zu konstituieren, auch wenn einige ihrer Mitglieder unter dem Banner ihr nahestehender Parteien als Abgeordnete ins Parlament gewählt wurden. Ihr bevorzugtes Aktionsfeld waren die besetzten Gebiete und die Halbinsel Sinai, deren Besiedlung sie zum Abschluß bringen wollte, um so die territoriale Übereinstimmung zwischen dem biblischen Israel und dem von ihr so sehnlichst herbeigewünschten Reich Gottes zu vollenden.

Nach dieser Sichtweise haben die Nichtjuden keinerlei Anrecht auf das dem auserwählten Volk verheißene Land. Konsequent zu Ende gedacht, mündete diese Logik in den Plan, die Moscheen auf dem Jerusalemer Tempelberg in die Luft zu sprengen. Dieser Anschlag sollte nach dem Willen der Drahtzieher zum Ausbruch eines israelisch-arabischen Krieges führen und letztlich mit einem jüdischen Sieg und der Vertreibung der Palästinenser aus den besetzten Gebieten enden.

Man rührt hier, wenn auch in übersteigerter Form, an eine der Konsequenzen der religiösen Erneuerung: die unvermeidliche Konfrontation von fanatisierten Anhängern verschiedener Konfessionen. Im Falle der »Gush-Emunim« beruhte diese Radikalisierung auf ihrer ultranationalistischen Ausrichtung. Im Gegensatz zu den Bewegungen der Reislamisierung »von oben«, die die arabischen Regime unter Einsatz von Gewalt stürzen wollten, richtete sich die Gewalt der Bewegungen zur

Rejudaisierung »von oben« nicht direkt gegen den hebräischen Staat, sondern gegen alle Nichtjuden, insbesondere gegen die Palästinenser.

Die radikalsten Aktionsformen der »Gush-Emunim« sind nach der Zerschlagung des »jüdischen Untergrundes«, 1984, drastisch zurückgegangen; doch hat dafür ihre Ideologie in Regierungskreisen immer mehr an Einfluß gewonnen. Die religiös-konservative Koalition, die im Juni 1990 in Jerusalem an die Macht kommt, hat sich zahlreiche Ideale zu eigen gemacht, die die »Gush« zwischen 1974 und 1984 vertreten hatte. Und der Auslöser bzw. Vorwand für die schweren israelisch-arabischen Konfrontationen im Oktober 1990, die an nur einem Tag auf palästinensischer Seite 20 Tote fordern, war die Demonstration einer Gruppe, die den Grundstein zum Dritten Tempel legen möchte. Auf dem Hintergrund des Nahost-Konflikts, der mit der irakischen Besetzung Kuwaits im August 1990 einen neuen Höhepunkt erreicht hat, kann jede Provokation im Tempelbezirk oder beim Felsendom eine Eskalation der Gewalt auslösen, deren erste Opfer die Palästinenser wären und die sich zu einem internationalen Konflikt ausweiten könnte – wie es die Verschwörer von 1984 wollten.

Den Laizismus bekämpfen

Die Bewegungen, die für eine Rechristianisierung »von unten« eintreten, unterscheiden sich schon insofern von den Islamisten und der »Gush-Emunim«, als sie politisch motivierte Gewalt ablehnen. Und zwar sowohl in Westeuropa und den Vereinigten Staaten als auch unter den kommunistischen Regimen, die diese Bewegungen verfolgten.

Dieser grundlegende Unterschied spiegelt die verschiedenen Einstellungen zur Demokratie wider. Die Islamisten lehnen bereits den Begriff als solchen ab und möchten eine Gesellschaft errichten, die auf den Grundsätzen der *Schari'a* beruht; die »Emunisten« halten die Demokratie für eine vorübergehende Erscheinung, von der man profitieren kann, um die Errichtung eines Reiches Gottes zu beschleunigen, in dem die *Halacha* Gesetzeskraft hat. In beiden Fällen handelt es sich um ein monistisches Modell, in dem das von Gott geoffenbarte Gesetz das ausschließliche Prinzip der Sozialordnung darstellt. Jeder menschliche Eingriff, der die uneingeschränkte Anwendung dieses Gesetzes behindert, ist eine Gotteslästerung und muß so lange bekämpft werden, bis die Gesetzesübertreter sich reuevoll von ihrem Tun abwenden.

Die Bewegungen hingegen, die für eine Rechristianisierung »von oben« eintreten – einschließlich der radikalsten, wie der »Moral Majority« von Jerry Falwell –, haben nie den Dualismus in Frage gestellt, der in den Worten Christi anklingt: »Gebt dem Kaiser, was des Kaisers ist, und Gott, was Gottes ist.« Es gibt im Christentum nichts, was der *Schari'a* oder der *Halacha* entspräche, und der Prozeß, der über die Reformation und die Aufklärung zum modernen demokratischen System führen sollte, hat sich innerhalb des christlichen Kulturraumes vollzogen, auch wenn dabei der beherrschende Einfluß der Institution Kirche auf die bürgerliche Gesellschaft gebrochen werden mußte. Anders gesagt: Die verschiedenen Bewegungen, die für eine Rechristianisierung »von oben« eintreten, können das Demokratiemodell nicht als einen kulturellen Fremdkörper ablehnen. Sie müssen vielmehr die Sprache der Demokratie sprechen, um sich bei den Bürgern des heutigen Europa und Amerika verständlich zu machen. Dieser »demokratische Zwang«[1] beschränkt sich nicht auf das Verbot der Anwendung von Gewalt. Er wirkt sich ebenso auf den Inhalt der Botschaft der betroffenen Bewegungen aus. »Comunione e Liberazione« bekämpft die »vorherrschende Kultur« des säkularen italienischen Staates, dem sie etwa vorwirft, die Artikulation christlicher Werte in den öffentlichen Schulen zu behindern. Und die Freiheit, über die der Mensch als Geschöpf

Gottes verfügt, war nach Ansicht der Rechristianisierungsbewegungen im ehemaligen Ostblock die letzte Zuflucht vor der totalitären Zwangsherrschaft des kommunistischen Systems.

Letztlich wollen die christlichen Bewegungen anders als ihre islamischen oder jüdischen Pendants den Staat nicht dazu bringen, einen aus den heiligen Schriften abgeleiteten Gesetzeskodex anzuwenden. Sie möchten vielmehr die rechtlichen Grundlagen der Trennung von Kirche und Staat beseitigen, da diese den Ausdruck der religiösen Identität auf die Privatsphäre beschränken, und dafür ein System erarbeiten, in dem diese Identität – nach den Worten Kardinal Ratzingers – einen »Status des öffentlichen Rechts« erlangen kann. Das soll den Christen ermöglichen, in Institutionen vorzudringen und dort die Werte des Evangeliums zu verbreiten. Es geht nicht darum, den Staat zur Anwendung eines religiösen Gesetzeskodexes zu zwingen, sondern darum, seine Anschauungen ohne staatliche Reglementierungen verbreiten zu können und den Grundsatz der Trennung von Kirche und Staat in seiner Gültigkeit einzuschränken.

Ein solcher Prozeß (sofern er überhaupt Erfolg hat) muß durch eine Rechristianisierung »von unten« ergänzt werden.

Ein christliches Gegenstück zur Islamischen Republik im Iran ist nicht vorstellbar. Die Kandidatur des Fernsehpredigers Pat Robertson bei den amerikanischen Präsidentschaftswahlen 1988 war ein Fehlschlag. Die »Moral Majority« Jerry Falwells dagegen arbeitete erfolgreich an der Verwirklichung eines riesigen Bildungsprojektes, der Liberty University, die rechristianisierte Eliten heranbilden sollte, welche entsprechend ihrem Gelübde mittelfristig die Schaltstellen der politischen, wirtschaftlichen und kulturellen Macht in den Vereinigten Staaten besetzen sollen.

Abgesehen von ihren Gemeinsamkeiten unterscheiden sich die Bewegungen der Reislamisierung, Rejudaisierung und Rechristianisierung »von oben« beträchtlich in ihrer jeweiligen Einstellung zum Staat, zum Recht und zur Demokratie. Diese unterschiedlichen Auffassungen beruhen auf den spezifischen Glaubenslehren jeder Bewegung. In den muslimischen Ländern begünstigen die Geschlossenheit des politischen Systems und das Fehlen einer Zukunftsperspektive für die Jugend die Anwendung verschiedener Formen von Gewalt und die Entstehung einer starken Intoleranz, getragen von einer monistischen Weltsicht. In Israel verbindet sich ein offenes politisches System mit einer monistischen Glaubenslehre, die durch eine Bewegung wie die »Gush-Emunim« ins Extrem gesteigert wird. Diese richtet ihre Gewalt ausschließlich gegen Nichtjuden. In den christlichen Ländern Europas und in den Vereinigten Staaten haben sich die Bewegungen zur Rechristianisierung »von oben« unter dem Einfluß des demokratischen Zwangs, der auf einem der Glaubenslehre selbst immanenten Dualismus basiert, auf die Wiedererlangung eines Status des öffentlichen Rechts und die Aufweichung des Grundsatzes der Trennung von Kirche und Staat verlegt. Dabei hat man auf den Einsatz politisch motivierter Gewalt verzichtet – auch unter den kommunistischen Regimen, in denen es keine Meinungsfreiheit gab.

In all diesen Fällen haben die Bewegungen »von oben« ab Mitte der achtziger Jahre zunehmend an Einfluß verloren, und die Bewegungen »von unten« sind immer stärker auf den Plan getreten. Mitunter handelte es sich um verschiedene Gruppen und Aktivisten; manchmal aber auch um Gruppen, die lediglich ihre Strategie änderten. Die Bewegungen »von unten« haben im Islam wie im Judentum und im Christentum mit ihrer Überzeugungsarbeit am einzelnen angesetzt – der zum Bruch mit den Funktionsmechanismen der umgebenden Gesellschaft gebracht und in Gemeinschaften von Gläubigen einer religiösen Sozialisierung unterzogen wird. Diese Gemeinschaften setzen aus heiligen Schriften entnommene und im buchstäblichen Sinne verstandene Gebote und Werte in die Tat um und sollen sich letztendlich auf die gesamte Gesellschaft ausdehnen.

In jeder der drei religiösen Kulturen verläuft allerdings dieser Prozeß mit sehr unterschiedlicher Intensität. Der Bruch mit der übrigen Gesellschaft ist mehr oder weniger radikal, und die Fähigkeit der verschiedenen Bewegungen, ihren Einflußbereich auszudehnen und auf das politische System einzuwirken, variiert beträchtlich. Das liegt daran, daß der Rückhalt jeder Bewegung in ihrer eigenen religiösen Kultur je verschieden stark ist. Es liegt aber auch an den gesellschaftlichen Rahmenbedingungen und an der Fähigkeit der verschiedenen Gruppen, den Menschen, die die Anomie und die Funktionsstörungen der Gesamtgesellschaft mehr oder weniger deutlich zu spüren bekommen, wieder eine Perspektive zu geben.

Das Getto kommt zurück

In der jüdischen Welt hat die »Rückkehr« und »Reue« *(Teschuwa)* die spektakulärsten Folgen. Die ultraorthodoxen Gruppen *(Haredim)* haben in Israel und in der Diaspora ein weitverzweigtes Netz von Gemeinschaften errichtet, das auf der strengsten Befolgung der *Mizvot* (religiöser Gebote und Verbote) beruht. Die ultraorthodoxe Gemeinschaft, die über eine Reihe eigener Schulen, religiöser Lehranstalten *(Jeschiwot* und *Kolellim),* Verteilungsnetze für streng *koschere* Lebensmittel und einen internen Ehevermittlungsdienst verfügt, hat den Bruch mit den Lebensgewohnheiten und Funktionsmechanismen der umgebenden Gesellschaft am weitesten getrieben. Diese Einstellung beruht auf einer Kultur der Absonderung und der Verweigerung, sich zu assimilieren, und hat den Fortbestand des »auserwählten Volkes« während der 2000 Jahre in der Diaspora ermöglicht. Doch wird diese Absonderung hier noch verschärft, ja gleichsam verdoppelt: Die Orthodoxen schützen sich zunächst einmal vor den Versuchungen verweltlichter jüdischer Kreise, die von dem »falschen Universalismus« der Aufklärung geprägt sind. Denn für Gott ist, wie man in der französischen Zeitschrift der Lubawitscher Chassidim nachlesen kann, der Abstand zwischen Jude und Nichtjude genauso groß wie der zwischen einem Nichtjuden und einem Tier. Jede Nichtbefolgung der *Mizvot* führt zur Auflösung der jüdischen Identität in den besagten »Universalismus« und gefährdet diese Hierarchie.

Der rapide Aufschwung der orthodoxen Gemeinschaftsbewegung seit Mitte der siebziger Jahre verdankt sich dem tiefgreifenden kulturellen und sozialen Orientierungsverlust im Gefolge der Krise der säkularen Moderne, den die autobiographischen *Teschuwa*-Erzählungen nachzeichnen. In Israel konnte diese Bewegung dank ihres demographischen Rückhalts beträchtlichen politischen Einfluß gewinnen, in einem Verhältniswahlsystem, das den minoritären religiösen Parteien die Kontrolle der Regierung ermöglicht. In diesem speziellen Fall beteiligen sich die orthodoxen Bewegungen an der Regierung; doch abgesehen von den Gesetzesänderungen, die sie verlangen, um das israelische Recht mit der *Halacha* in Einklang zu bringen, nützen sie diese Situation vor allem dazu, satte öffentliche Beihilfen einzustreichen, mit denen sie einen Teil der Kosten ihrer religiösen Lehranstalten abdecken können, die ja an sich keine materiellen Erträge abwerfen.

Bislang läßt sich in der Diaspora noch keine systematische Errichtung von Gettos beobachten, mit Begrenzung auf einen bestimmten Raum, dessen konkrete Schranken man am Abend vor dem *Sabbat* aufstellt, wie dies schon heute in Jerusalem oder Bné Brak geschieht. Das Getto entsteht dort vielmehr durch die gezielte Auswahl des Bekanntenkreises, die konsequente Ausrichtung des Lebensablaufes auf die genaue Einhaltung des *Sabbat,* der Gebete und auf eine vollständige Wiederbelebung der religiösen Riten. Es basiert zugleich auf der Kontrolle der Jugendlichen – dadurch, daß sie ultraorthodoxe Privatschulen besuchen, die die Einflüsse der Außenwelt und die Verlockung zur Assimilation von ihnen abhalten. Der Aufbau eines derartigen Gemeinschaftssystems reduziert die Tragweite eines Begriffes wie desjenigen der Staatsangehörigkeit – die man mit nichtjüdischen Amerikanern oder Franzosen teilt – oder desjenigen der Zugehörigkeit zu einer gemeinsamen Nation auf ein absolutes Minimum. So sind in den Grundschulen der Lubawitscher Chassidim in Paris Französisch und Mathematik die einzigen »weltlichen« Unterrichtsfächer. Statt Geschichte, Geographie, Staatsbürgerkunde und anderer Grundfächer, die das Weltbild der übrigen jungen Franzosen prägen, lernen die Kinder hier Hebräisch und lesen die Bibel und den Talmud. Die Bildungsgemeinsamkeit mit der nichtjüdischen Gesellschaft ist so auf ein Minimum reduziert: Lesen und Rechnen. Das Phänomen der sich nach außen abgrenzenden Gemeinschaft zeigt sich hier in seiner vollendetsten Gestalt.

In der Nachfolge des Propheten

In den muslimischen Ländern stützen sich die Bewegungen »von unten« nicht auf eine religiöse Kultur der fortwährenden Abgrenzung vom gesellschaftlichen Umfeld, wie dies bei den Rejudaisierungsbewegungen der Fall ist. Man will nicht ein auserwähltes Volk vor den Gefahren der Assimilation bewahren, sondern einen dynamischen Prozeß der Verbreitung des Islam über die ganze Menschheit einleiten und die während zeitweiliger »Phasen der Schwäche« bedrohte Identität verteidigen. Das traditionelle Vorbild ist dabei der Prophet Muhammad, den es in allen Aspekten seines Verhaltens peinlich genau nachzuahmen gilt, um nicht vom rechten Weg abzukommen und die religiöse Identität nicht durch die »Gottlosigkeit« der Umwelt zu beschmutzen. Die »Jama'at al tabligh« (»Gesellschaft für die Verbreitung des Islam«), die die Logik der Reislamisierung »von unten« auf die Spitze getrieben hat, begann ihre Aktivitäten im Indien der zwanziger Jahre, als die hinduistische Bevölkerungsmehrheit nach Meinung der »Tabligh« die muslimische Minderheit aufzusaugen drohte. Die gleiche Verhaltensweise findet man fünfzig Jahre später bei den nach Westeuropa eingewanderten islamischen Bevölkerungsgruppen. Den Propheten in seinen Kleidungs- und Ernährungsgewohnheiten, in seiner Weltsicht, in seinem Benehmen gegenüber seiner (seinen) Frau(en) und seinen Erziehungsmethoden gegenüber seinen Kindern nachahmen heißt, sich abwenden von den Formen der Sozialisation, wie sie in den Schulen und den Familien der französischen, deutschen oder britischen Gesellschaft praktiziert werden. Heißt, einen eigenständigen Lebensraum errichten, in dem eine Reihe von Verboten und Zwängen gelten, die denen der Rejudaisierungsbewegungen gleichen, doch mit einer anderen Zielsetzung verbunden sind. Das reislamisierte Gegenstück zum Getto ist kein Ziel an sich, vielmehr soll es sich so rasch wie möglich erweitern, um zunächst »verirrte« Muslims wieder auf den rechten Weg zu bringen und dann den Rest der Menschheit.

Diese Strategie der – räumlichen und symbolischen – Eroberung reislamisierter Bereiche fügt sich im heutigen Europa in eine umfassendere Dynamik der religiös oder ethnisch motivierten Gemeinschaftsbildung ein. Diese soll den betroffenen Bevölkerungsgruppen, die in der Regel ihre durch Wanderungsbewegungen und Beschäftigungsunsicherheit erschütterte soziokulturelle Identität neu definieren wollen und die in den überkommenen Modellen der Staatsbürgerschaft keinen Halt finden, feste Orientierungspunkte geben. Doch diese »Gemeinschaftsbewegung« versteht es, sich den »demokratischen Zwang« zunutze zu machen – und zwar auf eine Weise, die an die »orthodoxe Stimme« in Israel erinnert. Haben die Einwanderer erst einmal die Staatsangehörigkeit erworben, sprechen sie vor jeder Wahl ihr Abstimmverhalten ab und verlangen von der Regierung als Gegenleistung für ihre Unterstützung immer weiterreichende Zugeständnisse, die den Führern der Gemeinschaftsbewegungen die eigenständige Gestaltung der Schulbildung der Kinder und der verschiedenen sozialen Aktivitäten ermöglichen sollen.

In den muslimischen Staaten selbst haben die Initiativen zur Reislamisierung »von unten« vor allem in den Stadtrandgebieten zur Errichtung von sozialen Netzwerken und Kontrollstrukturen geführt. Das Beispiel Algeriens hat gezeigt, wie eine politische Partei, die »Front Islamique du Salut«, im Juni 1990, bei den ersten freien Wahlen seit 1962, aus diesen Gemeinschaftsstrukturen Kapital schlagen konnte.

Gemeinschaft und Gesellschaft

Die Rechristianisierungsbewegungen »von unten« decken ein sehr breites Spektrum ab: angefangen von den katholischen Charismatikern und den protestantischen Evangelikalen, die die alltägliche Gegenwart des Wunders zu neuem Leben erwecken wollen, bis hin zu Bewegungen, die nach Art von »Comunione e Liberazione« in Italien und der »Moral Majority« in den Vereinigten Staaten eine christliche, sozial engagierte Unternehmensgruppe aufgebaut haben. Diese beiden Bewegungen haben sich als außerordentlich anpassungsfähig erwiesen und sich von der Politik auf den sozialen Bereich zurückgezogen, wenn dies ihren Interessen diente. Dabei haben sie besonders rasch auf die negativen Konsequenzen reagiert, die eine allzu ausschließliche Identifikation mit den Moralvorschriften der Religion für ihr Image hatte. Indem sie den Kampf gegen die Abtreibung oder die Scheidung zu ihrem Schwerpunktthema machten und sich für Volksbefragungen einsetzten, wie in Italien, oder aber eine starke Lobby aufbauten, wie in den Vereinigten Staaten, haben sie zwar ihre alten Anhänger mobilisiert, doch ihre Gefolgschaft nicht ausbauen können. Zur Ausweitung ihrer gesellschaftlichen Basis haben

»Comunione e Liberazione« und Jerry Falwell und seine Freunde ab Mitte der achtziger Jahre den Schwerpunkt ihrer Aktivitäten auf den sozialen und kulturellen Bereich verlagert und Infrastrukturen aufgebaut, die von staatlichen Institutionen nicht mehr abgedeckte Bedürfnisse befriedigten. So ist die 1986 gegründete Tochterorganisation von »Comunione e Liberazione«, die »Compagnia delle Opere«, zu einer sehr wichtigen Vermittlungsinstanz auf dem derzeitigen italienischen Arbeitsmarkt geworden. Ihre führenden Köpfe lehnen jedoch nach wie vor Scheidung und Abtreibung ab, nur daß sie diese Botschaft nunmehr im Rahmen von Wohlfahrts- und sozialen Einrichtungen verbreiten, die auch solche Menschen ansprechen, die allzuviel Ideologie zu diesen moralischen Themen abgeschreckt hätte. Auch hier handelt es sich also wieder – parallel zur Identifikation der wichtigsten gesellschaftlichen Mißstände – um eine Anpassung an den »demokratischen Zwang«.

Im Gefolge des allgemeinen Mißkredits, in den die Fernsehprediger unmittelbar nach den Skandalen um Bakker, Swaggart und Roberts 1989 geraten waren, hat Jerry Falwell 1990 die Zahl seiner Fernsehauftritte beträchtlich verringert. Die Spenden der Anhänger gingen tatsächlich so weit zurück, daß sie nicht einmal mehr die Kosten für die Ausstrahlung des Programms deckten. Doch die Liberty University bildet Tausende von Predigern und kulturellen Multiplikatoren aus, die die nächste amerikanische Rezession und die damit einhergehende soziale und moralische Krise als ein Abrutschen in die Apokalypse deuten werden, das auf den Ungehorsam der Menschen gegenüber Gott und ihre Abwendung von Jesus Christus zurückzuführen sei.

Parallel dazu vergibt Falwell immer mehr Stipendien an ausländische Studenten – Südamerikaner, Afrikaner, West- und Osteuropäer –, die es sich zum Ziel setzen, in ihren Herkunftsländern ähnliche Institutionen wie die Liberty University zu errichten.

Im katholischen Europa und im protestantischen Amerika haben die Bewegungen für eine Rechristianisierung »von oben« es verstanden, ihre Aktivitäten auf den Sozialbereich zu verlagern und sich mit den charismatischen, evangelikalen und Pfingstbewegungen zu verbünden. Diese spezialisieren sich auf den völligen, beispielhaften »christlichen Bruch« mit den Sitten und Gebräuchen des »atheistischen Humanismus«, während jene durch die Bekämpfung des Grundsatzes der Trennung von Kirche und Staat Freiräume schaffen, in denen die Evangelisierung ihre Wirkung entfalten kann. Dabei stellt das Bildungswesen einen bevorzugten Angriffspunkt dar: Die Einflußnahme auf Studiengänge an Hochschulen ermöglicht insbesondere die Ausbildung rechristianisierter Eliten, die später einmal das Wertesystem, die »vorherrschende areligiöse Kultur« der weltlichen Intelligenzija bekämpfen können.

Doch dieser Prozeß kann nur dann auf breite Resonanz in der Bevölkerung stoßen, wenn seine Wegbereiter für soziale und kulturelle Krisensituationen angemessene Lösungen bereithalten (was sie behaupten). In diesem letzten Jahrzehnt des 20. Jahrhunderts sammeln die Rechristianisierungsbewegungen ihre Kräfte und heizen die Motivation ihrer Mitglieder an, um zum Gegenschlag auszuholen gegen eine Gesellschaft, die innerhalb ihrer eigenen Kultur den Grundsatz der Trennung von Kirche und Staat aufgestellt hat. Dieser Grundsatz ist in den christlichen Ländern sehr viel schwerer aufzuheben als in der jüdischen oder muslimischen Welt. Verglichen mit der Ausbreitung des *Jihad* oder der Wiedererrichtung des Gettos sind die katholischen und protestantischen Bewegungen erst am »Beginn der christlichen Ära«: Wie für die Islamisten in den sechziger Jahren die *Jahiliyya,* so ist für diese Christen die gesellschaftliche Vorherrschaft des »Heidentums« der Hauptangriffspunkt. Noch ist die Zeit nicht reif für den Canossagang der weltlichen Herrscher oder die Ausrufung eines neuen Kreuzzuges. Doch mittelfristig wird die parallele Entwicklung der religiösen Bewegungen, die alle die Welt zurückerobern wollen, unvermeidlich zur Konfrontation führen. So scheint der Konflikt zwischen den »Gläubigen« vorprogrammiert, die das Wiedererstarken ihrer religiösen Identität zum Maßstab ihrer ebenso ausschließlichen wie begrenzten Wahrheiten machen.

Danksagungen
Die Recherchen zu diesem Buch wären ohne die Unterstützung des Centre d'études et de recherches internationales, Fondation nationale des sciences politiques, Paris, nicht möglich gewesen. Aber das CERI bildete nicht nur den äußeren Rahmen meiner Arbeit, sondern ist auch ein Ort lebhaften Gedankenaustausches und intellektuellen Wetteifers. Ich möchte vor allem meinen Kollegen in der Arbeitsgruppe »Religion und Politik« danken, ebenso Alain Dieckhoff, Denis Lacorne und Jacques Rupnik, die mir den Zugang zu Gebieten erleichtert haben, in denen ich mich bis dahin nicht auskannte. In den Vereinigten Staaten haben mich die französisch-amerikanischen Kommission für den akademischen Austausch und vor allem James »Hillyer« Piscatori in meiner Arbeit nachhaltig unterstützt. In Jerusalem haben mir Gilles d'Humières und Emmanuel Sivan immer wieder ihre innige Freundschaft bewiesen. Stéphanie Durand-Barracand und Virginie Linhart haben mit großem Geschick das dokumentarische Material zusammengetragen, so daß die Arbeit mit ihnen eine große Freude war. Wie immer war Michel Hermies der erste und strengste Leser meines Manuskriptes. Schließlich möchte ich all den Mitgliedern christlicher, jüdischer und muslimischer Bewegungen danken, die mit mir diskutiert und damit erst die Durchführung dieser Studie ermöglicht haben. Viele von ihnen werden mit meinen Schlußfolgerungen nicht einverstanden sein, und gewiß werden manche meine Interpretationen entschieden zurückweisen. Dennoch hoffe ich, eine möglichst unvoreingenommene Darstellung zu geben. Möge dieses Buch auch für sie Ausgangspunkt künftiger Diskussionen sein.

Anhang

Anmerkungen

Kapitel 1: Mit Schwert und Koran

1 Über die Entstehungsgeschichte der kommunistischen Bewegungen informiert der Sammelband von Maxime Rodinson, *Marxisme et Monde musulman,* Ed. du Seuil, 1972, insbesondere S. 297 ff. Vgl. auch Hanna Batatu, *The Old Social Classes and the Revolutionary Movements of Iraq,* Princeton University Press, 1978. Die von Gilles Perrault geschriebene Biographie über Henri Curiel, *Un homme à part,* Barrault, 1984, versucht das soziale Klima zu rekonstruieren, in dem der Kommunismus in Ägypten entstand.

2 Die Ba'at-Partei, die für eine leicht laizistisch gefärbte arabische »Wiedergeburt« kämpft, stellt in Syrien und im Irak offiziell die Regierung. Ihre tatsächliche ideologische Bedeutung ist sehr begrenzt und orientiert sich an der *Realpolitik,* wie sie von den Präsidenten Syriens und des Irak, Assad und Saddam Hussein, betrieben wird. Aufschlußreiche Informationen über diese Partei finden sich bei Itamar Rabinovitch, *Syria under the Ba'th,* Israel Universities Press, 1972, und Nikolaos Van Dam, *The Struggle for Power in Syria,* London, Croom Helm, 1979.

3 Anwar Abdel Malek, *Egypte, société militaire,* Ed. du Seuil, 1962; Mahmud Hussein, *L'Egypte, lutte de classes et libération nationale,* 2 Bde., Maspero, 1975. Mahmud Hussein hat seine Ansichten jedoch später revidiert und sich in seinem Buch *Versant Sud de la liberté,* La Découverte, 1989, zur Demokratie und zur »Anerkennung des Individuums in der Dritten Welt« bekannt.

4 Nachzulesen bei Ahmed Rouadjia, *Les Frères et la Mosquée. Enquête sur le mouvement islamiste en Algérie,* Karthala 1990, S. 111 f. Über die Arabisierung informiert Gilbert Grandguillaume, *Arabisation et Politique linguistique au Maghreb,* Maisonneuve et Larose, 1983.

5 Vgl. Ali Merad, *Le Réformisme musulman en Algérie,* Paris-La Haye, Mouton, 1963.

6 Über diesen Themenkreis informieren: Richard P. Mitchell, *The Society of the Muslim Brothers,* Oxford University Press, 1969; und Olivier Carré und Gérard Michaud, *Les Frères musulmans (1928–1982),* Gallimard/Julliard, 1983.

7 Vgl. Olivier Carré, *Mystique et Politique. Lecture révolutionnaire du Coran par Sayyid Qutb, Frère musulman radical,* Presses de la FNSP / Ed. du Cerf, 1984; Gilles Kepel, *Le Prophète et Pharaon,* La Découverte, 1984. Auf deutsch liegt von Sayyid Qutb vor: *Dieser Glaube des Islam,* München 1989.

8 Vgl. Olivier Carré, *Septembre noir: refus arabe de la résistance palestinienne,* Brüssel, Ed. Complexe, 1980.

9 Vgl. Ahmed Abdallah, *The Student Movement and National Politics in Egypt,* London, Al Saqi Books, 1985.

10 Vgl. Gilles Kepel, *Les Banlieues de l'islam,* Ed. du Seuil, 1987, wo die Entwicklung des Islam in Frankreich erörtert wird.

11 Vgl. Malcolm Kerr, *The Arab Cold War. Gamal 'Abd al-Nasir and his Rivals, 1958–1970,* Oxford University Press, 1971.

12 Der Ausdruck stammt von Farhad Khosrokhavar, »Hassan K., paysan dépaysanné, parle de la révolution iranienne«, *Peuples méditerranéens,* Nr. 11, 1980, S. 3–30.

13 Wörtlich übersetzt heißt das: »in der Nacht errichtet«. Das Wort bezeichnet jene Gebäude, die illegal zwischen Sonnenuntergang und Sonnenaufgang errichtet werden, so daß die Polizei nicht eingreifen kann. Diese Praxis ist in der gesamten islamischen Welt weit verbreitet.

14 Vgl. CERMOC (Centre d'études et de recherches sur le Moyen-Orient contemporain), *Mouvements communautaires et Espaces urbains au Machreq,* Beirut 1985; Ahmed Rouadjia, *op. cit.;* Gilles Kepel, *Le Prophète et Pharaon, op. cit.*

15 Über den Maghreb informiert neben Ahmed Rouadjia *(op. cit.)* François Burgat, *L'Islamisme au Maghreb, La voix du Sud,* Karthala 1988.

16 Wer sich eingehender über die iranische Revolution informieren möchte, konsultiere folgende Schriften: Yann Richard, »Clercs et intellectuels dans la République islamique d'Iran«, in: Y. Richard und G. Kepel (Hrsg.), *Intellectuels et militants..., op. cit.;* B. Hourcade und Y. Richard (Hrsg.), *Téhéran, au-dessous du volcan, Autrement,* Nr. 27, November 1987; Shaul Bakhash, *The Reign of the Ayatollahs,* New York, Basic Books, 1986 (2. Aufl.); Chahpour Haghighat, *1979, Iran, la Révolution islamique,* Brüssel, Ed. Complexe, 1985.

17 Vgl. Michel Seurat, *L'Etat de barbarie,* Ed. du Seuil, 1989.

18 Olivier Roy, *Afghanistan, Islam et modernité politique,* Ed. du Seuil, 1985.

19 Der Begriff stammt von Pierre Bourdieu, »Genèse et structure du champ religieux«, *Revue française de sociologie,* Dezember 1971; vgl. Gilles Kepel, »L'intelligentsia, les oulémas et les islamistes en Egypte«, *Revue française de science politique,* Nr. 35, Juni 1985.

20 Wer sich über Ibn Taymiyya informieren will, lese das Buch von Henri Laoust, *Essai sur les doctrines politiques et sociales d'Ibn Taimiya,* Kairo, IFAO, 1939; mit seinem heutigen Einfluß befassen sich die Artikel von Gilles Kepel, »L'Egypte d'aujourd'hui, mouvement islamiste et tradition savante«, *Annales ESC,* Nr. 4/1984, und Emmanuel Sivan, »Ibn Taimiya, father of the islamic revolution«, *Encounter,* Mai 1983.

21 Diese Ausdrücke bezeichnen unveräußerliche Güter, die von Gläubigen Gott »zuerkannt« sind und deren Ertrag dazu verwendet wurde, karitative oder religiöse Einrichtungen zu unterhalten (Koranschulen, Moscheen usw.). Die Ulema verwalteten diese Güter und sicherten damit ihr Einkommen und ihre finanzielle Unabhängigkeit vom Staat.

22 Salman Rushdie, *Die satanischen Verse,* Artikel 19 Verlag, Köln 1989.

23 Näheres zur »Tabligh« bei Gilles Kepel, *Les Banlieues..., op. cit.;* vgl. auch die Bibliographie zu Kapitel 4. Hinzuzufügen wäre Felice Dassetto, *Le Tabligh en Belique. Diffuser l'islam sur les traces du Prophète,* Lauvain, Sybidi Papers, 1986.

24 Bürger der Commonwealth-Staaten, die in Großbritannien lebten, hatten hier automatisch auch das Wahlrecht. Später wurden die einschlägigen Gesetze allerdings restriktiver gefaßt.

25 »Volksfront zur Befreiung Palästinas« und »Demokratische Front zur Befreiung Palästinas«, beide marxistisch orientiert und von George Habasch bzw. Nayef Hawatmeh geleitet.

26 Die besten Informationen über die *Intifada* findet man in den Arbeiten von

Jean-François Legrain, vor allem: »Les islamistes palestiniens à l'épreuve du soulèvement«, *Maghreb-Machrek,* Nr. 121, Juli 1988; »Mobilisation islamiste et soulèvement palestinien«, in: Gilles Kepel und Yann Richard (Hrsg.), *Intellectuels et militants..., op. cit.;* »Le leadership palestinien de l'intérieur« (»document Husayni«, Sommer 1988), in: *L'Etude du monde arabe contemporain: approches globales et approches spécifiques,* Kairo, CEDEJ, 1990; (mit P. Chenard) *Les Voix du soulèvement palestinien. Edition critique et traduction française des communiqués du Commandement national unifié et du Mouvement de la résistance islamique,* Kairo, CEDEJ, 1990.

27 Ahmed Ruadjia, *Les Frères et al Mosquée, op. cit.,* aus dem ich die meisten der hier angeführten Informationen entnommen habe.

Kapitel 2: Die Missionierung Europas

1 Vgl. Patrick Michel, »Y a-t-il un modèle ecclésial polonais?«, in: Paul Ladrière und René Luneau (Hrsg.): *Le Retour des certitudes. Evénements et orthodoxie depuis Vatican II,* Le Centurion, 1987, S. 142–157.

2 Kardinal Jean-Marie Lustiger, »La nouveauté du Christ et la postmodernité«, *Revue catholique internationale Communio,* XV, 2, März–April 1990, S. 13–14.

3 Die Dokumente werden traditionellerweise mit den ersten Worten ihres lateinischen Textes tituliert; die entsprechenden Satzanfänge lauten: *»Lumen gentium cum sit Christus...«* (Da Christus das Licht der Welt ist...) und *»Gaudium et spes, luctus et angor hominum huius temporis...«* (Freude und Hoffnung, Trauer und Angst der Menschen in dieser Zeit...).

4 Emile Poulat, *Une Eglise ébranlée,* Casterman, 1980, S. 266.

5 Danièle Hervieu-Léger (unter Mitarbeit von Françoise Champion, *Vers un nouveau christianisme? introduction à la sociologie du christianisme occidental,* Ed. du Cerf, 1987 (2. Aufl.), S. 255.

6 Siehe François Leprieur, *Quand Rome condamne,* Plon, Reihe »Terre humaine«, 1989.

7 Gustavo Gutiérrez, zitiert nach Jan Grootaers, *De Vatican II à Jean-Paul II. Le grand tournant de l'Eglise catholique,* Le Centurion, 1981, S. 50.

8 Gustavo Gutiérrez, *Théologie de la libération. Perspectives,* Brüssel, Lumen Vitae, 1974, S. 25 und 28–29.

9 *Ibid.,* S. 39–40.

10 Bernard Alexandre, *Le Horsain. Vivre et survivre en pays de Caux,* Plon, 1988.

11 Wer sich über die Polemik, die sich in gewissen jüdischen Kreisen an der Konversion Jean-Marie Lustigers entzündet hat, und über die Bedeutung, die er diesem Akt beigelegt hat, genauer informieren will, lese das Pamphlet von Raphael Drai, *Lettre ouverte au cardinal Lustiger,* Ed. Alinéa, 1989.

12 Jean-Marie Lustiger, *Le Choix de Dieu. Entretiens avec Jean-Louis Missika et Dominique Wolton,* Ed. de Fallois, 1987; Taschenbuchausgabe 1989, S. 210.

13 *Ibid.,* S. 161.

14 Siehe zum Beispiel Hannah Arendt, *Essai sur la révolution,* Gallimard, 197, vor allem S. 77, 217, 282; deutsch: *Über die Revolution,* Piper 1965.

15 J.-M. Lustiger, *op. cit.*, S. 101.

16 *Ibid.*, S. 160.

17 *Ibid.*, S. 234.

18 Über die »Ära Ratzinger« als »Kritik an der Eigenständigkeit der nationalen Kirchen, wie sie beispielhaft in den Kontroversen um den französischen Katechismus zum Ausdruck kommt«, informiert Danièle Hervieu-Léger, *op. cit.*, S. 323–329.

19 Joseph Kardinal Ratzinger, Kirche, Ökumene und Politik, Johannes Verlag 1987, S. 43.

20 *Ibid.*, S. 196f.

21 *Ibid.*, S. 195.

22 *Ibid.*, S. 191.

23 *Ibid.*, S. 196.

24 *Ibid.*, S. 150f.

25 Luigi Giussani, *Le Mouvement Communion et Libération. Entretiens avec Robi Ronza,* Le Sarment/Fayard, 1988, S. 11. Außer diesem grundlegenden Dokument über die Bewegung empfiehlt sich die Untersuchung von Salvatore Abbruzzese, *Comunione e liberazione. Identité catholique et disqualification du monde,* Ed. du Cerf, 1989.

26 Luigi Giussani, *op. cit.*, S. 21.

27 *Ibid.*, S. 15.

28 *Ibid.*, S. 18, 20, 26ff..

29 *Ibid.*, S. 33.

30 *Ibid.*, S. 36.

31 Der von Johannes Paul II. zum Kardinal ernannte französische Theologe Henri de Lubac und dessen Schweizer Schüler Hans Urs von Balthasar waren die geistigen Köpfe einer Denkschule des zeitgenössischen Katholizismus, der sich Don Giussani ebenso verpflichtet fühlt wie die Kardinäle Lustiger und Ratzinger. Im Gegensatz zu einer »anthropologischen Theologie«, die möchte, daß »die Kirche [. . .] in die Welt eintaucht und einen Entwurf der Freiheit vertritt, der voll und ganz den konkreten geschichtlichen Entwürfen des Menschen verpflichtet ist«, und die davon ausgeht, daß »der Mensch, um Gott anzunehmen, keinen Bruch mit der Welt vollziehen muß«, ist von Balthasar der Ansicht, daß »der Mensch und die Welt erst von der Offenbarung her einen *Sinn* bekommen; außerhalb der Offenbarung bleiben sie in Irrtum oder Unentschlossenheit gefangen« (nach Abbruzzese, *op. cit.*, S. 89–91). Dieser Sinn ist der »religiöse Sinn«, der Schlüsselbegriff von Don Giussani und Titel eines seiner meistgelesenen Bücher (Luigi Giussani, *Le Sens religieux,* Fayard, 1988).

32 Luigi Giussani, *Le Mouvement. . ., op. cit.*, S. 37.

33 Man vergleiche dies mit den Sozialisationsformen islamistischer Bewegungen gegenüber ägyptischen Studenten. (Siehe Kap. 1.)

34 Luigi Giussani, *op. cit.*, S. 38.

35 *Ibid.*, S. 42–43.

36 *Ibid.*, S. 81.

37 *Ibid.*

38 Von C *(ci)* und L *(el)*, den italienisch ausgesprochenen Anfangsbuchstaben von *Comunione e Liberazione.*

39 Luigi Giussani, *op. cit.*, S. 82.

40 Eine sorgfältig dokumentierte Untersuchung der Krise in den siebziger Jahren in Italien, auf deren Hintergrund Comunione e Liberazione entstand, findet sich bei Abbruzzese, *op. cit.,* S. 135–152.

41 *Statuten,* Art. 4.

42 Luigi Giussani, *Laie ?,* 1988, S. 25. Dort ist ein Gespräch wiederabgedruckt, das ursprünglich in der 8. Nummer (1987) von *Dreißig Tage in der Kirche und in der Welt* erschienen ist.

43 Der Ausdruck bezeichnet die von mehreren Familien bewohnten Bauernhöfe in Norditalien.

44 Das den Titel *Il gigante e la cascina* (Der Riese und die cascina) trug. Der »Riese« ist eine Art Goliath, der die reichen und mächtigen Feinde von »Comunione e Liberazione« symbolisiert, und gegen David, die Mensakette La Cascina, kämpft.

45 Luigi Giussani, *Le Mouvement. . ., op. cit.,* S. 218–219, und Salvatore Abbruzzese, *op. cit.,* Kap. 3 und 4.

46 Luigi Giussani, *op. cit.,* S. 192.

47 Diese Bewegung wird später noch ausführlicher beschrieben (siehe Kap. 3).

48 Danièle Hervieu-Léger, »Charismatique catholique et institution«, in: *Le Retour des certitudes, op. cit.,* S. 223.

49 Es gibt zwei gut dokumentierte Bücher, die einen Gesamtüberblick über die christlichen Bewegungen geben: die sehr anschauliche, mehrfach aufgelegte und jeweils auf den neuesten Stand gebrachte Reportage von Monique Hébrard, *Les Nouveaux Disciples. Dix ans après,* Le Centurion, 1987; und den von Frédéric Lenoir herausgegebenen Interviewband, *Les Communautés nouvelles. Interviews des fondateurs,* Fayard, 1988. Beide Autoren waren Insider und sind unter dem Einfluß der von ihnen beschriebenen Gemeinschaften zum (charismatischen) Christentum konvertiert. Eine religionssoziologische Analyse dieser Gruppen versucht Martine Cohen in ihren Artikeln: »Figures de l'individualisme moderne. Essai sur deux communautés charismatiques«, *Esprit,* April 1986; »Vers de nouveaux rapports avec l'institution ecclésiastique: l'exemple du renouveau charismatique en France«, *Archives de sciences sociales des religions,* 62–1, 1986; »Le renouveau charismatique en France ou l'affirmation des catholicismes«, *Christus,* Juli 1986.

50 Danièle Hervieu-Léger, *op. cit.,* S. 227–228.

51 Siehe S. 95.

52 Ansprache in Gniezno im Juni 1979, die Patrick Michel zitiert (*La Société retrouvée. Politique et religion dans l'Europe soviétisée,* Fayard, 1988, S. 186).

53 Adam Zagajewski, *op. cit.,* S. 233.

54 Vgl. Patrick Michel, *L'Eglise polonais et L'Avenir de la nation,* Le Centurion, 1981. S. 21–24.

55 *Ibid. S* 51.

56 »Pax« in Polen, »Pacem in Terris« in der Tschechoslowakei und »Opus Pacis« in Ungarn. Diese Bezeichnungen lehnen sich in ihrer lateinischen Diktion und ihrer vorgeblichen Bezugnahme – der im tschechischen Fall bis zur wortwörtlichen Kopie geht – auf die Enzyklika *Pacem in Terris,* mit der Johannes XXIII. im April 1963 die Ostpolitik der Kirche eingeleitet hatte, an die Sprache des Vatikans an. Sie bedienen sich auch der Semantik des »Friedens«, die die kommunistische Argumentation der Nachkriegszeit auszeichnete und in der »Friedensbewegung« gipfelte, die die einseitige Abrüstung (des Westens) forderte.

57 Genau zur selben Zeit werden in Europa in Fabriken, wo muslimische

Einwanderer arbeiten, islamische Kultstätten eingerichtet, die eine wichtige Rolle im Zusammenhang mit den sozialen Bewegungen zu Beginn der achtziger Jahre spielen werden, ohne jedoch schon zu einem wichtigen politischen Machtfaktor zu werden. (Siehe Gilles Kepel, *Les Banlieues de l'islam, op. cit.*, Kap. 3.)

58 Siehe Krzystof Pomian, »Religion et politique en Pologne (1945–1984)«, XX Siècle, Nr. 10, April–Juni 1986, S. 83–101.

59 Patrick Michel, *La Société..., op. cit.*, S. 65, und Anm. 54, S. 262.

60 Eine genaue Beschreibung dieser Ereignisse findet sich in dem Buch von Jacques Rupnik, *L'Autre Europe. Crise et fin du communisme,* Odile Jacob, 1990, S. 116–141.

61 Jacques Rupnik, »Tchécoslovaquie: des Eglises dans la tourmente«, *Etudes,* September 1986, S. 231.

62 Karel Skalicky, »The Vicissitudes of the Catholic Church in Czechoslovakia, 1918 to 1988«, in: Norman Stone und Eduard Strouhal (Hrsg.), *Czechoslovakia: Crossroads and Crises, 1918–1988,* London, MacMillan and BBC, 1989, S. 310.

63 Am 8. November 1620 wurden die tschechischen Truppen bei der Schlacht am Weißenberg *(Bila Hora),* einem Hügel westlich von Prag, von einer Koalition katholischer Heere vernichtend geschlagen. Böhmen verlor daraufhin seine Unabhängigkeit und wurde dem Reich der Habsburger einverleibt.

64 Eine kritische Betrachtung des Katholizismus in der tschechischen Geschichte unternimmt Zdenek Kalista in dem Aufsatz »Le catholicisme dans l'histoire tchèque«, *Istina,* XXVIII/1983, Nr. 1, S. 5–30.

65 Siehe außer dem angeführten Artikel von Skalicky, S. 300, auch Marie-Elisabeth Ducreux, »Entre catholicisme et protestantisme«, *Le Débat,* Nr. 59, April 1990, S. 106 f.

66 Thomas-Garrigue Masaryk (1850–1937) war Gründer und Präsident der 1. Tschechoslowakischen Republik.

67 Andrea Rebichini, *Chiesa, società e stato in Cecoslovachia, 1948–1968,* Padua, Ceseo-Liviana, o. J., S. 52.

68 Zitiert von Jacques Rupnik, a. a. O., S. 234, nach T. Beeson, *Discretion and Valour. Religious Conditions in Russia and Eastern Europe,* London 1981, S. 238.

69 Gespräch mit Joseph Zverina am 20. Juni 1990 in Prag. Pater Zverina ist im August 1990 gestorben.

70 Gespräch mit Maria Kaplanova am 21. Juni 1990 in Prag.

71 Siehe Karel Skalicky, »Vent'anni dalla Primavera di Praga: la chiesa tra Primavera e perestroika«, *L'altra Europa,* Nr. 3, 1988, S. 37–38; und Andrea Rebichini, *op. cit.,* S. 71–92.

72 Siehe S. 92.

73 Jacques Rupnik, *op. cit.,* S. 240. Über den Zeitraum zwischen 1968 und 1978 informiert auch Andrea Rebichini, *Chiesa, società...,* Bd. 2, 1968–1978, Padua, Ceseo-Liviana, 1979, *passim.*

74 Gespräch mit Petr Ettler am 19. Juni 1990 in Prag.

75 »Brief von Pater Joseph Zverina an Kardinal Tomašek im Februar 1977«, in: *Istina,* XXVIII, 1983, Nr. 1, S. 94–95. Über die Situation der Kirche in der Tschechoslowakei und die Einstellung der Christen zur Charta 77 informieren die Teilbände XXVIII, 1983, Nr. 2; XXIV, 1979, Nr. 2–3, und XXII, 1977.

76 Sogar ein Bischof, der sich damals nicht als solcher zu erkennen gab, Jan Korec – er arbeitet heute in der Diözese von Nitra in der Slowakei –, führt eine

Zeitlang das Leben eines Arbeiters. Siehe dazu seine Erklärungen in *Trente Jours dans L'Eglise et dans le monde,* März 1989, S. 56–59.

77 Gespräch mit Pater Duka am 17. April 1990 in Prag.

78 Siehe oben, S. 134.

79 Gespräch mit Petr Ettler.

80 Gespräch mit Pater Duka am 21. Juni 1990 in Prag.

81 Außer dem Bürgerforum, der früheren KP und den Christdemokraten standen insbesondere noch autonomistische slowakische und mährische Parteien zur Wahl, die einen unerwarteten und wohl zu Lasten der Christdemokraten gehenden Erfolg verbuchen konnten.

82 Gespräch mit Pater Maly am 21. Juni in Prag.

Kapitel 3: Die Rettung Amerikas

1 *The Charlotte Observer,* 14. September 1977.

2 *Ibid.*, 3. September 1977.

3 *Ibid.*, 18. Dezember 1978.

4 *Ibid.*, 15. September 1977.

5 *Ibid.*, 18. Januar 1977. Im englischen Original heißt es: »Jesus Christ was just what the doctor ordered for my life.«

6 *Ibid.*, 4. Februar 1978.

7 *Ibid.*, 5. Dezember 1978.

8 Zitiert in James Davison Hunter, *American Evangelicalism, Conservative Religion and the Quandary of Modernity,* Rutgers, New Jersey, 1983, S. 49.

9 Unter anderem zitiert in Larry Martz & Ginny Carroll, *Ministry of Greed,* New York, Weidenfeld & Nicholson, 1988, S. 23. Eine Zusammenfassung (auf französisch) der wichtigsten Ergebnisse von *Religion in America: the Gallup Report* findet sich bei Gordon Golding, »L'évangélisme: un intégrisme protestant américain?«, *Social Compass,* Nr. 4, 1985, S. 364–365.

10 Jerry Falwell, *Listen, America!,* New York, Doubleday, 1980, S. 11.

11 Vgl. die Neuausgabe des Textes mit einer Einleitung von George Marsden, *The Fundamentals, A Testimony to Truth,* New York, Garland, 1988, 12 Bände. Die Erstausgabe ist zwischen 1910 und 1915 bei Testimony Publishing Co. in Chicago erschienen. Aufschlußreiche Untersuchungen zu dieser Thematik stammen von James Barr, *Fundamentalism,* London, SCM Press, 1977; und George Marsden, *Fundamentalism and American Culture, The Shaping of Twentieth Century Evangelicalism, 1870–1925,* New York, Oxford University Press, 1980. In Frankreich hat die Zeitschrift *Lumière et Vie* ihre 186. Nummer (März 1988) dem *Fondamentalisme chrétien* gewidmet.

12 Siehe Hunter, *op. cit.*, S. 57, und Golding, zit. Artikel.

13 Sinclair Lewis, *Elmer Gantry,* New York, Harcourt, Brace (1. Aufl., 1927).

14 James Davison Hunter, *op. cit.,* S. 39.

15 Martin Marty, *Religious Empire,* New York, Dial, 1970, zitiert in Hunter, *ibid.,* S. 42.

16 Nach dem Titel des Buches *The Other America* von Michael Harrington (Baltimore, Penguin Books, 1961). Dieses Werk öffnete den reichen Amerikanern

die Augen, indem es die Schattenseiten des Wohlstandes ausleuchtete, wie man sie in ländlichen Regionen, Stadtrandgebieten und heruntergekommenen Stadtzentren antraf.

17 Zitiert nach Robert Wuthnow, »Political Rebirth of American Evangelicalism«, in: Liebman & Wuthnow (Hrsg.), *The New Christian Right, Mobilization & Legitimation,* New York, Aldine Publishing Co., 1983.

18 Jeremy Rifkin (mit Ted Howard), *The Emerging Order, God in the Age of Scarcity,* New York, G. P. Putnam's Sons, 1979, S. 102.

19 Dean Kelley, *Why Conservative Churches are Growing. A Study in Sociology of Religion,* Harper & Row, Rose Reprints, 1986, S. 25.

20 Siehe die zahlreichen Statistiken bei Dean Kelley, *op. cit.,* passim.

21 Jeffrey K. Hadden & Anson Shupe, *Televangelism, Religion and Politics on God's Frontier,* New York, Henry Holt & Co., S. 120.

22 *Ibid.,* S. 169.

23 Vgl. die gut dokumentierte Biographie von David Edwin Harrell Jr., *Oral Roberts, an American Life,* Bloomington, Indiana Univ. Press, 1985, *passim.*

24 Meredith McGuire, *Pentecostal Catholics. Power, Charisma and Order in a Religious Movement,* Temple University Press, 1982. S. 5.

25 *Ibid.,* S. 3.

26 *Ibid.,* S. 32.

27 Man vergleiche dies mit der Strategie der katholischen Rechristianisierungsbewegungen in Europa, die in Kap. 2 beschrieben wird.

28 Falwell, *op. cit.,* S. 252.

29 Die Urteilsbegründung und Kommentare dazu finden sich bei Marie-France Toinet, *La Cour suprême, les grands arrêts,* Presses universitaires de Nancy, 1989, S. 169 f.

30 *Op. cit.,* S. 16.

31 Buch der Sprüche, 24,11. Diese Übersetzung ist *The Living Bible* entnommen. Siehe auch das Buch des Gründers der Vereinigung, Randall A. Terry, *Operation Rescue,* Whitaker House, Springdale, Pa., 1988, *passim.* Man vergleiche diese Version mit der Einheitsübersetzung, die sich weniger als propagandistischer Aufhänger gegen die Abtreibung eignet: »Befrei jene, die man zum Tod schleppt; / die zur Hinrichtung wanken, rette sie doch!«

32 *Op. cit.,* S. 15.

33 Hadden & Shupe, *op. cit.,* S. 212.

34 Zitiert von Golding, *op. cit.,* S. 369. Ronald Reagan wiederholt diese Äußerungen bei mehreren Gelegenheiten, vor allem bei den Feierlichkeiten zum 100. Jahrestag der Freiheitsstatue kurz vor dem Ende seiner zweiten Amtszeit.

35 James Davison Hunter, *Evangelicalism, the Coming Generation,* Chicago University Press, 1987, S. 125.

36 Corwin Smidt, »Born-again politics: the political behavior of evangelical christians in the South and non-South«, in: Tod A. Baker, Robert P. Steed, Laurence W. Moreland (eds.), *Religion and Politics in the South, Mass and Elite Perspectives,* New York, Praeger, 1983, S. 42–46. Diese Untersuchung stützt sich auf die Daten, die das Center for Political Studies der Universität von Michigan zusammengetragen hat. Dabei wurden die »Evangelisten« durch drei Kriterien definiert. Sie mußten bestätigen, daß 1. die Religion in ihrem Leben eine große Rolle spielt; sie 2. die Bibel als »Werk Gottes« anerkennen und »daß ihr gesamter

Inhalt wahr ist«; sie sich 3. einer Erwachsenentaufe *(a born again experience)* unterzogen haben (S. 31 f.).

37 Hal Lindsey, *The Late Great Planet Earth,* Grand Rapids, Zondervan, 1970. Weitere Bücher dieses Genres sind Thomas McCall & Zola Levitt, *Satan in the Sanctuary,* Chicago, Moody, 1973, und *The Coming Russian Invasion of Israel,* überarbeitete Fassung, Moody, 1987.

38 Eine gute Darstellung der verschiedenen Auslegungen der ersten Verfassungsnovelle findet sich bei Leonard W. Levy, *The Establishment Clause, Religion and the First Amendment,* New York, Macmillan, 1986, *passim.*

39 North, Gary, *Christian Reconstruction,* Pamphlet published by the Institute for Christian Economics, zitiert nach Donald Heinz, »The struggle to reconstruct America«, in: Liebman & Wuthnow, *op. cit.,* S. 136.

40 Hunter, *American Evangelicalism, op. cit.,* S. 49–55.

41 Hunter, *The Coming Generation . . ., op. cit.,* S. 6.

42 Hadden & Shupe, *op. cit.,* S. 82–83, die sich vor allem auf die Umfrage von Stuart Rothenberg und Frank Newport stützen, *The Evangelical Votes,* Institute of Government & Politics, 1984.

43 Hadden & Shupe, *ibid.,* S. 83–84.

44 Harrell, *op. cit.,* S. 209–211.

45 Hadden & Shupe, *op. cit.,* S. 137–138.

46 Frances Fitzgerald, *Cities on a Hill, a Journey through Contemporary American Cultures,* New York, Simon & Schuster, 1986, vor allem S. 143 f.

47 *Ibid.,* S. 137.

48 *Ibid.,* S. 159.

49 Liberty University, *Center for Creation Studies, Museum of Life and Earth History,* Faltprospekt, o. J. (1989).

50 Zitiert in Jeffrey Hadden, Anson Shupe, James Hawdon und Kenneth Martin, »Why Jerry Falwell killed the Moral Majority«, in: Marshall Fishwick und Ray Browne (Hrsg.), *The God Pumpers. Religion in the Electronic Age,* Bowling Green Press, Ohio, 1987, S. 102. Siehe auch S. 104.

51 Corwin Smidt, zit. Art., S. 51.

52 James Hunter, *Evangelicalism and the Quandary of Modernity, op. cit.,* S. 118.

53 Jerry Falwell, *op. cit.,* S. 12.

54 Rifkin, *op. cit.,* S. 6.

Kapitel 4: Die Erlösung Israels

1 Auf arabisch: *Al Moram al Sharif* (das heilige Heiligtum). Von hier aus soll der Prophet Muhammad in den Himmel aufgefahren sein.

2 Ian S. Lustick, *For the Land and the Lord, Jewish Fundamentalism in Israel,* New York, Council on Foreign Relations, 1988, S. 13.

3 Janet O'Dea Aviad, *Return to Judaism, Religious Renewal in Israel,* Chicago, Chicago University Press, 1983, S. 22.

4 Shimon Hurwitz, *Being Jewish,* Jerusalem/New York, Feldheim Publishers, 1978, zitiert in Aviad, *op. cit.,* S. 155–156.

5 Mayer Schiller, *The Road Back, A Discovery of Judaism without Embellishments,* Jerusalem/New York, Feldheim Publishers, 1978, S. 25.

6 *Ibid.,* S. 67 f.

7 Schiller, *op. cit.,* S. 7.

8 *Ibid.,* S. 67.

9 *Ibid.,* S. 40.

10 Der Ausdruck verweist auf Psalm 92, 6 f.: »Wie groß sind deine Werke, o Herr / wie tief deine Gedanken! / Ein Mensch ohne Einsicht erkennt das nicht, / ein Tor kann es nicht verstehen« (Einheitsübersetzung).

11 Schiller, *op. cit.,* S. 206–207.

12 Herman Branover, *Return,* Jerusalem/New York, Feldheim Publishers, 1982, S. 163.

13 *Ibid.,* S. 41.

14 *Ibid.,* S. 42.

15 *Ibid.,* S. 145.

16 *Ibid.*

17 Siehe unten S. 259.

18 M. Herbert Danzger, *Returning to Tradition, The Contemporary Revival of Orthodox Judaism,* New Haven/London, Yale University Press, 1989, S. 25.

19 Vgl. die Umfrage und Typologie von Dominique Schnapper, *Juifs et Israélites,* Gallimard, coll. »Idées«, 1980, passim.

20 Danzger, *op. cit.,* S. 73.

21 *Ibid.,* S. 79–80.

22 Aviad, *op. cit.,* S. 29 f. Zahlreiche Beispiele finden sich in Shalom Cohen, *Dieu est un baril de poudre. Israel et ses intégristes,* Calmann-Lévy, 1989, vor allem S. 75–92.

23 Siehe H. Hamon und P. Rotman, *Génération,* B.d 2, *Les Années de poudre,* Ed. du Seuil, 1987, S. 645–647.

24 Eyal Ben-Ari und Yoram Bilu, »Saints' Sanctuaries in Israeli Development Towns. On a Mechanism of Urban Transformation«, *Urban Anthropology,* Bd. 16, Nr. 2, 1987, S. 249. Dieser Artikel enthält eine kritische Bibliographie der Untersuchungen über die israelischen Entwicklungsstädte.

25 Gideon Aran, »A Mystic-Messianic Interpretation of Modern Israeli History: The Six-Day War as a Key Event in the Development of the Original Religious Culture of Gush Emunim«, in: *Studies in Contemporary Jewry,* 1988, Bd. 4, S. 263–264.

26 Zitiert in Danzger, *op. cit.,* S. 78–79.

27 Henri Atlan, »Etat et religion dans la pensée politique du Rav Kook«, in: Colloque des intellectuels juifs de langue française: *Israël, le Judaisme et l'Europe,* Daten und Diskussionen, Gallimard, coll. »Idées«, 1984, S. 32.

28 *Ibid.,* S. 43 und 45.

29 Zitiert von Aran, zit. Art., S. 268.

30 Ehud Sprinzak, »The Iceberg Model of Political Extremism«, in: David Newman (Hrsg.), *The Impact of Gush Emunim. Politics and Settlement in the West Bank,* London, Croom Helm, 1985, S. 37.

31 Alain Dieckhoff, »Le Goush Emounim: esquisse d'ethnographie politique«, *Pardès,* November 1990, S. 95.

32 Eine ausführliche Darstellung der Besetzung des Parkhotels von Hebron und

der Siedlungsversuche in Elon Moreh findet sich bei Haggai Segal, *Dear Brothers, The West Bank Jewish Underground,* Jerusalem, Beith-Shamai Publications Inc., 1988, Kap. 2 und 3.

33 Mit der Besiedlung der besetzten Gebiete auf der Westbank und der Rolle, die die »Gush-Emunim« dabei gespielt hat, befassen sich vor allem Meron Benvenisti: *The West Bank Data Project, A Survey of Israel's Policy,* American Enterprise Institute, 1984, 1986, *passim,* und David Newman, *op. cit.,* Kap. 3 und 8–14.

34 Segal, *op. cit.,* S. 114–117.

35 Gideon Aran, »Jewish Zionist Fundamentalism: The Bloc of the Faithful in Israel (Gush Emunim)«, maschinengeschrieben.

36 Segal, *op. cit.,* S. 52.

37 *Ibid.,* S. 47–49. Die Äußerungen von Ben-Dov werden nach diesem Werk zitiert.

38 Gespräch mit Dan Be'eri in Kyriat Arba' am 2. März 1990, und Segal, *op. cit.,* S. 70–73 und 136.

39 Siehe Kap. 1 und Gilles Kepel, *Le Prophète et Pharaon, op. cit.,* Kap. 4.

40 Segal, *op. cit.,* S. 249.

41 Eine Schätzung von Alain Dieckhoff, »Le Goush ...«, zit. Art., S. 92.

42 Mit der Kontroverse zwischen *Haredim* und Zionisten über den Holocaust befaßt sich der Artikel von Menachem Friedmann, »The Haredim and the Holocaust«, *The Jerusalem Quarterly,* Nr. 53, 1990, S. 87–114.

43 Rabbi Elchanan Wasserman, zit. von Friedmann, zit. Art., S. 108–109.

44 Siehe Menachem Friedmann, »The Changing Role of the Community Rabbinate«, *The Jerusalem Quarterly,* Nr. 25, 1982, S. 81–82.

45 Harry M. Rabinowicz, *Hasidism, the Movement and its Masters,* London, J. Aronson, 1988, S. 32.

46 Siehe z. B. *Le Rabbi de Loubavitch et sa génération* (Bd. 1 und 2), Paris, Beth Loubavitch, 1989; oder *Baba salé: la vie du Tsaddik racontée par son serviteur rav Eliahou Elfassi,* Jerusalem, Gallia, 1986.

47 Binyamin Tagger, »Le rav Chakh, le ›vieil homme‹ et son mystère«, *Kountrass (Revue de pensée juive et d'information conçue et pensée à Jérusalem),* 3. Jahrgang, Nr. 13, S. 33. Dieser Band enthält einen Bericht über Bné Brak, dem die obenstehenden Informationen entnommen sind.

48 Die Diskussionen über diese Frage werden ausführlich dargestellt von Menachem Friedmann, »L'Etat d'Israel comme dilemme théologique«, *Pardès,* November 1990, S. 15–65, vor allem S. 25 und 45–47.

49 Die Daten stammen von *Kountrass, op. cit.,* S. 16.

50 »Israel: l'isolement ou la paix«, eine Diskussion, organisiert von *Le Journal des élections,* Nr. 5, November–Dezember 1988, S. 48.

51 Nach den Berechnungen Menachem Friedmanns, die dieser freundlicherweise dem Verfasser mitgeteilt hat.

52 Siehe den Wortlaut des Dokuments in: Schalom Cohen; *Dieu est un baril de poudre. Israel et ses intégristes, op. cit.,* S. 28–30.

53 Siehe Maurice M. Roumani, »The Sephardi Factor in Israeli Politics«, *The Middle East Journal,* Bd. 42, Nr. 3, Sommer 1988, S. 423–435. Die Analysen beziehen sich auf die Zeit vor den Wahlen von 1988.

54 Eine »offizielle« Hagiographie von Baba Salé hat dessen Sohn, Rabbi Baruch Abihssira, herausgegeben: *Le Saba Kadicha Israel Abihssira,* Bd. 1, Netivot, Israel, 1988.

55 Rabbi Eliahou Elfassi, *Baba Salé: la vie du Tsaddik racontée par son serviteur…, op. cit.,* S. 34.

56 *Ibid.,* vor allem S. 239–250.

57 Haim Mellul, »Introduction« zu: *'HaBaD Loubavitch: repères et définitions,* Paris, Beth Loubavitch, 1989, S. 7.

58 Siehe oben S. 243.

59 *'HaBaD Loubavitch: repères…, op. cit.,* S. 58–60.

60 Siehe oben, Kap. 3., S. 163ff.

61 Siehe Laurence Podselver, »La séparation, la redondance et l'identité: les hassidim de Loubavitch à Paris«, *Pardès,* Nr. 3, S. 168. Aufschlußreich ist auch ein anderer Artikel desselben Autors: »Le mouvement Loubavitch: déracinement et réinsertion des sépharades«, *Pardès,* Nr. 7, S. 54–68.

62 Rabbi Yoël Kahn, »La cinquième dimension«, *Rencontres 'HaBaD,* Nr. 25, Sommer 1989, S. 15.

63 Laurence Podselver, »La séparation…«, zit. Art., S. 172.

64 Siehe oben, Kap. 1, S. …

65 Siehe V Linhart, G. Mace, N. Offenstadt, *La Communauté loubavitch de Sarcelles,* wissenschaftliche Abhandlung, Institut d'études politiques de Paris, 1989.

66 Siehe den in der Monatsschrift *Passages* vom Januar 1989 erschienenen Beitrag von Béatrice Szwec.

67 *'HaBaD Loubavitch: repères…, op. cit.,* S. 56, 57, 59.

Schluß: Die Rückeroberung der Welt

1 Diesem Zwang unterliegen auch die Bewegungen der Rejudaisierung und Reislamisierung »von unten« unter den Juden in der Diaspora und den nach Europa ausgewanderten Muslims.

Register

Serie Piper aktuell

Franz Alt
Frieden ist möglich
Die Politik der Bergpredigt.
124 Seiten. SP 284

Marianna Butenschön
Estland, Lettland, Litauen
Das Baltikum auf dem langen Weg in die Freiheit.
368 Seiten. SP 1416

Ulf Fink (Hrsg.)
Der neue Generationenvertrag
Die Zukunft der sozialen Dienste. 183 Seiten.
SP 919

Anneli Ute Gabanyi
Die unvollendete Revolution
Rumänien zwischen Diktatur und Demokratie.
228 Seiten. SP 1271

Ein ganz normaler Staat?
Perspektiven nach 40 Jahren Bundesrepublik. Hrsg. von Wilhelm Bleek und Hanns Maull. Mit Beiträgen von Arnulf Baring, Wilhelm Bleek, Karl Martin Bolte, Karl Dietrich Bracher, Hildegard Hamm-Brücher, Wolfram F. Hanrieder, Hartmut Jäckel, Arthur Kaufmann, Hans Maier, Hanns Maull, Peter Pulzer, Johannes Rau, Franciszek Ryszka, Theo Sommer, Kurt Sontheimer, Michael Sontheimer, Rüdiger von Wechmar. 319 Seiten.
SP 1028

Ken A. Gourlay
Mord am Meer
Bestandsaufnahme der globalen Zerstörung. Mit einem aktualisierten Nachtrag zur Neuausgabe von Bernd Dost. Aus dem Englischen von Ernst von Kardorff und Gabriele Zelisko. 352 Seiten.
SP 1258

Hildegard Hamm-Brücher
Der freie Volksvertreter – eine Legende?
Erfahrungen mit parlamentarischer Macht und Ohnmacht. Unter Mitarbeit von Marion Mayer. 361 Seiten. SP 1031

Hildegard Hamm-Brücher
Der Politiker und sein Gewissen
Eine Streitschrift für mehr parlamentarische Demokratie. 174 Seiten.
SP 437

Hildegard Hamm-Brücher
Wider die Selbstgerechtigkeit
Nachdenken über Sein und Schein der Westdeutschen.
140 Seiten. SP 845

»Historikerstreit«
Die Dokumentation der Kontroverse um die Einzigartigkeit der nationalsozialistischen Judenvernichtung.
Texte von Rudolf Augstein, Karl Dietrich Bracher, Martin Broszat, Micha Brumlik, Walter Euchner, Joachim Fest, Helmut Fleischer, Imanuel Geiss, Jürgen Habermas, Hanno Helbling, Klaus Hildebrand, Andreas Hillgruber, Eberhard Jäckel, Jürgen Kocka, Robert Leicht, Richard Löwenthal, Christian Meier, Horst Möller, Hans Mommsen, Wolfgang J. Mommsen, Thomas Nipperdey, Ernst Nolte, Joachim Perels, Hagen Schulze, Kurt Sontheimer, Michael Stürmer, Heinrich August Winkler. 397 Seiten. SP 816